DE LA PHENOMENOLOGIE
A LA PSYCHANALYSE
Freud et les existentialistes américains

 *PSYCHOLOGIE ET SCIENCES HUMAINES*

Marc-André Bouchard
Département de Psychologie
Université de Montréal

de la phénoménologie à la psychanalyse

Freud et les existentialistes américains

PIERRE MARDAGA, EDITEUR
LIEGE - BRUXELLES

© Pierre Mardaga, éditeur
Rue Saint-Vincent 12 - 4020 Liège
Galerie des Princes 2-4 - 1000 Bruxelles
D. 1990-0024-14

A la mémoire de Simon-Pierre East.

Et pour Audrey, Laurence et François Olivier.

Les discours sur l'art sont *presque* inutiles...

Paul CEZANNE.

Préface

En janvier 1980, j'eus la bonne fortune de rencontrer un psychothérapeute remarquable et méconnu, Isadore From, à l'occasion d'un atelier qu'il animait à Montréal. Il se réclamait de la Gestalt-thérapie, une psychothérapie d'inspiration phénoménologique, dont la pratique s'appuie sur la théorie du self de Perls-Goodman. From se démarquait ainsi de la «Gestalt», plus connue, plus facile d'accès, celle de Frederick Perls à Esalen, version 1965. Il insistait pour rappeler les fondements psychanalytiques et phénoménologiques de sa pratique, tout en la démontrant dans son travail clinique immédiat, là sous nos yeux, avec nous comme participants. From nous invitait à relire Freud, Reich, Rank, sans oublier les phénoménologues, et il travaillait à partir de l'observable, de la surface, ce que Perls-Goodman appellent la frontière-contact. J'étais fasciné et cette rencontre a créé en moi la nécessité impérieuse d'assimiler cet héritage, puis d'écrire ce livre.

Je pouvais maintenant fouiller jusqu'aux racines profondes qui mènent à Freud et à ses disciples, sans pour autant devoir endosser en bloc la psychanalyse classique. Je fus donc introduit à l'étude sérieuse de la phénoménologie clinique et je redécouvris la tendance humaniste de la psychanalyse. Je ressentais que je pouvais habiter cette maison, entre psychanalyse et phénoménologie, et quitter la psychologie humaniste, trop limitée dans ses analyses théoriques et toujours en risque d'être inefficace comme conséquence de son désintérêt de la psychopathologie.

La première version de ce livre tenait en vingt pages, le fruit des notes prises au cours de cet atelier et des autres qui lui succédèrent. Dans les années qui suivirent, je poursuivis à travers diverses expériences de formation complémentaire, cette voie tracée entre la psychanalyse et la phénoménologie, les structures inconscientes et le sujet capable de prise de conscience, entre la répétition du passé et le présent et la nouveauté qui est toujours créatrice.

L'ouvrage qui suit présente d'abord la psychothérapie phénoménologique-existentielle à travers quatre moments principaux de son développement : la philosophie existentielle, l'analyse existentielle, la psychanalyse humaniste et la psychologie humaniste. La théorie du self de Perls-Goodman est l'héritière de ces deux derniers courants, ce qui explique qu'elle ait elle-même été soumise à deux lignes de force. La première, dite de la Côte Est, à laquelle Isadore From et Laura Perls se rattachent, est beaucoup plus proche de la *psychanalyse humaniste*, dans la foulée de Rank, Horney et Fromm. La seconde, dite de la Côte Ouest, appartient plus à la *psychologie humaniste*, une tendance que nous délaissons, pour des raisons qui deviendront plus claires plus loin.

Nous décrivons ensuite ce que Friedman a appelé la tendance récente en psychanalyse humaniste. Cette psychanalyse regroupe, globalement, des auteurs aussi différents que Fairbairn, Winnicott, Kohut, Schafer, Gill, George Klein, etc. Ces auteurs ont en commun de s'intéresser aux processus de création plutôt qu'à l'étude des secteurs stables de la psyché. Ils conçoivent la thérapeutique comme une quête à deux du sens, ce qui découle d'un rejet de la «primauté ontologique» habituellement accordée, par la psychanalyse classique, aux instincts dans la détermination du sens. Ils montrent plutôt, de façon convaincante, que les nouvelles significations émergent de l'interaction entre le patient et le thérapeute, c'est-à-dire, selon le vocabulaire de Perls-Goodman, de la zone de contact entre les deux.

Mais cette psychanalyse ne s'était pas encore vraiment déployée au moment de la création de la théorie du self par Frederick Perls, Laura Perls et Paul Goodman. Et cette approche, si bien incarnée par Isadore From, doit maintenant être élargie et amendée, parce que la théorie du self, si elle constitue une alternative humaniste à la psychanalyse classique, n'a pu tenir compte des progrès réalisés depuis par la psychanalyse. La théorie du self doit être élargie et amendée, pour inclure les perspectives complémentaires qui lui font défaut, au profit d'un réel approfondissement d'une certaine *psychanalyse humaniste*, qui est la véritable enseigne à laquelle nous logeons. En cela nous risquons peut-être d'apparaître trop psychodynamicien et trop peu humaniste ou gestaltiste pour les uns, et véritablement pas assez psychanalytique pour les autres. Mais l'expérience de la clinique nous a montré que la perspective que nous proposons est fructueuse.

Le présent ouvrage s'adresse aussi bien aux psychothérapeutes débutants qu'aux professionnels plus chevronnés qui désirent approfondir l'approche, et aux personnes de tous les horizons qui s'interrogent sur les fondements de la pratique de la psychothérapie. Il est divisé en quatre sections. La première section (chapitre 1), introduit les principales références philosophiques, théoriques et biographiques nécessaires à la compréhension de ce qui va suivre. La seconde section explique la théorie du self de Perls-Goodman, d'abord en définissant le contact comme une rencontre, au sens de Buber (chapitre 2). Nous montrons ensuite comment le contact se joue sur l'un ou l'autre des trois registres suivants : la situation courante, l'histoire passée et la relation immédiate (transfert-contre-transfert-rencontre).

La troisième section traite de psychopathologie et poursuit le dialogue avec la psychanalyse. L'inconscient existentiel, qui diffère de l'inconscient dynamique freudien, est d'abord introduit au chapitre 4. Le chapitre 5 discute de la théorie de la névrose, c'est-à-dire de la pathologie dans la formation des *figures du contact*. Quant au chapitre 6, écrit avec la collaboration de Geneviève Derome, il examine les troubles de l'*arrière-fond* et de l'*organisme*, ceux qui concernent les failles dans le sentiment continu du Je. Fairbairn nous apparaît comme le théoricien de la relation d'objet dont les vues sont les plus compatibles avec les notions de contact et de self, parce qu'il accorde le plus de poids à la relation réelle par opposition à la relation fantasmée et parce qu'il ne postule pas, contrairement à plusieurs psychanalystes, que le développement normal dépend de l'établissement de structures internes de différenciation. Si Perls-Goodman ont bien démontré que l'expérience phénoménologique est le self à l'œuvre, celui qui forme les figures de la signification, Fairbairn, de manière complémentaire, a été fasciné par le fond, les relations d'objet clivées et aliénées du self.

Enfin la quatrième section traite des problèmes et des possibilités d'intervention. Le langage (chapitre 7), les rêves (chapitre 8), la relation thérapeutique (chapitre 9), sont successivement abordés comme véhicules du contact, alors que le chapitre 10 présente des questions et réponses relatives à la théorie du self, ses indications et ses limites. Cette discussion ramène ainsi au cœur du travail thérapeutique l'étude des interruptions du contact dans le registre de la relation immédiate.

Ce travail concerne la rencontre et le contact. J'ai grandement bénéficié, à plus d'un titre, de connaître diverses personnes, amis, thérapeutes, superviseurs, animateurs de groupe ou collègues, qui par leurs qualités humaines et professionnelles, m'ont appris quelque chose d'infrangible dans ma quête pour apprivoiser cet étrange et fascinant métier de psychothérapeute. Je voudrais ici rendre hommage à chacun : J.A. Corson, L. Guérette, J. Wright, D. Kussin, J. Garant, M. Dionne, S. Saros, C. Lecomte, F. Sénéchal-Brooks, E. Polster, M. Polster, M. Miller, I. From, L. Perls, A. Klopstech, C. Bobkoff, R. Charette, A. Lussier, R. Brown, B.R. Hunt, P. Beck, J. Segal, P. Lamoureux, E. Godin, A. Jacques, D. Cosandey-Godin et J. Gagnon. Mais, comme d'autres avant moi l'ont bien reconnu, c'est sans doute à mes patients que je dois les leçons les plus importantes. J'espère que je ne cesserai jamais de vouloir les écouter avec toute la fraîcheur qu'ils méritent.

Je voudrais également remercier G. Derome et J. Gagnon pour leur lecture à la fois critique et encourageante d'une version antérieure de ce manuscrit. C. Laprise a révisé avec beaucoup de pertinence les autres versions. G.W. Baylor a généreusement offert ses commentaires utiles sur une première version du chapitre sur les rêves.

Montréal, novembre 1988.

PREMIERE PARTIE

INTRODUCTION
REFERENCES PHILOSOPHIQUES, THEORIQUES ET BIOGRAPHIQUES

Chapitre 1
Freud, Reich, Rank, Perls, Goodman et les autres

A l'intérieur d'un groupe, Colette dit se sentir chaleureuse à l'égard d'une autre participante, mais sa posture témoigne d'un éloignement, ce qui contredit ses dires. Ses paroles disent une chose et son corps semble signifier «j'ai peur». Le thérapeute suggère à Colette de porter attention à l'expérience actuelle de son corps et de traduire ce qu'il exprime.

Colette prend d'abord conscience de sa tension, qui se transforme en peur mêlée de frustration; se concentrant sur ses images intérieures, elle se surprend à revoir des moments de très grande ambivalence dans ses rapports avec sa mère, qui l'appelait «mon poussin adoré», alors qu'elle s'intéressait surtout à ses résultats scolaires, qu'elle comparait subtilement, mais toujours défavorablement, à ceux de son frère aîné.

Le thérapeute lui propose ensuite de mettre en acte, ce qu'elle fait avec une émotion intense, un scénario où elle parle à sa mère de ses sentiments ambivalents et des réponses que celle-ci (par projection) lui ferait. Cette situation inachevée, mise en figure, peut alors prendre pour Colette une dimension et une richesse plus grandes.

Pour élucider davantage le déplacement transférentiel du passé dans le présent, il a été suggéré à Colette d'essayer d'identifier en quoi la participante était comme sa mère. Elle mis le doigt sur le fait qu'elle percevait la participante comme quelqu'un qui, dans le groupe, semblait la valoriser seulement pour ses succès professionnels, un peu à la manière de sa mère.

De plus, on examina en quoi la participante pouvait être différente de sa mère. Cela a permis à Colette de reconnaître, par exemple, que dans la réalité actuelle, la participante était capable de relativiser l'importance des succès professionnels, et que contrairement à sa mère, elle avait souvent manifesté une appréciation des qualités humaines de Colette, tel son sens de l'humour.

Cette manière de porter attention à l'expérience immédiate caractérise le travail d'un thérapeute d'approche phénoménologique-existentielle. Dans cet ouvrage, la théorie du self de Perls-Goodman (chapitres 2 et 3) est présentée comme source principale mais non exclusive de nos interventions à travers la compréhension qu'elle offre de la phénoménologie clinique des cycles du contact et du self comme processus de formation des figures de l'expérience phénoménologique. A cela il n'y a rien à ajouter. Mais Perls et Goodman ont formulé une alternative phénoménologique à la psychanalyse qu'ils ont connue et dans laquelle ils ont été formés, qui est celle de Freud, Reich et Rank, surtout. Aujourd'hui toutefois, une mise à jour s'impose, et qui tiendrait compte des développements importants survenus en psychanalyse depuis l'élaboration par Perls et Goodman, de la théorie du self. En particulier, le thérapeute d'approche phénoménologique-existentielle ne peut plus ignorer les contributions de la théorie des relations d'objet (voir chapitres 5 et 6) et de ce que nous appellerons plus largement la tendance humaniste récente de la psychanalyse (voir plus loin). La théorie du self serait une des plus belles productions de cette psychanalyse humaniste, mais il nous faut reprendre le dialogue avec la psychanalyse d'aujourd'hui, tout en gardant une identité propre. C'est pourquoi le lecteur trouvera tout au long de l'ouvrage des références au transfert, au passé, aux structures stables de la personnalité, aux mécanismes de défense, à l'inconscient, à l'intériorisation, etc., qui sont des termes que l'on retrouve plus dans les écrits des psychanalystes. Mais notre perspective est toujours celle d'un psychothérapeute d'approche phénoménologique-existentielle, ce que le présent chapitre tentera de définir, en plus de situer la démarche de Perls et Goodman dans son contexte, avant de décrire à son niveau le plus général ce qu'il faut entendre par psychanalyse humaniste.

L'exemple de Colette illustre déjà peut-être ce qu'on veut entendre par ces références au passé, au transfert et au présent, tout en travaillant au niveau le plus près possible de l'expérience du sujet : c'est-à-dire au niveau de la «surface», si l'on utilise le terme psychanalytique, et au niveau de la *zone de contact*, si on utilise le concept fondamental de la théorie du self (voir chapitre 2). Voici un autre exemple.

PRESERVER SES FRONTIERES AU PRIX DE L'ISOLEMENT

Nous en sommes à la dixième rencontre d'un groupe de jeunes professionnels en formation qui n'a plus que trois séances avant de terminer. C'est ce moment qu'Elyse choisit pour faire ses premiers pas et sortir de son mutisme attentif[1]. Le groupe ce matin-là commence avec un silence de 4 ou 5 minutes, plus long qu'à l'accoutumée.

Th. 1 : Votre silence peut peut-être s'interpréter comme étant relié au fait qu'il ne reste, aujourd'hui, que trois rencontres. Où vous trouvez-vous à quelques rencontres de la fin ?

Au bout d'un long moment :

Elyse 1 (pour une des premières fois dans le groupe) : J'ai beaucoup réfléchi depuis quelques semaines sur ma participation dans le groupe. Le fait que j'aurai pas dit grand-chose. Même si je me sentais présente, il y avait des moments où j'aurais eu le goût de parler... Je voulais donner mon feedback dans le groupe, mais j'avais peur que ce soit déconnecté.

Th. 2 : Peut-être peux-tu essayer de continuer à nous parler aujourd'hui même si c'est déconnecté.

Elyse 2 : Ouin... Elle hésite. Elle dit que la façon de parler de Anne à propos de ce qu'elle vit, la touche elle, Elyse ; ça lui permet d'avancer...

Th. 3 : Il me semble que c'est difficile de te sentir connectée sur toi et sur les autres en même temps...

Elyse 3 : Oui... Je voudrais avoir du feedback des autres sur mon silence. J'aimerais savoir comment les autres me perçoivent.

Th. 4 : Oui, sans oublier toutefois de parler de ta propre compréhension de ton silence.

Elyse 4 : Ouin... Ça me tente pas de fouiller dans les choses qui *m'appartiennent*, que je veux conserver *pour moi*...

Th. 5 : Oui, et moi je m'intéresse aussi à voir quels risques te sont possibles de prendre ici.

Elyse 5 : J'ai déjà pris des risques et j'ai été déçue...

Th. 6 : Oui... Et quel serait le prochain pas raisonnable que tu pourrais faire?

Elyse 6 : C'est déjà une bonne ouverture que j'ai faite.

Th. 7 : Oui...

Anne 7 : Elle demande au thérapeute si elle peut intervenir. Elle dit à Elyse : Je t'ai perçue tout au long comme étant très active quand même.

Pascale 7 : Moi aussi, j'ai un feedback à te donner. Pour moi, tu représentes la personne dans le groupe qui est capable de comprendre sans trop s'impliquer. Ça, moi je ne me sens pas capable de le faire; ça me sort trop vite. Je suis comme envahie par mes émotions.

Elyse 7 : Oui, mais ce feedback ça me confirme dans mon silence, la partie où je sais que je peux y être confortable. Mais mon silence est aussi quelque chose qui implique une difficulté au niveau relationnel et je voudrais avoir un feedback de l'autre partie de moi-même...

Th. 8 : Tu te retrouves où là?

Elyse 8 : Un peu comme un retour à la case départ.

Th. 9 : Oui. Et peut-être en réalisant que personne ne peut faire ce pas important pour toi?

Elyse 9 : Peut-être que je «négativise» mon comportement d'écoute, de compréhension.

Th. 10 : Je constate que ce qui est difficile, c'est l'autre chose qui est liée à ce besoin que tu as qu'on aille te chercher.

Elyse 10 : Oui. Il y a toute une partie de moi où je me sens bien dans le silence. Mais il y a aussi la peur des autres vis-à-vis des choses qui *m'appartiennent*, qui sont *à moi*. Les autres doivent m'inspirer confiance. Je ne parlerai pas, comme Anne, de choses personnelles. Les gens ont des problèmes d'isolement, je ne veux pas ennuyer les autres... Je suis sensible au moindre geste de rejet. J'ai plutôt tendance à interpréter le moindre signe comme un rejet. Comme là j'ai envie de demander aux gens s'il se sentent ennuyés.

Th. 11 : Hmh, hmh. Amusé. Ça se cache bien des fois. Rire. [Sous-entendu : il est évident qu'ils sont captivés, mais il faudra leur demander, c'est-à-dire encore faire un pas. Cesser d'interrompre les possibilités de ce type de contact; c'est là que se trouve la nouveauté et l'excitation].

Elyse 11 : Elle regarde autour.

Th. 12 : Et qu'est-ce que tu ressens dans l'atmosphère en ce moment?

Elyse 12 : Je me sens bien.

Th. 13 : Tu parlais comme du besoin de garder à toi, pour toi, plutôt que de partager, comme une auto-préservation de toi? Je me demande comment tu en es arrivée à cette auto-préservation?

Elyse 13 : Oui... C'est comme, plus petite, j'avais peur de déranger ma mère. J'avais entre 8 et 10 ans peut-être. J'attendais qu'elle vienne vers moi. J'étais réticente lorsqu'elle venait vers moi... à cause des fois où elle n'est pas venue et que j'avais besoin d'elle... Si ma mère m'entendait (sourire).

Th. 14 : Qu'est-ce qui arriverait?

Elyse 14 : Elle a tendance à se culpabiliser.

Th. 15 : Et en dedans, la mère que tu sentirais à l'intérieur?

Elyse 15 : Je lui en veux pas à ma mère (réelle), puisqu'il y a un bon côté à ça, l'indépendance.

Th. 16 : Oui, cela t'a apporté, mais d'un autre côté cela t'a isolée peut-être plus que tu ne le souhaites maintenant.

Elyse 16 : Oui. Je trouve ça important maintenant de travailler là-dessus, de diminuer cette tendance-là.

Th. 17 : J'ai l'impression que d'un côté, il y a de la fierté dans ton indépendance, c'est une réussite. Mais il y a aussi un entêtement, une colère, quelque chose comme «vous ne m'aurez pas...».

Elyse 17 : Elle sourit. Elle évoque sa réticence quand sa mère revenait à elle. Elle admet qu'elle lui rendait la tâche difficile.

[...]

Commentaire

Souvent dans un groupe, certains participants ne réussissent à surmonter leur ambivalence que vers la fin, lorsque c'est presque trop tard et qu'ils ont le sentiment que tout aura été joué sans que leur scénario ait pu entrer en scène. Mais justement ce scénario implique parfois que ces participants, comme Elyse, ont besoin de ne pas se rendre vraiment disponibles. Leur repli farouche, leur silence sont des manières d'indiquer le besoin «qu'on aille les chercher»; souvent, cela consiste à se refermer davantage. Ici, Elyse tente une ouverture réelle. Un travail de déblayage s'étant vraisemblablement opéré simplement en étant présente au travail des autres dans le groupe; et surtout, on peut penser, en étant attentive à la manière dont le thérapeute traitait chacun. Elyse 3 cherche du feedback des autres : peut-elle risquer de s'ouvrir. Les perceptions qu'on a d'elle sont positives, ce qui la ramène au problème de départ. Elle sait qu'elle peut écouter, mais elle a de la difficulté à aller vers les autres. Personne, cependant, ne peut le faire à sa place (Th. 9). Mais une des formes (le *comment*) de la difficulté, c'est qu'Elyse attend qu'on aille la chercher, comme elle l'a dit elle-même (Elyse 4). C'est là qu'elle s'interrompt à la zone de contact. Lancée sur cette piste (par Th. 10), Elyse la confirme en exposant ses introjects («il ne faut pas parler de choses personnelles», «il ne faut pas ennuyer les autres», etc.). On peut se demander de qui elle a entendu ces choses (avec qui?). En prenant le temps, (Elyse 11) de bien regarder autour d'elle qu'en réalité, ici-et-maintenant, les participants ne se sentent pas ennuyés, mais au contraire impliqués et intéressés, elle peut assimiler une partie de l'introjection/projection courante. Néanmoins, il est nécessaire de remonter un peu à la source, dans le registre de l'histoire passée, pour poursuivre le travail d'assimilation de l'introjection (Th. 13). Elyse 13 sait que c'est avec sa mère qu'elle a développé cette intense ambivalence. Elle attendait que sa mère vienne vers elle, tout en étant «réticente» quand celle-ci venait. On commence à comprendre le conflit inachevé. On a rarement accès aussi aisément à l'histoire. Pour Elyse, ce n'est d'ailleurs qu'un début. Enfin, on peut arriver à reconnaître l'entêtement dans la posture d'Elyse, car si elle n'est pas ainsi réticente à se livrer, ses frontières, son intégrité sont atteintes. Ce qui lui appartient, ce qui est à elle, c'est son self, en lutte contre une confluence? Ce n'est qu'un premier pas, mais il est bien réel, en route vers de nouvelles possibilités de contact.

L'APPROCHE PHENOMENOLOGIQUE-EXISTENTIELLE

Couramment, nous entendons dire que la psychothérapie serait un «art et une science». Nous croyons plus juste de considérer que la psychothérapie est un «art et une philosophie», une philosophie appliquée. Le psychothérapeute tire une justification rationnelle de sa pratique avant tout d'un choix épistémologique, donc philosophique, que ce choix soit reconnu clairement ou non. Et la science n'est au fond qu'un mode particulier de rapport philosophique au monde. C'est-à-dire pour l'essentiel de ce qui la caractérise dans sa méthode, un rapport qui découle des philosophies positivistes. Or il existe diverses alternatives épistémologiques : la phénoménologie et la pensée existentielle, l'herméneutique, etc. Une philosophie du concret, c'est-à-dire dans la perspective qui nous occupe ici, une philosophie appliquée de l'existence, tente de ramener chacun à la rencontre de lui-même par la conscience authentique de sa condition.

La philosophie existentielle a inspiré de nombreux analystes et psychothérapeutes, tant en Europe qu'en Amérique. Dans cet ouvrage, nous voulons présenter et illustrer la psychothérapie dans la perspective d'une approche phénoménologique-existentielle. Et pour situer notre démarche, il faut d'abord établir quelques distinctions entre les quatre principaux courants qui appartiennent à cette approche phénoménologique-existentielle générale, ce qui permettra aussi d'en apprécier l'unité.

Les philosophes de l'existence

De Kierkegaard à Heidegger émerge, comme de la nuit, une véritable vision de l'existence, c'est-à-dire une vision de l'humain comme être qui contient en soi la possibilité, et la responsabilité, de mettre au monde, de créer ce qu'il est. Etre humain, c'est d'abord et avant tout «exister». Cela implique une sorte de conscience, dans le sens d'un «état d'être ouvert», par opposition à un état d'être clos sur soi, fermé comme une boîte. Une vieille image habite tous ces philosophes, celle de l'homme comme lumière naturelle : «La conscience ne vient pas du dehors se poser sur le *Dasein*, mais tout au contraire, le *Dasein* est conscience de fond en comble et radicalement...» (Beaufret, 1971, p. 25). Dans cet ouvrage, nous parlerons du self comme d'une conscience authentique et activement réalisée de soi.

Kierkegaard, le premier, articule une philosophie de l'existence en réaction à l'idéalisme allemand tel que précisé surtout par Hegel qui accorde au Savoir, à l'Abstraction, à la Pensée et au Mouvement totalisant de l'Histoire, une primauté radicale, l'individu étant déconsidéré. Ainsi, pour Hegel, la philosophie est la seule démarche intellectuelle qui puisse mener à un «savoir absolu», car seul le général se laisse penser. Kierkegaard, au contraire, accorde à l'existence une supériorité fondamentale sur l'essence. Il montre que l'abstraction laisse de côté l'existence et ne peut ni la penser, ni l'expliquer, ni la démontrer. Seul le général se laisse penser, et comme l'existant est toujours un individu, il est en dehors de la sphère du concept. En d'autres mots, la pensée ne conçoit que des essences, et les essences n'existent pas, elles sont seulement possibles. Ainsi n'est vraie, n'existe que la rencontre, en ce moment, entre vous lecteur particulier et cette phrase.

Il ne peut donc y avoir de système de l'existence. Seul l'unique existe, c'est de lui que tout découle. Il faut donc retrouver l'existence et l'intériorité par la pensée concrète. Kierkegaard à la pensée «objective» oppose la pensée «subjective», qui cherche à décrire l'existant tel qu'il est. La subjectivité est la vérité. Parce que la vérité objective est sans intérêt si on ne cherche pas à se l'approprier, à «vivre dedans», on dira que le patient n'a pas tant besoin d'une interprétation que de vivre une expérience nouvelle.

Ecoutons encore Kierkegaard nous parler des grands thèmes que l'on retrouvera en psychothérapie phénoménologique-existentielle. Ainsi la liberté, c'est «se choisir soi-même». Le premier acte est de choisir de se choisir : «la grandeur de l'homme ne consiste pas à être ceci ou cela, mais soi-même». Quant à l'instant présent, il a, sur les autres moments du temps, le privilège d'exister; il est la scène où l'homme joue sa vie. L'angoisse est liée à la liberté; elle est le vertige de la conscience devant ses possibilités.

Husserl est le père de la *phénoménologie*. Gœthe disait que les phénomènes eux-mêmes donnent la leçon. Le phénomène, c'est ce qui se montre vraiment au-delà des apparences empiriques. C'est l'objet dont on fait l'expérience. Le seul être dont tout l'être est d'apparaître. C'est l'essence même des choses dont on s'instruit par une explicitation. Mais il est le produit de l'activité et de la structure de notre conscience. Et seule l'analyse des activités de la conscience peut en fournir une compréhension, par un réveil intérieur, une adhésion, où l'on «voit soi-même» (Beaufret, 1971, p. 48). La phénoménologie veut donc fonder la pensée vraie sur ce qui est perçu (aperçu). Ainsi, le monde vécu est à la base du monde connu (Hodard, 1981).

En psychothérapie, l'attitude phénoménologique consiste à tenter d'éliminer tout présupposé et à retourner aux choses elles-mêmes. Chaque chose est ce qu'elle est et non pas quelque chose d'autre, ce qui rappelle la formule laconique de G. Stein, selon qui «une rose est une rose est une rose», ou le mot de Freud, pour qui parfois un cigare n'est qu'un cigare (et non nécessairement un phallus ou un sein, kleinien ou autre). Par exemple, si un patient rêve qu'il découvre des araignées dans le sable, un thérapeute d'approche phénoménologique-existentielle ne construira pas nécessairement une interprétation en termes du rapport à la mère, cherchant plutôt à élaborer, dans le contexte actuel, une ou plusieurs significations porteuses d'un sens particulier. Cette vision phénoménologique est adoptée en psychothérapie par de nombreux thérapeutes (Boss, Frankl, Minkowski, May, Rogers, etc.). Perls a exprimé cette attitude phénoménologique dans une boutade lorsqu'il dit : «en travaillant avec quelqu'un, je ne suis plus Fritz Perls».

Les analystes existentiels

Comme l'exprime Yalom (1980), auquel nous devons une large part de la présentation qui suit, si les grands-pères intellectuels de cette famille phénoménologique-existentielle sont Kierkegaard et Husserl, le père en est certainement Heidegger. Il faut compter aussi l'influence de Jaspers, qui a écrit le premier traité général de psychopathologie dans une perspective existentielle et dont on oublie trop souvent qu'il était psychiatre. Ainsi, les fils spirituels ne sont plus philosophes mais cliniciens, et Freud les a marqués profondément. Ce sont des analystes, mais des *analystes existentiels* : on retrouve dans ce groupe Binswanger, Minkowski, Boss.

Ces analystes existentiels ont trois caractéristiques en commun. Ce sont des Européens, de culture germanique. Ils ont un souci d'être *phénoménologues*, c'est-à-dire de pénétrer au sein du monde de l'expérience du patient : le vécu. On peut dire qu'ils ont tenté de travailler avec le *Je* plutôt qu'avec le *Moi*. Enfin, ils ont réagi à la fois de manière critique et admirative face à Freud ; ils considèrent que le modèle freudien est *réductionniste* en ce qu'il ramène la diversité de l'expérience humaine à un jeu de quelques forces, telles que l'instinct de vie et l'instinct de mort ; ils lui reprochent son *matérialisme* qui consiste, par exemple, à expliquer la créativité par la pulsion sexuelle ; tous expriment des réserves et des critiques sérieuses face au *déterminisme* absolu de l'inconscient dynamique. Mucchielli (1967) a, par exemple, proposé de formaliser une méthode de psychothérapie inspirée directement de l'analyse existentielle de Minkowski et Binswanger.

Les psychanalystes humanistes

Viennent ensuite le groupe des psychanalystes humanistes. Il y a trois noms surtout à retenir : Fromm, Horney et Rank. Ils ont été formés selon la tradition psychanalytique en Europe avant d'émigrer et de faire carrière autonome en Amérique.

Fromm, en plus d'être un fin critique de Freud, a notamment montré le rôle que joue dans la névrose la peur de la liberté et l'angoisse du choix. Horney a démontré qu'en plus des déterminations du passé, les projets et l'anticipation de l'avenir influent largement sur l'expérience du présent. Enfin, Rank a élaboré une psychologie de la volonté et de la création, qui permet de comprendre les passages du désir à la décision à l'action créatrice dans le quotidien, la névrose étant toujours l'exercice d'une volonté restreinte. C'est à ce courant, et à Rank en particulier que Goodman, dont la pensée a largement inspiré le présent ouvrage, reprendra des enseignements essentiels (voir Davidove, 1985). Nous les retrouverons donc tout au long de ce livre.

Les psychologues humanistes

Contrairement aux groupes précédents, les psychologues humanistes sont psychologues de formation et de souche culturelle nord-américaine plutôt qu'européenne. Le freudisme et le behaviorisme florissant dans les milieux universitaires américains constituent les influences proximales de leur paysage intellectuel. Il y a eu d'abord Allport, Murray et Murphy. Puis plus tard, Rogers, Kelly, Maslow, May et Bugental.

Globalement, ces psychologues, dont certains seulement sont des cliniciens, expriment un malaise face aux limites du behaviorisme et de la psychanalyse. Ils affirment que ces courants délaissent le plus important, à savoir : les valeurs, la liberté, l'amour, la créativité, la conscience de soi, le «potentiel humain». Ils en arrivent à fonder une «école» nouvelle : la «psychologie humaniste», que l'on a aussi appelé la troisième force, et à laquelle s'est greffé le courant de la contre-culture des années soixante, qui a donné naissance à une multitude de «nouvelles thérapies». C'est ce courant qui a permis ses heures de gloire à Frederick Perls et à la Gestalt-thérapie, mais comme nous le verrons, pas nécessairement pour les raisons les plus intéressantes.

La Gestalt-thérapie

La Gestalt-thérapie s'apparente surtout aux deux dernières tendances : celle des psychanalystes humanistes et celle des psychologues humanistes, qui toutes deux ont fleuri en Amérique. Et il n'est pas surprenant dès lors de déceler deux «tendances» au sein de la psychothérapie gestaltiste. Il y a d'abord celle des fondamentalistes, dite de la Côte Est, dans la lignée de la psychanalyse humaniste, qui reprend Freud, Reich, Fromm, Rank et Goodman, et celle des révisionnistes, de la Côte Ouest, associés aux courants de la psychologie humaniste de la troisième force (v.g. Polster et Polster).

INTERET ET RENOUVEAU DE LA TENDANCE HUMANISTE DE LA PSYCHANALYSE

Il existe un regain d'intérêt, particulièrement aux Etats-Unis et, différemment, en Angleterre, pour ce qu'il est convenu d'appeler la tendance humaniste en psychanalyse, laquelle se situe dans une certaine continuité par rapport à la tradition de Fromm, Horney et Rank, présentés plus haut. Mais aujourd'hui, d'autres noms sont apparus. Ce sont Kohut, Schafer, Winnicott, Fairbairn, Loewald, Gill et George Klein, qui, parmi d'autres, semblent s'inspirer en totalité ou en partie de cette tendance. Friedman (1982) en a récemment présenté les caractéristiques, quoique lui-même se situe comme en dehors du mouvement, préférant se cantonner dans la perspective psychanalytique classique. Néanmoins, nous nous inspirons largement de son texte dans ce qui suit. Le lecteur déjà familier avec la Gestalt-thérapie constatera l'étonnante parenté entre ces analystes et l'esprit des fondateurs de la théorie du self. Selon nous, une telle description générale des tendances humanistes récentes de la psychanalyse ne pouvait mieux servir d'introduction à notre propos.

Les structures stables ou le processus constant de création

Selon Friedman (1982), le psychanalyste humaniste d'aujourd'hui s'attarde davantage aux processus de création qu'à l'étude des secteurs stables de la psyché (v.g. moi, sur-moi, ça, idéal du moi, etc.). Il parle de désir et de signification, plutôt que d'énergie et de décharge pulsionnelle. En conséquence, il s'intéresse plus à la manière dont les significations se modifient et évoluent qu'à la manière dont elles apparaissent.

Quant à la théorie freudienne, elle divise l'appareil en parties, c'est-à-dire en intérêts stables et spécifiques, qui cherchent à persister au sein d'une unité. Les structures freudiennes sont des significations pertinentes à un conflit... elles ont peu de signification, sauf en opposition l'une par rapport à l'autre. Ainsi, dans la théorie freudienne, le conflit sert de définition ostentatoire.

Mais lorsque la théorie rejette cette manière de sélectionner les données pour rechercher une signification plus globale, sous la forme de situations générales, l'appareil psychique qui apparaît comme divisé, pour un freudien, émerge plutôt comme un processus de formation de figures. C'est la définition même du self selon Perls-Goodman (voir chapitre 3). Pour Friedman (1982), cette tendance humaniste de la psychanalyse est humaniste avant tout parce qu'elle est holiste.

La «personnéité» (*personhood*) constitue ainsi un terme explicatif du modèle théorique du psychanalyste humaniste et non plus seulement une assomption tacite. Ce genre de penseur porte ainsi plus attention aux intentions globales qu'aux buts partiels. Par ailleurs, il ne considère pas que la psychanalyse soit une science naturelle, préférant emprunter directement aux Humanités des méthodologies et même de larges secteurs de son savoir. En cela aussi, Rank était un précurseur.

Dans les descriptions des psychanalystes humanistes, la thérapeutique apparaît plus comme un geste de *création* que comme un démasquage (*uncovering*); un geste découlant moins de l'espèce d'autorité du chirurgien-médecin que de la quête à deux du sens. Ces idées ne sont pas nouvelles. On les retrouve chez Freud et surtout chez certains de ses premiers disciples/dissidents et chacune semble avoir été soulignée/remarquée par l'une ou l'autre des traditions vénérables de la psychanalyse. Friedman (1982) rappelle toutefois que pour Freud, il existe une sorte de «primauté ontologique» accordée aux instincts dans la détermination du sens.

Dans le présent ouvrage, les limites inhérentes à considérer ainsi le ça comme une instance qui automatiquement guide le sens et l'action sont pleinement reconnues. Elles seront discutées au chapitre 6, lors du rappel de l'importante contribution de Fairbairn. Pour la théorie freudienne, le caractère automatique du ça n'a pas à se préoccuper de structures et de formes au sein de l'appareil. Par contraste, pour des cliniciens de la relation d'objet comme Fairbairn et Balint, et dans la perspective de la théorie du self adoptée ici, l'idée selon laquelle la libido déploie elle-même ses propres significations apparaît vraiment insensée et contraire à l'évidence. Le sens est créé dans, et par l'interaction avec le monde.

Les cliniciens de la relation d'objet, de Klein à Kohut, semblent avoir trouvé une phénoménologie des situations dans lesquelles l'enfant se sent impliqué, et celle-ci à son tour sert à comprendre et à décrire les contenus mentaux. Schafer (1968), pour sa part, a le mérite d'avoir compris que l'anatomie de l'appareil psychique ne peut être pensée en des termes abstraits et universels, et que seul le sujet possède le sens, c'est-à-dire la personne vivante et en mouvement. Le fil d'Ariane de ce processus complexe d'assimilation des relations à autrui, c'est l'*intériorisation*, dont il sera question aux chapitres 5 et 6.

La règle : créer à deux le sens

La règle pratique de l'analyste classique, celui qui endosse une psychologie des conflits, était claire : rester impartial au milieu des factions en conflits. Quelle serait la règle équivalente chez l'humaniste-holiste? Sa position doit être de favoriser la croissance de significations nouvelles. De fait, les humanistes parlent abondamment de la manière dont les patients et les thérapeutes développent réciproquement des attitudes face à eux-mêmes et à la thérapie; à leur tour, ces attitudes contribuent à créer le sens. A ce propos, on peut citer Viderman (1982, p. 52) qui présente les choses ainsi : «Imaginons deux phares tournant en sens inverse et dont les feux se recoupent périodiquement. C'est lorsque transfert et contre-transfert s'entrecroisent que se situent les moments de la plus grande brillance. Moments privilégiés où fulgure la vérité de l'interprétation...». On serait en fait tentés de dire ici : la vérité de la *construction*, pour reprendre le titre de l'ouvrage de Viderman. Par exemple, on s'intéresse aux formes dramatiques dans lesquelles les situations peuvent être scénarisées, leur logique interne, leurs traductions réciproques, etc. La fascination pour les vicissitudes de la relation entre soi et l'autre (relation d'objet) a remplacé l'intérêt pour la libido et ses avatars.

Comment extraire le sens ?

La tradition humaniste nous renvoie aussi à la question fondamentale à savoir ce qui régit les attitudes du psychothérapeute : comment extrait-il le sens ? Quels sont les déterminants de ses perceptions ? Une théorie du processus nous conduit inéluctablement à ces questions de la psychologie perceptuelle du psychothérapeute. Pour répondre à ces questions, il faudra aller bien au-delà de ce que l'on a l'habitude d'appeler le contre-transfert. On devra, par exemple, essayer de savoir comment la théorie affecte notre manière de regarder les gens. Comment nos vulnérabilités intellectuelles aussi bien que nos fascinations affectives... contribuent-elles à former nos perceptions ? Qu'est-ce qui nous amène à nous sentir convaincus ? A cet égard, Polster (1987) nous a récemment livré un témoignage de sa propre expérience de psychothérapeute, qu'il apparente à celle d'un co-auteur et d'un révélateur du roman à écrire de la vie du patient. Comme Polster (1987) l'illustre très bien, l'humaniste se méfie du dogmatisme. Il sait que le sens est une production créative sans cesse renouvelée. Pour saisir un tel sens créatif, il cultive ses goûts ou ses appétits apperceptifs, au lieu d'entretenir ses schémas théoriques pour les appliquer à ses sujets.

Un piège du relativisme

Mais il ne suffit pas de connaître la manière dont ces attitudes sont formées. Il faut aussi en connaître la valeur. Les psychothérapeutes essaient de rejoindre l'imaginaire, mais ils cherchent aussi à capter un certain réel dans leurs perceptions. La communauté psychanalytique redoute donc cette saveur de relativisme et de poésie qui s'associe aux théories humanistes. Car, en plus de remettre en cause la validité du savoir du clinicien, cette tendance le rend vulnérable à l'ancienne critique selon laquelle il ne fait que persuader. De plus, ce qui est beaucoup plus sérieux, c'est que possiblement il se prête aux manipulations non conscientes du patient.

Pour ce qui est de la persuasion, l'humaniste sait bien que la métaphore, la vérité narrative doivent être réhabilitées en psychothérapie (v.g. Polster, 1987). La comparaison épistémologique avec les sciences positives et de la nature ne l'intimide plus autant. Mais la science, et même la philosophie ne sont pas la rhétorique et la théorie est là pour nous rassurer quant à nos naïvetés et au risque d'être manipulé.

La psychanalyse humaniste implique que le sens n'est pas simplement fait à partir du patient, mais que ce dernier est dans une interaction avec le psychothérapeute, laquelle le conduit à développer de nouvelles significations.

Ainsi, il faut étudier non seulement comment les sens sont encodés et déchiffrés, mais aussi pourquoi ils changent. Par exemple, s'il est admis que la métaphore ou l'histoire déterminent le sens, il faut savoir comment, lors de la consultation, l'affrontement des attitudes modifie la métaphore ou la forme narrative. Peut-être le psychothérapeute sert-il d'animal expérimental, dont les attitudes ainsi évoquées permettent au patient de découvrir des significations et des prétentions de plus en plus riches; un self plus intégré, et des confiances plus diversifiées chez les autres.

En prenant comme prétexte et défi d'exposer la théorie du self de Perls-Goodman, nous tenterons dans cet ouvrage de poursuivre et de mettre à jour l'esprit de la tradition des analystes existentiels et des analystes humanistes. Nous espérons ainsi préserver et élargir la portée des enseignements de cette vision phénoménologique-existentielle de la psychothérapie, qui emprunte autant à la psychanalyse qu'à la philosophie existentielle. Notre propos se situe nettement dans la tradition «fondamentaliste» et en cela, nous espérons nous démarquer d'une certaine Gestalt-thérapie de la psychologie humaniste, pratiquée par Perls, dont le fantôme hante encore la maison. Nous espérons aussi que le lecteur partagera notre intérêt pour certains courants de la psychanalyse contemporaine, en particulier ceux de la théorie de la relation d'objet, dont les perspectives, comme nous venons de tenter de le démontrer, rejoignent celles de la théorie du self.

FREDERICK PERLS, LAURA PERLS ET PAUL GOODMAN

Afin de dégager l'originalité et le sens précis du type de psychothérapie phénoménologique-existentielle que nous proposons ici, nous présentons maintenant une chronologie du parcours théorique et clinique des trois personnes qui ont contribué à la naissance de la théorie du self et de sa pratique : Frederick Perls, Laura Perls et Paul Goodman[2].

L'héritage allemand

Frederick Salomon Perls est né à Berlin en 1893 dans une famille juive. Son père, Nathan Perls, est négociant en vins palestiniens. Le dernier d'une famille de trois enfants, Frederick, a deux sœurs. Malade dans les premières semaines de sa vie, il se développe par la suite de façon normale. A dix ans, perçu comme un mauvais garçon, il est expulsé d'un premier gymnasium. On lui trouve une seconde école, plus libérale, où il parvient à aimer plusieurs professeurs qui apprécient mieux son esprit indépendant et sa curiosité pour les arts, surtout le théâtre.

Max Reinhardt et le théâtre

Adolescent, il fait de la figuration au Théâtre Royal. Vers 18 ans, il rencontre Max Reinhardt, qui a la charge du *Deutsche Theater*. Il dira plus tard que c'est le premier génie créateur qu'il a croisé. Avec Reinhardt, par la magie du théâtre, les rêves des écrivains deviennent une réalité. Sensible à la musicalité de la voix humaine et aux nuances du geste, le jeune Perls fait alors un apprentissage essentiel.

Si le théâtre était sa première passion, la médecine par contre lui offrait la situation convenable de satisfaire ses ambitions. A la déclaration de la Première Guerre mondiale, il avait déjà commencé ses études de médecine, qu'il complètera en 1920, non sans avoir côtoyé de près la mort comme soldat dans l'armée du Kaiser.

D'octobre 1923 à avril 1924, il travaille au département de neurologie de l'Hôpital général de New York, puis retourne finalement à Berlin. Il entreprend en 1926 une analyse avec Karen Horney et au cours de laquelle il prend la décision de quitter Berlin pour Francfort. Là, il y travaille quelques mois à titre d'assistant à Kurt Goldstein en neuropsychologie. Il y rencontre sa future femme Lore Posner (Laura en anglais) et poursuit son analyse avec Clara Happel, une étudiante de Horney.

Un an plus tard, à Vienne, il voit des patients sous la supervision de Hélène Deustch et de Edward Hitschmann. De retour à Berlin, en 1928, il établit une pratique psychanalytique. Il ressent alors le besoin de compléter sa thérapie et entreprend une autre analyse, cette fois avec Wilhelm Reich, avec la recommandation de Karen Horney. Cette thérapie a duré plus de trois ans.

En août 1929, il épouse Laura qui est sa cadette de douze ans. Elle est l'aînée d'une famille de trois enfants dont le père est un fabricant de bijoux assez aisé. Plus intellectuelle que Frederick, elle est une pianiste accomplie, elle écrit des vers et aime la musique classique, le théâtre et l'opéra. Elle fait des études en psychologie et obtient un doctorat en étudiant les phénomènes de perception de la forme dans le contexte de la Gestalt-psychologie avec Goldstein comme directeur de recherche. Par la suite, elle entreprend une analyse avec Karl Landauer, puis une formation d'analyste aux Instituts de Berlin et de Francfort, où elle a successivement Frieda Fromm-Reichmann, puis Otto Fenichel comme superviseurs.

En plus de leur formation en psychanalyse et l'influence de la psychologie de la forme, Frederick et Laura sont aussi profondément marqués par les philosophes existentiels et phénoménologistes, Husserl, Heidegger et Kierkegaard. Laura a de plus travaillé auprès de Paul Tillich.

En 1933, le couple quitte l'Allemagne pour la Hollande. Grâce à Ernest Jones et par l'intermédiaire de l'Association internationale de psychanalyse, ils s'embarquent en 1934 pour l'Afrique du Sud et fondent, en 1935, l'Institut Sud-africain de psychanalyse. Frederick adopte encore la tradition du divan, et Laura, quant à elle, préfère dès l'époque le face à face.

Des psychanalystes révisionnistes

En 1936, au congrès de psychanalyse en Tchécoslovaquie, Frederick présente une communication sur les «résistances orales», qui fut d'ailleurs mal accueillie. En 1938, à la conférence de Lucerne, il a été décidé par la Société internationale de psychanalyse que les analystes non encore établis comme didacticiens en Europe ne pouvaient pas être reconnus comme des formateurs officiels de l'Association internationale de psychanalyse ailleurs dans le monde. Frederick et Laura ont dû ainsi abandonner leur Institut en Afrique du Sud, ce qui ne les a pas empêchés d'entretenir une pratique privée très achalandée, à un rythme de dix heures par jour, six jours par semaine et parfois le dimanche.

De 1942 à 1946, Frederick est affecté à l'armée comme médecin militaire, ce qui lui permet de rédiger, en anglais, *Ego, Hunger and Agression*. Laura collabore à cet ouvrage en rédigeant deux chapitres (l'un sur le complexe de la «tétine» et l'autre sur l'insomnie). Publié d'abord en Afrique du Sud, en 1947, ensuite en Angleterre, le livre a de bonnes critiques, mais seules les personnes qui avaient déjà pu vivre une expérience concrète de thérapie ou de formation avec les Perls purent en apprécier toute la portée pratique. Si le vocabulaire utilisé dans ce livre renvoie au contexte de la psychanalyse orthodoxe, la dernière partie dégage les implications pratiques de ce qu'on appelait alors une «thérapie par la concentration», un premier pas vers ce qui deviendra une thérapie autonome. En 1963, *Orbit Graphic Press* en reprend la publication, puis finalement *Random House*, en 1969.

La Gestalt-thérapie et la contribution de Paul Goodman

En 1946, Frederick quitte l'Afrique du Sud pour New York. Par une relation du frère de Laura, le couple s'y installe à l'automne 1947 après un séjour de quelques mois à Montréal, le temps d'y obtenir un visa. Après une année incertaine, Frederick, encouragé en particulier par Erich Fromm, établit une pratique qui réussit assez rapidement. Laura le rejoint. Ils se présentent encore comme «psychanalystes». Ce sera bientôt la rencontre avec Goodman, un critique social unique.

La puissance intellectuelle de Paul Goodman le place au premier rang des penseurs américains de sa génération. Il a écrit avec une sorte d'autorité provocante, plus de quarante ouvrages, des essais de critique sociale, des pièces de théâtre, de la poésie et des romans, toujours sur le même thème, l'être humain tel qu'il se révèle dans sa «situation naturelle». Sa préoccupation touche la philosophie, la psychologie, la sociologie, la sémantique, l'urbanisme, l'éducation, la critique littéraire et cinématographique, la musique et la psychothérapie.

En apprenant son décès, Susan Sontag (1972/1985) a écrit : «Pendant vingt ans, il a simplement été pour moi le plus important des écrivains américains. C'était notre Sartre...» (p. 15).

Né à New York en 1911, il a fait des études collégiales au City College à New York, où il assiste comme auditeur libre, entre autres, aux cours du philosophe Richard McKeon qui remarque son génie et l'encourage à publier un de ses travaux dans le *Journal of Philosophy*. A la même période, il publie des nouvelles et des essais dans des périodiques marginaux. Sur le point de terminer une thèse de doctorat en humanités de l'Université de Chicago, il en est expulsé «pour comportement sexuel non-conformiste». Il faut comprendre qu'il ne faisait aucun secret de sa bisexualité. McKeon réussit quand même à le faire engager comme chargé de cours dans divers autres établissements universitaires à New York, à San Francisco, à Chicago, au Wisconsin, à Hawaï, en plus de donner de très nombreuses conférences à travers les Etats-Unis. Plusieurs de ses articles ont paru dans *The New York Review of Books*. *Politics*, *Libera-*

tion, Partisan Review et d'autres périodiques semblables ont publié de ses textes. Dans les années soixante, à la suite de l'adoption de son *Growing up Absurd* par la contre-culture, il a été de plus en plus sollicité comme conférencier et consultant autant pour des firmes privées que pour des agences gouvernementales.

En plus d'acquérir une vaste culture en philosophie et en linguistique, Goodman avait lu avec passion, dès les années trente, Freud d'abord, puis Rank, Groddeck, Abraham et Sullivan. Il est l'un des premiers intellectuels new-yorkais à «découvrir» Reich, alors pratiquement inconnu en dehors des cercles psychanalytiques.

En 1946, il entreprend une thérapie avec l'un des jeunes disciples de Reich, Alexander Lowen. Goodman, suivant ses idées et ses associations lors des séances, soigneusement annotées dans des carnets bien remplis, se soumet lui-même de la sorte à une auto-analyse, à l'insu de Lowen, qui cherche plutôt à lui apprendre à produire des réactions végétatives involontaires. Goodman ne laisserait pas le contrôle de la situation lui échapper.

En 1949, Perls remet à Goodman aux fins de révision un manuscrit d'une centaine de pages. Les talents respectifs et uniques de Perls et de Goodman sont alors combinés de façon fructueuse. Goodman articule et rend explicite les idées contenues dans la pratique thérapeutique de Perls. Deux ans plus tard, *Gestalt Therapy* (Perls, Hefferline & Goodman, 1951/1977) est publié chez Heritage. La première partie du texte, qui contient certains exercices de base développés par Perls, est utilisée par Ralph Hefferline, un psychologue expérimentaliste de l'Université Columbia, qui l'utilise auprès de ses étudiants et qui offre la caution de son appartenance au milieu universitaire. La deuxième partie, théorique, rédigée en entier par Goodman, à partir du manuscrit de Perls, contient une vision profonde et originale du self et de la psychothérapie, qui allie les enseignements des freudiens et ceux des philosophes de l'existence et de la phénoménologie. Aldous Huxley considérait péremptoire que c'était le seul livre sur la psychothérapie qui valait la peine d'être lu, une remarque que Perls, malgré ses réserves à l'égard du texte de Goodman, n'a pu s'empêcher de rappeler... (voir Perls, 1969, p. 113).

En 1952, un groupe d'individus qui se considéraient entre eux comme des pairs fondent le *New York Institute for Gestalt Therapy*. Ces personnes sont Paul Weisz, Paul Goodman, Elliott Shapiro, Frederick Perls, Laura Perls et Isadore From. Le groupe se rencontre de façon fréquente et de manière informelle. Selon Isadore From, à l'époque chacun avait l'impression d'appartenir à une équipe dans laquelle Goodman était reconnu comme le «théoricien» et F. Perls comme le «technicien».

On a un moment songé à appeler la nouvelle approche *thérapie existentielle* ou *thérapie intégratrice*, puis il a été convenu d'utiliser Gestalt-thérapie. Sans être arbitraire, ce nom ne rend pas justice à l'envergure des principes et de la pratique de la nouvelle thérapie. Au début, le livre n'a à peu près pas de succès, puis, de cinq ans en cinq ans, les ventes montent graduellement. On commence surtout à saisir l'intérêt et l'originalité de l'approche dans la pratique clinique. Cette publication est l'occasion pour Frederick de «partir en tournées», pour enseigner et faire des démonstrations de la nouvelle thérapie sous la forme, devenue très populaire par la suite, d'ateliers intensifs.

L'*Institut de Cleveland* est fondé en 1954. Isadore From participe alors à la formation d'un groupe de thérapeutes pendant plus de dix ans, en utilisant comme texte de base *Gestalt Therapy*. Si Erving et Miriam Polster, issus de ce groupe, continuent aujourd'hui, à San Diego, à offrir des programmes résidentiels de formation, Laura Perls et Isadore From, toujours associés à l'*Institut de New York*, n'ont que tout récemment cessé leurs activités d'enseignement.

La gloire tardive

En 1956, Frederick quitte Laura de façon définitive et habite Miami. Il est alors âgé de 63 ans, il a des crises d'angine et la Gestalt-thérapie suscite encore relativement peu d'intérêt dans le milieu. Selon Shepard (1980, p. 89), il s'agit d'une sorte de semi-retraite professionnelle. En 1957, Frederick a une liaison amoureuse trouble et confuse avec une de ses anciennes clientes, Marty Fromm.

En 1959, Wilson van Dusen, le phénoménologue, lui obtient un engagement au *Mendecino State Hospital* près de San Francisco. En 1960, Perls se retrouve à Los Angeles et fonde avec James Simkin le *Los Angeles Institute for Gestalt-Therapy*, ce qui crée un nouvel intérêt pour son travail.

Mais en 1962, la Gestalt-thérapie n'étant toujours pas établie fermement, il décroche et effectue un tour du monde de quinze mois. A son retour à Los Angeles, il a soixante-dix ans et il s'est prouvé qu'il peut survivre en dehors de son rôle de thérapeute et de professeur, et se résigne tant bien que mal à l'idée de ne pas devenir célèbre (voir Shepard, 1980, p. 124). Et c'est alors que la gloire, bien que tardive, lui sourit.

Associé à l'*Institut Esalen* pendant cinq ans, cette affiliation lui sert de plate-forme pour faire connaître la Gestalt-thérapie et, réciproquement, la célébrité grandissante de Frederick Perls contribue à la réputation d'*Esalen*. Pour reprendre les paroles de Shepard : «En 1966, le vieux révolutionnaire se sentait ragaillardi. C'était Berlin après la Première Guerre mondiale, New York au début des années cinquante. Il pouvait maintenant jouir de son rôle de premier porte-parole de cette nouvelle façon de penser. Il était enfin sorti de l'anonymat» (Shepard, 1980, p. 145).

En 1969, paraît d'abord *In and Out of the Garbage Pail*, une sorte de mosaïque bigarrée composée de tous les niveaux d'écriture : poésie, essai théorique, pitreries, éléments d'autobiographie, etc. La même année, on publie *Gestalt Therapy Verbatim*, une sélection de transcriptions d'enregistrements réalisés lors des ateliers intensifs à *Esalen*, de 1966 à 1968. On y trouve des extraits de présentations à portée plus théorique et surtout le verbatim de courtes interactions entre Perls et plus d'une quarantaine de participants différents. Ces démonstrations, qu'il ne faut pas confondre avec une psychothérapie intensive, sont en quelque sorte devenues la marque de commerce de la Gestalt-thérapie, avec les distorsions que cela comporte. Frederick S. Perls meurt en mars 1970, au *Weiss Memorial Hospital*, à Chicago.

En 1973 sont publiés en édition posthume, *The Gestalt Approach and Eyewitness to Therapy*. Il s'agit de deux textes différents. *Eyewitness*, en parallèle à *Gestalt Therapy Verbatim*, présente du matériel introductif, alors que *The Gestalt Approach* se veut une réécriture des deux textes précédents, *Ego Hunger and Agression* (1947) et *Gestalt Therapy* (1951), que Perls considérait trop difficiles à lire et trop imbus du jargon professionnel et, de surcroît, dépassés. On admettra aisément que le texte de 1973 est d'une lecture beaucoup plus facile. C'est probablement le texte d'introduction à la Gestalt-thérapie le plus accessible à date. Mais par ailleurs, son vocabulaire appartient trop au contexte des années soixante. On y retrouve aussi le manque de rigueur et de nuance, caractéristiques du style écrit de Perls. De sorte que le volume 2 de *Gestalt Therapy* (1951), écrit par Goodman, et *Ego Hunger and Agression*, écrit par Perls, constituent encore aujourd'hui les deux textes fondamentaux de cette psychothérapie.

L'ARRIERE-FOND INTELLECTUEL[3]

La théorie du self et sa pratique proposent une synthèse d'éléments hérités de traditions diverses, une configuration originale et unique. Les influences théoriques qui la traversent, ses référents conceptuels et cliniques sont divers. On a déjà situé la Gestalt-thérapie par rapport aux courants *existentiels* et *phénoménologiques*. Il reste à préciser les influences de la *psychanalyse*, de la *psychologie de la forme* et de l'*interactionnisme* en psychologie de la personnalité.

La psychanalyse

L'effort initial de Perls est d'abord de se distinguer de Freud. Puis d'autres analystes, surtout Reich, ont marqué sa vision de la thérapie; Rank pour sa part influencera surtout Goodman.

Plusieurs *éléments freudiens* sont donc assimilés à la théorie du self :

a) L'inconscient dynamique est remplacé par la thèse unitaire de la conscience (*awareness*) dans le bon contact. Dans la mesure, en effet, où la division entre inconscient et conscient est prise en son sens absolu, toute psychothérapie devient impossible en principe. Une conception existentielle cependant propose que le fait psychique est co-extensif à la conscience. Le sujet peut avoir l'intuition de son être.

b) Le refoulement est conçu comme une habitude d'auto-conquête, qui devient une seconde nature, reléguée hors du champ de la conscience.

c) Enfin, la distinction remarquable que Freud a remarquée et décrite entre le processus primaire et le processus secondaire, n'a pas, d'un point de vue gestaltiste, à être instituée en dichotomie irréductible. En Gestalt-thérapie, le processus primaire correspond à une unité des fonctions perceptuelles, motrices et affectives. Cette unité crée une réalité : celle du bon contact. Le processus secondaire qui s'abstrait de cette unité n'est qu'une pensée qui reflète cette réalité.

d) L'étude du rêve a permis à Freud d'élucider la structure des rapports entre la pensée et l'image. En Gestalt-thérapie, le contenu manifeste du rêve est l'objet de toute l'attention du thérapeute; l'association libre est remplacée par une méthode d'identification active à chacun des éléments, considérés comme une rétroflection, une projection ou une allusion au transfert.

e) Le transfert est reconnu, mais il est redéfini à la manière du Freud de 1905 qui, dans son post-scriptum relatif au cas de Dora, souligne que le transfert doit «sans cesse être détruit à nouveau» (p. 88, v.f.). En Gestalt-thérapie, le thérapeute considère que la distorsion transférentielle (*the transferring*) est une dysfonction de la zone de contact entre le patient et le thérapeute, à laquelle il faut porter attention, comme une manière observable, ici-et-maintenant, de ne pas être dans le présent. C'est la manière gestaltiste de «sans cesse le détruire à nouveau».

Freud a remarqué l'existence d'actes symptomatiques qui exprimaient des choses auxquelles le conscient ne voulait rien entendre; Reich, quant à lui, a systématiquement formulé une analyse de la structure du comportement observable, selon laquelle tout ce que le patient ressent sera exprimé dans son corps; ces intuitions de Reich permettent à Perls de comprendre que l'on peut «ramener sur terre» la libido, qui se manifeste alors par une excitation observable, et la résistance, qui consiste en une armure formée de tensions musculaires sélectives et chroniques, formant la partie observable du caractère.

A Groddeck, on attribue une part importante de la paternité de la médecine psychosomatique contemporaine. Freud (1923/1981), au moment où il est à formuler sa seconde topique, lui adresse quelques remarques bienveillantes concernant son *Livre du Ça*. On en retrouvera l'influence, sous une forme modifiée, dans l'idée selon laquelle les besoins organismiques émergent à titre de fonction temporaire du self : la fonction-ça (voir chapitre 3 et Robine, 1984, p. 40).

Otto Rank fut l'un des premiers disciples de Freud. Lorsque celui-ci le rencontre en 1905, Rank prépare un livre sur la psychologie de l'artiste et de la création artistique. Rank n'est pas médecin : c'est un humaniste et un homme de lettres. Il acquiert très tôt une connaissance de la littérature mythologique qui lui sert pour traiter du rêve et de son interprétation, du symbolisme, de l'inceste et de la nudité dans les légendes et la poésie. Rank a, entre autres choses, contribué à clarifier la vision gestaltiste de la résistance. Pour lui, les protestations du patient sont des manifestations valides d'une contre-volonté et la thérapie doit offrir un soutien à ces manifestations de la volonté du patient et aider à ce que celle-ci se transforme en une volonté créatrice. La contribution essentielle de Rank est donc pour nous celle-ci : la santé est donnée dans l'acte créateur lui-même (Perls *et al.*, 1977, p. 279). C'est le critère de l'adaptation créatrice que nous retrouverons tout au long de notre propos.

Par ailleurs, la théorie du self est *existentielle* aussi dans la mesure où elle s'adresse au conflit qui découle de la confrontation entre le patient et sa préoccupation finale de liberté avec sa contrepartie, la responsabilité; les enseignements de Paul Tillich ont trouvé une thérapeutique concrète dans la pratique gestaltiste. Quant à Buber, nous retrouverons son influence tout au long de ce volume, Goodman et Perls lui ayant emprunté ses notions de rencontre dans le contact et une part essentielle de la vision gestaltiste de la relation thérapeutique.

La psychologie de la forme

Perls, Hefferline et Goodman (1977, p. 295) présentent la Gestalt-thérapie comme «la science et la technique de la formation des figures/fonds dans le champ organisme/environnement». La réalité première est constituée par la rencontre, à la zone de contact, de la personne et de son environnement; le contact est défini comme la formation d'une figure se détachant sur un fond (Perls *et al.*, 1977, p. 272). Le concept de figure/fond a aussi son importance en Gestalt-thérapie dans la mesure où il fournit un modèle de base de la conscience, distinct de l'hypothèse de l'inconscient freudien (voir chapitre 4).

Une mise au point s'impose toutefois. La Gestalt-psychologie appartient à la psychologie académique, elle approfondit notre connaissance des phénomènes de perception, d'apprentissage et de cognition, tandis que la Gestalt-thérapie appartient à la psychologie de la personnalité, à la psychopathologie et à la psychothérapie. Pour Henle (1978), la première est une science naturelle et la seconde fait partie de la tradition des sciences «mentales et morales» (*Geistenwissenschaft*). Pour reprendre la distinction familière de Dilthey, l'une chercherait à expliquer et l'autre à comprendre. Cependant, pour Henle, cela indique qu'il n'existe aucune justification théorique de l'usage en Gestalt-thérapie des concepts de la Gestalt-psychologie. Son article virulent prend seulement acte des derniers travaux de Perls, qu'elle admet ne pas considérer comme très sérieux (Henle, 1978, p. 31, note 7). Elle n'est pas justifiée d'ignorer comme elle le fait *Ego Hunger and Agression*, ou surtout *Gestalt Therapy*, qui présentent une thèse beaucoup plus consistante et qui s'adresse précisément à cette question des rapports entre les deux Gestalt homonymes.

Rudolf Arnheim, un spécialiste de la perception visuelle, a aussi critiqué l'usage du mot Gestalt dans le contexte de la Gestalt-thérapie. Se référant notamment au fait que Perls ait dédié *Ego Hunger and Agression* à Max Wertheimer, il écrit : «Je peux imaginer Max Wertheimer s'emporter dans une de ses colères magnifiques, s'avait pu vivre assez longtemps pour voir qu'un des tracts les plus influents du groupe thérapeutique en question lui était dédié comme s'il en était le père spirituel» (cité par Henle, 1978, p. 24). Comment anticiper l'attitude de Wertheimer?

Pour notre part, nous ne pouvons nous empêcher de constater dans l'affirmation suivante de Wertheimer lui-même, une compatibilité avec les thèses avancées par Perls *et al.* (1977, p. 300) : «Imaginez une danse gracieuse et joyeuse. Quelle est la situation avec une telle danse? Avons-nous là une sommation des mouvements physiques des membres et une conscience psychique? Non. On y trouve plutôt plusieurs processus dont la forme dynamique est identique peu importe les variations du caractère matériel de leurs éléments». Le gestalt-thérapeute s'intéresse à ces formes dynamiques de l'expérience phénoménologique spontanément structurée, car ce sont là les *gestalten* de la vie même.

Précisons donc : de l'héritage intellectuel de Wertheimer, Koffka et Kohler, nous retenons ces deux principes :

a) La loi de la «bonne forme». Une forme (*Gestalt*) s'impose de façon d'autant plus prégnante qu'elle est «meilleure». La simplicité, la symétrie, la proximité, la continuité, etc., facilitent la formation d'expériences complètes, la création de «touts phénoménologiques».

b) Toute «figure» se détache sur un «fond». Même un point isolé est encore une tonalité qui se détache sur un fond neutre. Victor Hugo disait encore que «la forme, c'est le fond amené à la surface» (cité par Cartier-Bresson).

Ce jeu figure-fond, les interactions de l'inaccessible et de l'accessible, du vécu qui n'est pas encore reconnu reçoit en psychothérapie une attention constante.

L'exemple de Cléo

A titre illustratif, considérons l'exemple de Cléo, rapporté par Erving Polster (1967) : une cliente de 35 ans, divorcée depuis plusieurs années, et chroniquement insatisfaite, malgré sa grande sociabilité et sa réussite sur le plan professionnel.

Dans ses rapports interpersonnels, elle conserve toujours une certaine distance. Ses sentiments demeurent à l'arrière-plan, perpétuant un état de désir confus. Au cours d'une séance fructueuse, elle réalise qu'elle craint avant tout d'être amoureuse, si elle s'approche des autres, et de façon plus précise, elle redoute de se trouver dépendante de l'autre, surtout dans le cas où cette personne ne lui retournerait pas le même amour. L'expérience de cette peur était pour elle une nouvelle entité, une nouvelle figure de contact. Mais Polster de poursuivre : «comme elle parlait, je lui demandai de décrire ce qu'elle ressentait. Elle dit qu'elle percevait une sensation d'élancement, dont elle avait peur (une autre figure). Je l'encourageai à porter attention à cette sensation plus concrète et palpable. Elle commença à ressentir que si elle devait vraiment s'y abandonner, la sensation deviendrait à ce point puissante qu'elle devrait faire quelque chose. Je lui suggérai de fermer les yeux et de la laisser s'élaborer en fantasme, quel qu'il soit. Elle imagina le décor de mon bureau. Je lui demandai de visualiser ce qu'elle aimerait faire. Elle se vit se blottir dans mes bras et pleurer. Son visage se colora comme si elle venait de vivre quelque chose de surprenant et de nouveau, bien que ne traduisant pas son imagination en actes. Jamais elle ne parut plus chaleureuse. Elle ressentait maintenant sa chaleur humaine au lieu de la peur anticipée; elle se sentait entière et autonome et pas du tout blessée par une expérience non payée en retour. Ayant laissé son besoin devenir une figure claire et complète, une nouvelle configuration se formant, elle put parler sérieusement et chaleureusement avec moi se servant de l'appui de cette nouvelle sensation». La discussion du problème complexe des implications transférentielles, que cet exemple ne manquera pas de soulever à juste titre, est reprise aux chapitres 2 et 9.

L'interactionnisme en personnalité

Les modèles de la personnalité développés par Goldstein et Lewin ont contribué à la thèse unitaire qui sert à définir la notion de contact et de zone de contact (*contact-boundary*).

L'interaction patient-thérapeute a lieu dans un «champ» (Perls *et al.*, 1977, pp. 267-274). Cette thèse unitaire, par la suite appelée *holistique*, provient de Lewin, à travers ses notions de champ perceptuel, de tension et d'obstacle (v.g. Hall et Lindzey, 1978, pp. 383-436). Les événements, dans la mesure où on les isole du contexte de leur apparition, perdent leur signification. Pour comprendre les élaborations du patient, il est nécessaire que le thérapeute soit attentif à l'impact de sa présence dans ce champ (v.g. Baranger & Baranger, 1969/1985). Appliquée au contexte du transfert et du contre-transfert, cette notion implique le thérapeute comme un observateur-participant, qui doit donc s'inclure comme arrière-fond des agissements et des expériences du patient. Le travail sur le transfert ne peut donc jamais minimiser la contribution du thérapeute au champ interactionnel.

Cette même conception unitaire qui affirme l'unité de l'organisme humain fut démontrée en premier lieu par Goldstein. En étudiant l'influence de traumatismes neurologiques sur la personne, celui-ci constata que c'est toute la personnalité qui était affectée par la lésion ou le trauma et non pas une seule fonction particulière comme la mémoire. Ainsi, les traumatisés crâniens observés par Goldstein (1939/1963; 1942) manifestaient une incapacité intellectuelle et une résistance personnelle à nier ou à supposer une contradiction de l'expérience concrète. Il leur était, par exemple, impossible de considérer la phrase suivante : «La neige est noire». Goldstein, en élargissant l'application des principes de la Forme à l'étude de la personne entière, proposa des concepts dits «organismiques», comme ceux-ci :

a) il existe des systèmes qui tendent à favoriser une équilibration au sein de l'organisme ;

b) il existe des processus organismiques qui aident la personne à «obtenir ce qu'elle veut dans le monde» ;

c) l'organisation première du fonctionnement organismique est donné dans le processus de formation des figures (voir Barlow, 1981, p. 40).

NOTES

[1] Le tutoiement est ici utilisé, parce que nous étions dans un contexte de formation où cela est de pratique courante. Dans la pratique clinique habituelle cependant, nous préférons le vouvoiement pour les raisons exposées au chapitre 9.
[2] Les entrevues de conversations avec Laura Perls et Isadore From publiées par E. Rosenfeld (1978) nous ont fourni le matériel de base. Le livre de Shepard (1980) ainsi que l'essai d'autobiographie de Perls (1969) lui même, ont ensuite permis de vérifier certaines impressions. Le lecteur intéressé trouvera dans l'ouvrage de Ginger (1987), une présentation plus détaillée.
[3] Une version plus complète de cette section est déjà parue sous forme d'article (Bouchard, 1985).

DEUXIEME PARTIE

LA THEORIE DU SELF DE PERLS-GOODMAN

Chapitre 2
Le contact est une rencontre

LA PERSONNE ET SON ENVIRONNEMENT : LE CONTACT

En psychothérapie phénoménologique-existentielle, le principal de l'activité clinique consiste à cultiver l'émergence d'expériences de contact. Le contact est la notion fondamentale. Selon Perls *et al.* (I.1.) l'expérience phénoménologique est produite par le fonctionnement de la frontière-contact (*contact-boundary*) entre l'organisme et son environnement. Selon eux, le contact est le toucher qui touche quelque chose (X.2.). La respiration est une fonction du contact qui implique la rencontre entre les poumons et l'air, et l'un sans l'autre n'ont pas le même sens. Un élève pose une question et s'il obtient une réponse, sa curiosité est satisfaite. Il y a un acte de contact, une rencontre entre son self et l'explication d'un professeur attentif qui pouvait satisfaire sa curiosité. Le contact, c'est la rencontre d'une différence, qui est par le fait même un retour à soi.

Pour définir un contact, on doit nécessairement se référer à un contexte et préciser de quel contact il s'agit. A titre d'exemple, la personne qui a faim et qui prend de la nourriture complète une Gestalt et établit un contact à *ce* niveau. Mais l'anorexique-boulimique peut manger avec excès lorsqu'elle se sent vide, angoissée ou en colère. Par exemple, si elle vient de mettre fin à une liaison amoureuse, consommer de la nourriture est alors un faux contact, pour apaiser souvent sans succès une angoisse de séparation. Cette patiente devra graduellement ressentir, reconnaître et contenir son angoisse, sa rage, sa recherche de fusion, faire contact avec cette situation affective et objectale, plutôt que de maintenir un faux contact, par et avec la nourriture. Au fur et à mesure qu'elle pourra faire face à son ambivalence intense, et faire le deuil de cette relation amoureuse, et des relations archaïques de son histoire, ainsi pourra-t-elle libérer l'arrière-fond, pour permettre aux figures actuelles de se construire.

LA FLUIDITE DU CONTACT

La frontière-contact est en changement continuel. Le contact s'établit à partir d'événements qui se suivent avec aisance et fluidité, au moment où le désir qui émerge, la conscience, l'émotion et l'action s'unifient en un tout harmonieux. Ainsi, un enfant a de la peine et veut être consolé. Il voit son père ou sa mère, il se rapproche. L'adulte le prend dans ses bras et lui parle d'une voix douce et chaleureuse, il y a contact. Cependant, si chaque élément (désir, conscience, émotion ou action) pris isolément peut conduire à créer un contact avec autrui, il peut aussi l'en distancier, lorsque cela est nécessaire. Dans une telle situation, l'agressivité contribue généralement à créer une distance, et sert par le fait même à réduire le contact. L'enfant qui fait une colère affirme qu'il veut qu'on le laisse tranquille. Il y a alors retrait.

Mais à l'inverse, l'agressivité peut tout aussi bien servir à l'expression et créer un contact, une figure forte. Par exemple, une mère répond au téléphone et tente de «filtrer» les copains de sa fille adolescente en leur posant des questions personnelles. Celle-ci, éventuellement exaspérée, fait une colère à sa mère en lui disant qu'elle doit cesser de s'immiscer dans sa vie privée. Quoique blessée au début, la mère écoute sa fille et exprime ses craintes quant à l'abus de drogues, etc. La fille reconnaît la bonne intention de sa mère, mais réaffirme son besoin d'intimité. La mère, consciente des limites personnelles de sa fille, change d'attitude. Dans ce cas-ci, la colère a servi à créer le contact, face au besoin de préserver l'intimité, plutôt que de contribuer au retrait.

Que des analystes expriment en des termes convergents le travail analytique réussi ne devrait pas surprendre. Ainsi Baranger et Baranger (1969/1985, p. 1551) disent ceci :

Les séances où l'analyste a l'impression «d'avoir bien travaillé» illustrent ce fonctionnement car il s'agit d'occasions où le dialogue s'est déroulé selon, pour ainsi dire, une courbe ascendante. L'analysant a fini par exprimer un conflit, l'analyste a compris le point d'urgence et l'a interprété. L'analysant réagit à l'interprétation en produisant un nouveau matériel où l'analyste peut comprendre un autre point d'urgence, différent du premier mais lié à celui-ci. Et ainsi de suite jusqu'à ce qu'on arrive au point d'urgence principal de la séance, dont la compréhension embrasse rétrospectivement les interprétations et le matériel précédents, les clarifiant et permettant de les intégrer à une *Gestalt* adéquate... Et tout d'un coup le matériel devient plus riche, les souvenirs surgissent plus librement, les affects se manifestent avec moins de blocages.

L'EMPAN DE CE QUI EST EN FIGURE

L'ampleur de ce que le patient et le thérapeute choisissent d'identifier comme «figure» d'intérêt varie constamment. Lors de l'évaluation, si la situation actuelle du patient est analysée en termes trop englobants, ou inversement, si les termes sont trop spécifiques et que l'on est réduit à ne travailler que ce qui est trivial, le patient ne peut créer des figures optimales de contact. Pour illustrer ce point — dans le cas d'un patient qui pose son problème comme suit : «Je veux tenter de comprendre ce qu'est le sens de la vie» —, Isadore From propose qu'une étape possiblement fructueuse serait que le thérapeute tente de convaincre le patient de réduire l'empan du problème en lui répondant, par exemple : «Je vous propose de travailler à comprendre avec vous le sens de *votre* vie», etc. Le but consiste à cerner des enjeux à la fois concrets et accessibles sans se confiner à l'analyse de détails sans importance.

Par contre, il est souvent pertinent de sélectionner une figure d'intérêt dont l'empan semble très étroit. Une part importante des interventions d'un thérapeute phénoménologique-existentiel a pour but de diriger l'attention du patient sur ce qu'il fait, sur ce qu'il dit ou ressent en ce moment, pour le mettre en figure. On relèvera souvent des questions ou commentaires relatifs à l'expérience immédiate, par exemple, qu'est-ce qui se passe en ce moment? Ou encore, celle dont l'empan est moins ouvert : qu'est-ce que vous ressentez en ce moment? Ou plus spécifiquement : que «ressentent» vos mâchoires en ce moment? Etc. Chacune de ces interventions, en cherchant à infléchir l'attention du patient, affecte ce qu'il perçoit et l'ampleur de ce qu'il pourra créer comme figure. La zone de contact se caractérise donc par la grande variabilité dans l'étendue de ce qui peut être mis en figure.

LA PSYCHE, LE SELF ET L'ORGANISME

Perls *et al.* (I.6.) ont défini le contact comme la formation d'une figure d'intérêt en regard de l'arrière-fond (*ground*) du champ. Tout ce qui est de l'ordre de la psyché concerne le contact, c'est-à-dire le système d'interaction transitoire avec la nouveauté (XIII.9.) qui n'est nulle autre que la conscience (*awareness*) du *self* créateur. Quant au reste, il est le propre de l'*organisme* et comprend la biologie et l'arrière-fond conservateur. Par exemple, la mémoire est une connaissance emmagasinée de façon organisée et appartient à l'arrière-fond. Cependant, un souvenir est déjà l'émergence d'une figure, une imagination dans le présent.

Le fond est la donnée de base (*the basic given of a situation*) qui se dissout en ses possibilités lors des premiers stades du contact. Fera donc partie du fond tout élément susceptible de façonner l'expérience et également d'être perçu, c'est-à-dire par définition propre à faire partie d'une figure. Il inclut les excitations et les proprioceptions organiques (appétits, besoins, désirs, vitalités, etc.), les expériences accumulées (la mémoire, la connaissance, la familiarité donnée par diverses *Gestalten* complétées par le passé). Les expériences inachevées (*unfinished past situations*), les structures stables de la personnalité, la névrose infantile, les relations d'objet intériorisées, etc. appartiennent au fond, dans la mesure où elles peuvent faciliter un contact immédiat et procéder du self. Par contre, si elles sont inaccessibles à la conscience et clivées, elles appartiennent à l'organisme (voir chapitre 6).

Exemple 1 : Un retour à la fluidité figure-fond

Yalom (1980, p. 436) donne l'exemple d'un musicien-compositeur qui venait en thérapie parce que l'approche de ses 55 ans l'avait amené à tracer un bilan plutôt sévère quant à sa contribution dans le domaine de la musique. Il ressentait péniblement que tous ses efforts futurs seraient vains et sa vie n'avait plus de but. Il venait en thérapie pour augmenter sa créativité musicale, en sachant pertinemment que ses talents de compositeur étaient limités. En transposant cela dans le vocabulaire des cycles du contact, on constate deux choses. En premier, le problème tel qu'il est présenté constitue une figure étroite, quelque peu rigide et répétitive : augmenter sa créativité musicale. Ensuite, et de manière directement liée, l'arrière-fond de ses ressources était négligé (sa grande vitalité, son sens de l'humour, sa sensibilité interpersonnelle, ses capacités pédagogiques, etc.). La thérapie n'a pu engendrer de changement tant que ces rigidités de la figure et du fond n'ont pas été assouplies. La percée d'une perspective élargie de sa créativité, pour l'ensemble de sa vie, fut particulièrement utile. Il a constaté jusqu'à quel point sa vie était en attente de réussite dans plusieurs domaines, dont son mariage insatisfaisant depuis trente ans. Le problème principal s'est transformé en une autre figure : faire de sa vie personnelle quelque chose de créatif. Comment pouvait-il user de créativité en se bâtissant une vie meilleure ? Les polarités mutuellement inaccessibles définies par la création musicale, d'une part, et sa vie personnelle, d'autre part, ont pu ensuite s'influencer réciproquement et de manière plus fluide.

Exemple 2 : Le «poteau de vieillesse»

L'arrière-fond contient les situations inachevées que le patient ne peut transformer en des figures vivantes. Ainsi, Lucie, une femme de 53 ans, célibataire récemment amoureuse pour la première fois, consulte pour des difficultés sexuelles. Son nouvel ami et elle s'entendent assez bien sur plusieurs plans sauf sur certains aspects de leur vie sexuelle. Elle croyait être en mesure de lui en parler et que celui-ci l'écouterait, mais elle préférait attendre et s'ajuster à lui, craignant que s'il répondait à ses demandes d'être plus doux et de renoncer à certaines caresses, il ne le fasse que de mauvaise foi. Selon elle, son partenaire accepterait même de venir en thérapie pour parler de ces différends et tenter de résoudre ce problème somme toute mineur, les deux faisant l'expérience d'orgasmes satisfaisants. Elle le croyait, mais désemparée, elle refusait néanmoins cette alternative. Il y avait là un problème assez délimité et qui présentait toutes les conditions favorables à sa résolution et pourtant c'était l'impasse. Voilà une première figure qui de toute évidence n'arrive pas à se compléter.

D'autre part, elle évoquait sans cesse au cours des entrevues et sans parvenir à en parler directement, ni à en reconnaître la pertinence pour le problème sexuel, une situation complexe et inachevée avec ses parents. A 53 ans, elle avait depuis quelques années la charge de ses parents. Elle avait appris à se percevoir comme le «poteau de vieillesse» de ses parents et ceux-ci comptaient, en effet, sur sa présence pour le reste de leur existence. Cette situation n'était pas vraiment le choix de Lucie. Ses frères et sœurs, tous mariés, tenaient également pour acquis qu'elle devait être la personne-ressource pour leurs parents.

Cette situation, amenée du fond à la surface, a été examinée en thérapie, ce qui a occasionné tout d'abord un grand désarroi. Pour Lucie, prendre la place qui lui revenait et vivre sa relation amoureuse engendrait des jugements de la part de ses parents et de sa famille. Mais ce qui a été encore plus difficile pour elle, c'est de réaliser ce qu'elle avait introjecté et «avalé tout rond» : elle était le poteau de vieillesse, la bonne et douce fille, qui craignait d'être perçue et traitée comme l'ingrate, l'égoïste, la dure, etc. La thérapie aida Lucie non seulement à défaire ces introjections (voir chapitre 5), c'est-à-dire à clarifier ce qui provenait de ses parents et de sa famille, et ce qui était sa propre opinion, mais aussi, avec l'aide de son ami, cette démarche l'aida à leur communiquer les limites de ce qu'elle pouvait donner et s'aménager un lieu et un temps pour son propre couple.

DEUX PRINCIPES FONDAMENTAUX POUR LA THERAPIE

Chacun des épisodes de contact crée une figure vivante et constitue un *tout* unifié de perception, de réponse motrice et d'émotion : un contact est une *Gestalt* qui se complète. L'acte de contact se produit en surface, là où il peut être observé par le thérapeute et perçu par le patient (voir Perls *et al.*, III.4.). Si toutes les psychothérapies visent une meilleure conscience de soi, l'originalité de la Gestalt-thérapie découle du choix de la frontière-contact à la fois comme foyer d'observation pour le thérapeute et comme véhicule de changement pour le patient. Toute la démarche thérapeutique découle donc des deux principes suivants :

1. L'expérience phénoménologique, concrète et actuelle, est le fruit de la mise en action de la frontière-contact.

2. Tout dysfonctionnement psychologique s'observe et se vit à la frontière-contact, là, devant et avec nous.

Si l'acte de contact (l'expérience psychologique) a lieu à la surface, tout dysfonctionnement, névrotique, limite ou psychotique, peut aussi être observé et vécu (*experienced*) à cette même frontière-contact.

Le thérapeute de l'approche phénoménologique-existentielle tente d'observer avec soin la forme concrète que prennent les interruptions à la zone de contact. Son travail se fonde davantage sur l'observation et l'écoute de la surface que sur la divination ou l'écoute des profondeurs : tout écart à la zone de contact est observable[1]. Voyons maintenant deux exemples qui illustrent ce double travail, d'observation par le thérapeute, et d'expérimentation par le patient, dans l'ici-et-maintenant...

Exemple 3 : Albert, au début d'une séance de groupe[2]

C 1 : Je sentais une catastrophe arriver, en étant assis là, en souffrant. Je la sens encore, de temps à autre. La nuit dernière, à deux heures du matin, je me suis levé... en fait tout ça a commencé plus tôt. J'ai commencé à avoir des rougeurs, dans l'aine vous savez. J'ai d'abord pensé que ça pourrait être une puce, parce que nous venons de recevoir de nouveaux chiens. Mais je n'ai pas trouvé de puce. Rendu à quatre heures du matin, j'avais des rougeurs ici et là... puis dans la tête, et je n'arrivais pas à dormir. Ca me démangeait. Alors j'ai pris des antihistaminiques. Vers huit ou neuf heures du matin, le malaise est parti et en venant ici, j'ai commencé à sentir cette douleur à la poitrine.

T 1 : Et que se passe-t-il en ce moment ?

C 2 : Je transpire. Je transpire et j'ai chaud.

T 2 : Qu'est-il arrivé avec votre voix ?

C 3 : Elle a baissé. Elle est devenue chaude et hésitante...

T 3 : Et maintenant ?

C 4 : Je sens une tension que je traîne souvent avec moi ici en haut — un bandeau qui me prend la tête comme ça (fait le geste).

T 4 : Devenez le bandeau qui serre sur vous : «Je suis le bandeau d'Albert et je...», etc.

Commentaire

On peut d'abord remarquer que la plupart des énoncés en C 1 concernent des sensations, des malaises physiques de la veille, qui n'ont pas lieu en ce moment comme en témoigne, par exemple, la conjugaison des verbes. L'intervention en T 1 est dans la foulée de la recommandation de Perls citée plus haut et vise à aider Albert à diriger son attention sur l'immédiat de son expérience. La réponse en C 2 reflète cette re-direction de l'attention, dans la mesure où nous voyons émerger une expérience actuelle. Les interventions en T 2 et T 3 découlent de l'observation de la frontière-contact par le thérapeute (la voix a baissé, et le patient a peut-être plissé le front), et visent à préciser la figure qui émerge du fond de somatisations. A partir de T 4 la suggestion de devenir le bandeau est aussi une tentative d'aider le patient à «assimiler» une projection actuelle (c'est le bandeau qui me serre la tête, ce n'est pas moi qui me crée cette tension). Nous reprendrons cet exemple au prochain chapitre. Voici un autre exemple.

Exemple 4 : Un exercice de prise de conscience dans un groupe[3]

C 1 : Hum, j'ai immédiatement conscience que vous m'avez regardé, que ma voix semble tremblotante. Je sens aussi comme une feuille qui tremble dans ma poitrine. Le tremblement me monte à la gorge... Je regarde le tapis.

T 1 : Vous vous rendez compte que vous évitez de me regarder ou de regarder quiconque ?

C 2 : Oui. Je ne regarde pas — pas avant maintenant — les gens semblent très tendus, un peu suspendus. Mais très réels.

T 2 : Vous pouvez peut-être continuer à passer d'une attention portée vers vous à une attention portée vers les gens du groupe.

C 3 : (toux) Je me sens une grande tension ici (pointe sa gorge). Ma bouche est sèche.

T 3 : Maintenant portez votre attention à l'extérieur.

C 4 : Je semble vouloir porter attention à...

T 4 : Votre attention se porte sur votre processus interne et non sur ce qu'il y a en ce moment, là devant vous.

C 5 : Hum. Gilles, je te regarde et tu me sembles à la fois très confiant, mais un peu féroce (sourires).

T 5 : Maintenant vous l'avez vu. Et que se passe-t-il ?

C 6 : Cela me rend plus assuré moi-même que Gilles soit confiant (rires).

Commentaire

En C 1 plusieurs perceptions immédiates sont évoquées : «ma voix tremblotante», «une feuille qui tremble», etc. Perls, qui a observé le regard qui évite, le souligne au patient pour que celui-ci puisse prendre conscience de la manière dont il s'interrompt à la zone de contact. En C 2, le patient réalise qu'en ce moment il ne regarde ni les autres membres du groupe ni le thérapeute. C'est déjà un pas de plus que de constater passivement : «je regarde le tapis» (en C 1). L'intervention en T 2 cherche vraisemblablement à établir le rythme entre l'expérience de soi et l'expérience du monde; une manière d'appuyer les passages des sensations au tremblement de la voix, à la tension perçue chez les autres, à une figure précise (Gilles), qui immédiatement crée une expérience nouvelle avec tension (un plein contact en C 5), suivie d'apaisement (un post-contact en C 6).

Cet exemple provient d'une démonstration et Perls cherchait à illustrer par un exercice de prise de conscience l'émergence d'un contact simple, d'une rencontre entre «l'intérieur « et «l'extérieur», qui aboutit précisément à l'abolition de cette distinction. On ne peut donc parler ici de psychothérapie, car l'ensemble de ce cycle ne porte pas à grande conséquence. Ici, nous souhaitons seulement donner un exemple d'une expérience de contact simple. A la suite de cette interaction, le patient semble du moins approcher plus nettement le sens de ce qu'il recherche dans ce groupe : le soutien et la confiance de certains membres, pour apaiser sa propre angoisse, à propos de laquelle nous ne savons toutefois rien encore.

TROIS REGISTRES FONDAMENTAUX DE L'EXPERIENCE EN PSYCHOTHERAPIE

Le contact se manifeste à travers trois registres de l'expérience du patient en psychothérapie : ce sont ceux de la *situation courante*, qui ne concernent pas la relation thérapeutique, de *l'histoire passée* et de la *relation immédiate* (transfert) entre le patient et le thérapeute. Ces distinctions sont bien connues des psychanalystes (v.g. Malan, 1979, p. 80; Meinninger & Holzman, 1973, p. 149), mais nous les adaptons au contexte de la thérapie phénoménologique-existentielle proposée ici.

Il est très utile au thérapeute de pouvoir suivre de près, en tout temps, l'état du contact dans chacun de ces registres, qui nous serviront en quelque sorte de grille d'analyse tout au long de ce travail. Voyons maintenant un exemple où il sera possible de retracer le jeu de chacun de ces registres.

Exemple 5 : Les parents intrusifs : le respect des frontières par le thérapeute

Claude est un homme d'affaires de 50 ans et participe à une thérapie de groupe. Il est irrité par les échanges répétitifs qui se produisent entre deux membres du groupe qui se plaignent de ne pas avoir suffisamment d'autonomie alors même qu'il les trouve très peu conscients de leur propre dépendance. Pour se préserver des émotions pénibles que suscite en lui l'impasse de cette dyade qui renvoie à une autre, de son passé, il devient agressif, ce qui lui est d'abord utile de plusieurs manières : il réprime ses émotions face à ce qu'il perçoit, il n'exprime rien de ce qu'il ressent et il se tient droit et rigide. Cependant, son visage, ses yeux en particulier, dégagent une tristesse et sa mâchoire est légèrement affaissée. L'animateur du groupe, qui observe ces écarts à la zone de contact, lui fait alors porter attention à ce qu'il ressent dans son visage et au contraste entre celui-ci (vulnérable et mou) et le reste de sa posture (fermée et dure). Claude prend alors plus nettement conscience de la différence entre sa tristesse (sans la laisser émerger) et sa position agressive et fermée, puis il se retire davantage, en affirmant qu'il désire qu'on le laisse tranquille pour le moment. L'animateur respecte ce choix et ne l'interprète pas comme une résistance : à ce moment même, l'agressivité est plus accessible, et moins angoissante pour Claude. Il y trouve un soutien, à partir duquel il peut exprimer son désir de ne pas poursuivre l'échange au-delà de ce point. Ici le contact a été fait à partir de la capacité de mobiliser son agressivité pour définir ses limites.

Commentaire

Le fait que Claude puisse exprimer sa tristesse l'exposait vraisemblablement à une menace plus grande encore, celle d'être envahi et de ne plus pouvoir mettre fin à l'interaction à sa convenance, comme jadis avec son père. Celui-ci réclamait constamment de sa femme une plus grande autonomie, qu'il était incapable de prendre par lui-même, préférant répéter son rôle de victime de la vie, en prenant Claude à la fois comme cause et témoin de ses malheurs dans le couple. La pertinence de cette compréhension, fondée sur une certaine connaissance du contexte familial de Claude, a été confirmée quelques semaines plus tard lorsqu'il se sentit capable d'aborder avec toute la charge émotive requise cette situation inachevée de son passé. En particulier, il rappela alors combien le fait que le thérapeute ait accepté son refus antérieur d'explorer tout de suite sa détresse face à son père intrusif lui avait permis de réaliser qu'il pouvait dire «non» et mettre des limites, et ainsi commencer à défaire le cercle vicieux de son impuissance face à une «figure parentale».

Dans cet exemple se trouvent réunis chacun des trois registres fondamentaux de l'expérience psychothérapeutique :

a) Le contenu de la *situation courante* ou *contemporaine*. Dans ce cas, Claude réfère aux problèmes vécus couramment et de manière répétée dans le groupe, quant à l'incapacité d'assumer une autonomie par ailleurs réclamée avec force. Dans un premier registre, il réagit fortement à cette situation actuelle : «ici-et-maintenant, dans ce groupe, ces deux-là me sont insupportables».

b) Le contenu de l'*histoire passée* et des *situations inachevées*. Pour Claude, la situation courante observée dans le groupe a un lien direct, plus ou moins conscient, avec sa situation passée et inachevée avec ses parents : la structure de l'un évoque la structure de l'autre. Sur un deuxième registre, cette situation inachevée contient, parce que précisément inachevée, toute la charge émotive qui était associée à cette expérience pourtant aujourd'hui ancienne. Mise en pleine lumière, cette expérience aurait pu ressembler à ceci : «ici-et-maintenant, je réagis de la même manière qu'à l'époque, en présence de mon père : c'était insupportable, et ce l'est encore, de me souvenir de cela, et c'est pourquoi je réagis si fortement lorsque je vois ces deux-là dans le groupe faire la même chose; je me sens aussi démuni avec eux que dans ma famille».

c) Le processus de la *relation immédiate* entre le patient et le thérapeute. C'est le registre de la rencontre et du transfert; du contact patient-thérapeute et de ses difficultés. Dans l'exemple qui nous occupe, il se produit, dans la nature même de la relation entre Claude et l'animateur du groupe, quelque chose d'anodin en apparence, mais qui pour Claude revêt un caractère fondamental. Pour Claude, l'animateur risquait, en insistant d'avantage, d'être assimilé à son père intrusif et irrespectueux des limites de son fils. Exprimé à partir de la perspective de Claude, s'il avait pu en prendre pleinement conscience, on dirait : «ici-et-maintenant, toi l'animateur, tu vas me pousser à revivre la même impuissance et la même détresse que celle dans laquelle me plongeait mon père; serais-tu donc comme lui? Ou bien, es-tu de mon côté?» Devant une telle incertitude, Claude s'était tout d'abord replié davantage sur lui-même, face au thérapeute, de manière analogue à ce qu'il ressentait face à ses parents.

Exemple 6 : Le regard retourné

L'exemple qui suit décrit une situation où la patiente, une adolescente, renvoie au thérapeute, de manière dramatique et amplifiée, une attitude qu'elle perçoit au départ chez celui-ci. Cette vignette illustre comment il est possible, sur le plan de la relation immédiate, de clarifier une intrication, pour retrouver un contact. On voit aussi dans quelle mesure la présence du thérapeute, ses gestes, ses silences, son ton de voix et autres, appartiennent au fond.

Diane est une jeune patiente de 16 ans qui arrive en retard à son rendez-vous. Elle semble très tendue. Après quelques moments de silence, tout en fuyant le thérapeute du regard, elle lance brusquement :

— Pourquoi me fixez-vous du regard comme cela?

Tout en lui lançant des regards furieux, elle lui fait comprendre par allusion qu'elle se sent persécutée par son regard direct et lui demande expressément de regarder vers la fenêtre plutôt qu'elle.

Le thérapeute tente alors en vain de l'amener à s'interroger sur ce que représente ce regard fixe et à préciser le pourquoi de ce malaise. Il en résulte qu'elle s'enferme dans un silence rempli d'hostilité.

Durant ce silence, Diane se met à dessiner ce qui allait devenir une caricature méchante du thérapeute. Absorbée par son dessin, son humeur change, des sourires espiègles se manifestent et font place à des éclats de rire malicieux à mesure que son dessin prend forme. Les coups d'œil rapides qu'elle jette vers le thérapeute pour en arriver à faire sa caricature font ensuite place à un regard de plus en plus soutenu. D'abord lentement, puis avec plus d'intensité, elle commence à mimer chacune de ses postures et chacun de ses mouvements. Les tentatives, par le thérapeute, de s'adresser à ce qui se passe ne sont accueillies que par l'écho de ses propres questions. Cela se poursuit pendant plusieurs minutes.

Enfin, les rires et les moqueries de Diane cessent au moment où elle reprend son dessin.

Le thérapeute intervient alors :

— Aujourd'hui, lorsque nous avons commencé la séance, je pense que tu as essayé de me faire comprendre que je te rendais très mal à l'aise et coincée, quand je te regarde de manière directe. Et je crois que tu as ressenti que ton message n'a pas été entendu. Alors, au lieu de me le répéter par des mots, j'ai l'impression que tu as tenté de me le faire comprendre en ayant recours à ma propre pratique.

Après une brève pause, elle lui répond :

— Et vous, ce n'est pas ce que vous feriez?

Après cet échange, le reste de la séance se déroula dans un climat de collaboration.

Commentaire

Tout d'abord, il ne faut pas oublier l'âge de la patiente, l'adolescence expliquant en partie le caractère excessif de sa réaction. Le regard du thérapeute est persécuteur; on peut penser qu'elle projette sur lui sa propre hostilité. Il tente, sans succès, de faire contact avec cette expérience. Puis il accepte, malgré l'inconfort probable que l'expérience a pu susciter chez lui, qu'elle exprime en gestes, par un dessin, et en l'imitant lui, son expérience d'être persécutée. En somme, son message n'est pas d'interpréter la projection : «Je pense que tu projettes ton hostilité et c'est pour cette raison que tu sens mon regard comme persécuteur, qui n'est que direct». Il cherche plutôt à s'approcher de la patiente, en parlant avec elle de son expérience de projection, selon une attitude phénoménologique descriptive : «Je pense que tu as essayé de me faire comprendre que je te rendais très mal à l'aise, coincée quand je te regarde de manière directe». De là, plus loin, plus tard, avec la répétition de la distorsion, on suppose que la conscience de la patiente s'ouvrira vers le contenu de la projection.

Après avoir fait la distinction entre les trois registres, de la *situation courante*, de *l'histoire passée* et de la *relation immédiate*, il est maintenant possible d'approfondir notre compréhension de l'un d'entre eux, celui qui concerne la relation immédiate, c'est-à-dire la rencontre (*encounter*) entre le patient et le thérapeute. Pour ce faire, il faut démontrer l'apport de Buber et de sa philosophie du dialogue. Sa contribution est fondamentale, à la fois parce qu'elle permet de situer le contact sur le plan le plus riche, soit celui de la rencontre interpersonnelle, et aussi parce qu'elle permettra l'assise des fondements de notre vision de la relation thérapeutique (voir chapitre 9).

L'APPORT DE MARTIN BUBER :
LE CONTACT EST UNE RENCONTRE

Martin Buber[4] (1957) a élaboré une véritable philosophie du dialogue entre l'homme et la nature, entre l'homme et l'homme, et entre l'homme et le toi-éternel (l'être spirituel). La lecture de Buber invite à la réflexion et à la méditation, et à elle seule permet au psychothérapeute de développer une attitude profonde d'ouverture à la rencontre. On dit couramment que la psychothérapie est une science et un art. Quant à nous, nous croyons plus fructueux de considérer qu'elle est plutôt une philosophie et un art.

Pour Buber, la rencontre ne se trouve ni dans l'un des deux partenaires ni dans les deux combinés, mais seulement dans leur dialogue. Ici, l'individu se situe au second plan tandis que le dialogue est au premier. Ce dialogue se développe dans le royaume de l'entre-deux et se remarque par ses deux polarités, qui sont les mots-principes Je-Tu et Je-Cela. L'attitude de l'homme est double. En vertu de la dualité des mots-principes, qui ne sont pas des mots isolés mais des couples de mots : dire Tu, c'est dire en même temps le Je du couple Je-Tu et dire Cela, c'est dire en même temps le Je du couple Je-Cela. Il n'y a pas de Je en soi.

Le mot-principe Je-Tu ne peut être prononcé que par l'être entier et le mot-principe Je-Cela ne peut jamais être prononcé par l'être entier (Buber, 1957, p. 7). La différence entre les deux attitudes est essentielle à saisir. L'empire du Cela est composé d'activités qui ont une chose pour objet : percevoir une chose, éprouver une chose, représenter une chose, vouloir une chose, sentir une chose, penser une chose, etc. Toutes ces choses et d'autres semblables fondent l'empire du Cela, qui est le règne absolu de la causalité. L'empire du Tu a un autre fondement. Dire Tu, c'est n'avoir aucune chose pour objet, car où il y a une chose, il y a une autre chose. Chaque Cela confine à un autre Cela, alors que Tu ne confine à rien. «Celui qui dit Tu n'a aucune chose, il n'a rien. Mais il est dans la relation» (Buber, 1957, p. 8).

En transposant ces idées, il est possible de voir qu'une thérapie peut se situer surtout dans les registres de la situation contemporaine ou de l'histoire passée, ce qui confine au monde du Je-Cela. Mais le seul fait d'être présent, dans la relation immédiate, permet d'avoir accès au monde du Je-Tu.

Laissons encore Buber (1957, p. 10) évoquer les différences entre les deux mondes. Le monde en tant que connaissance empirique, en tant qu'expérience, relève du mot-principe Je-Cela; le mot-principe Je-Tu fonde le monde de la relation. Que les expériences soient «internes» ou «externes», «manifestes» ou «secrètes», cela ne changera rien. Choses externes ou choses internes, ce sont des choses parmi les choses (Buber, 1957, p. 9). Dire Je-Cela, c'est être observateur devant les personnes au lieu de se confronter avec elles dans l'échange vivant des «fluides mutuels» (p. 26). L'intelligence (scientifique et esthétique) a un rôle à jouer, mais elle doit fidèlement faire son œuvre pour ensuite s'abîmer dans la vérité super-intelligible de la relation, qui enveloppe tout l'intelligible.

«Je considère un arbre. Je peux le percevoir en tant qu'image : pilier rigide sous l'assaut de la lumière, ou verdure jaillissante inondée par l'azur argenté qui lui sert de fond. Je peux le sentir comme un mouvement... Je peux le ranger comme une espèce... L'arbre n'a pas cessé d'être mon objet, il a gardé sa place dans l'espace et dans le temps, sa nature et sa composition. Mais il peut aussi se faire que de propos délibéré et en même temps par l'inspiration d'une grâce, en considérant cet arbre, je sois amené à entrer en relation avec lui. Il cesse alors d'être un Cela. La puissance de ce qu'il a d'exclusif m'a saisi» (p. 10). On ne peut imposer une rencontre, un dialogue authentique. On ne l'obtient pas en la cherchant, elle vient par la grâce.

«Que sait-on du Tu? Tout ou rien. Car on ne sait rien de partiel à son sujet» (p. 13). Si le Tu vient à moi, à ma rencontre, c'est par grâce. Mais c'est moi qui entre en relation immédiate avec lui : c'est une rencontre à la fois passive et active.

Dans la rencontre, il ne s'interpose aucun concept, aucun schéma ou effort d'imagination. La mémoire, transformée en souvenir spontané, passe brusquement du morcellement à la totalité. «Les essences sont vécues dans le présent, les objets dans le passé» (p. 14). S'il persiste des buts, des appétits, des anticipations, des moyens, alors il y a obstacle au Je-Tu. Le contact se produit seulement quand tous les moyens, toutes les intentions, ont été abolis.

Pourquoi est-ce si difficile de pénétrer le monde du Tu, demande Buber? Parce que le monde du Cela est cohérent, dans l'espace et dans le temps, alors que le monde du Tu ne l'est ni dans l'espace ni dans le temps. De plus, une fois le processus de relation terminé, chaque Tu devient forcément un Cela. A côté de cette cohérence du Cela, les moments où se réalisent le Tu sont éphémères, singuliers, privilégiés. Ils sont «lyrico-dramatiques, d'un charme séducteur», mais ils sont notre sécurité. Ils sont aussi inquiétants qu'indispensables, car on ne peut vivre dans la seule présence, elle nous dévorerait... mais on peut vivre dans le passé uniquement.

Ni le thérapeute ni le patient ne sauraient soutenir l'intensité de leur relation immédiate : le contact au sein de la relation thérapeutique doit faire place à des contenus, ceux de la situation contemporaine et ceux du passé; ils serviront de fond pour les prochaines figures du contact. Chaque contenu dont le patient parle, à propos de sa situation contemporaine ou ancienne, peut couler dans la relation immédiate, servir à la rencontre. On ne peut vivre sans le Cela : c'est le monde dans lequel nous devons vivre, qui nous offre toutes sortes d'attraits et de stimulants, d'activités et de connaissances. Mais «qui vit seulement avec le Cela n'est pas l'homme» (p. 29).

Enfin, Buber (1957, p. 49) nous met en garde contre les formes du langage verbal qui ne prouvent rien : «Bien des Tu exprimés ne signifient au fond qu'un Cela auquel on dit Tu par habitude et par apathie, et beaucoup de Cela signifient un Tu dont on a gardé au fond de soi un souvenir lointain».

RESUME

En résumé, dans la perspective de la théorie du self, la psyché se définit par l'éveil de la conscience (*awareness*), dont l'activité est la zone de contact. Ainsi, la zone de contact se confond avec la psyché et le self. Le contact est avant tout une rencontre entre la personne et son environnement. Le contact est fluide, il est la formation d'une figure d'intérêt en regard d'un arrière-fond disponible. Le contact est le système d'interaction transitoire avec la nouveauté. Il concerne la création continue de nouvelles significations, de nouvelles synthèses créatrices, c'est-à-dire la conscience (*awareness*) du self créateur lui-même. L'organisme comprend la biologie et l'arrière-fond conservateur, non disponible : la névrose infantile, les relations d'objet intériorisées.

Sur le plan pratique, on reconnaît deux principes de base : a) l'expérience phénoménologique est la mise en action de la frontière-contact; b) tout dysfonctionnement s'observe et se vit à la frontière-contact. Ces deux principes justifient le travail clinique du psychothérapeute gestaltiste.

Le contact se manifeste à travers trois registres : la situation courante, qui ne concerne pas la relation avec le thérapeute, l'histoire passée et la relation immédiate patient-thérapeute. Buber a élaboré une philosophie de la rencontre qu'il situe dans le dialogue, dans l'univers de la relation du Je-Tu. Personne n'a mieux traduit le sens poétique et philosophique même du contact.

NOTES

[1] Binswanger (1971, p. 121) cite cette parole d'Hippocrate, à propos de la sagesse médicale, que l'on ne peut hésiter à appliquer au psychothérapeute : «Les médecins s'inclinent devant les dieux parce qu'il n'y a dans l'art médical aucune force extraordinaire. C'est la seule façon d'aider en connaissance de cause».

[2] Adapté de J.S. SIMKIN (1976), *Gestalt-Therapy mini-lectures*, Millbrae, CA., «Celestial Arts», pp. 21-26.

[3] Adapté de F. PERLS (1973), *The Gestalt Approach & Eyewitness to Therapy*, New York, Bantam.

[4] Martin Buber est né à Vienne en 1878. Il a étudié la philosophie et les arts à l'Université de Vienne, à celles de Zurich et de Berlin. Il a aussi enseigné la philosophie à la Hebrew University, à Jérusalem, de 1938 à 1951. Connu pour sa contribution au renouvellement de la pensée mystique Hassidique, son livre, *Je et Tu* (voir Buber, 1937/1957/1970) est maintenant un classique du genre. Il y expose sa philosophie du dialogue et nous y avons puisé abondamment dans ce qui suit.

Chapitre 3
Le self et les moments du contact

Le self et le contact sont des configurations étroitement liées. Ils assurent l'adaptation créatrice. Dans ce chapitre, nous décrivons les étapes du contact : pré-contact, contact, plein contact et post-contact. Nous voyons aussi comment chacun des moments du contact[1] est mis en jeu par l'un des systèmes partiels du self : la fonction-ça, la fonction-je et la fonction-personnalité. Enfin, à l'aide de l'analyse du verbatim d'un entretien, nous tentons d'illustrer la phénoménologie de ces diverses fonctions dans le travail clinique.

SELF, CONTACT ET ADAPTATION CREATRICE

Le self est le système des contacts (I.1.). Il est un processus avant d'être un contenu. Il est en fait la frontière-contact à l'œuvre (I.11.). Son activité est de former figures et fonds. Le self n'est donc pas la figure qu'il crée, mais la création même de la figure (XII.8.). Il est la frontière dont l'activité consiste à faire contact avec le présent de manière continue. Le self ne peut exister qu'en ce moment présent. Les notions de self et de contact sont inextricablement liées.

Définir le self, c'est tracer le profil de l'ensemble des contacts possibles en ce moment pour la personne. Mais la théorie du self ne cherche pas à rendre compte des *contenus* associés à une personne. L'histoire en tant que telle, le «caractère» en tant que structure, le comportement en soi, ne sont pas le self; ce sont des contenus qui permettent au psychothérapeute de s'orienter (I.12.).

NOTIONS DE SELF, DE ÇA, DE JE ET DE PERSONNALITE

Un acte de contact spontané se déroule selon certaines étapes : étape du pré-contact, étape du contact, étape du plein contact et étape du post-contact (voir figure 3.1., cercle inférieur). Plusieurs auteurs ont discuté de ce cycle selon des termes apparentés (Harmon, 1984, pp. 178-184; Perls, 1969, pp. 33-47; Polster et Polster, 1974, p. 112; Zinker, 1978, p. 90 et pp. 97-113). On peut détailler ce cycle ainsi : retrait (fond) → émergence d'une sensation → perception d'un besoin → mobilisation de l'énergie afin de trouver satisfaction dans l'environnement → figure claire et nette → retrait (fond). Dans une perspective parallèle (voir figure 3.1., cercle supérieur), le self élabore des systèmes spécialisés, à des fins particulières, qui correspondent aux exigences de ces étapes.

La fonction-ça, la fonction-je et la fonction-personnalité sont des systèmes partiels du self. Il s'agit dans chaque cas du self lui-même, dans des activités et des états de conscience différents. Le self ne peut être confondu ou réduit à l'une de ces fonctions.

L'activité du self consiste à s'engager dans une situation actuelle qui soulève son intérêt spontané. Pour reprendre les mots-principes de Buber (X.4.), le Je est en polarité avec le Tu et le Cela. Le Cela est l'aperception de ce qui est disponible, des tendances et de l'arrière-fond. Le Tu correspond à l'objet d'intérêt et le Je au sujet actif, identifié avec ce qu'il fait et à ce qu'il désire, rejetant le reste. Le self a comme fonction principale d'actualiser le potentiel (Cela) en s'engageant (Je) dans des activités intéressantes (Tu).

Dans un premier temps, nous examinons ces trois fonctions du self. Dans un second temps, nous analyserons un entretien à la lumière de ces notions, liées aux étapes du contact, pour illustrer la manière dont elles s'appliquent à une situation concrète.

FIGURE 3.1. — Représentation schématique des notions de contact et de self comme processus temporel, en fonction des quatre étapes du contact.

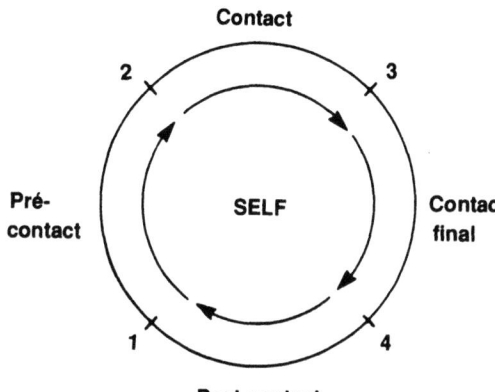

Sentiment du je est maximal : conscience délibérée, active, sentiment d'être isolé à l'intérieur de son corps et de frontières fixes; c'est-à-dire introspection, abstraction, manipulation.

orientation active est inhibée, fluctuation des frontières corporelles, c'est-à-dire : rêve, rêverie, relaxation, hallucination.

Pré-contact

Contact final

Sentiment maximal du self, perte transitoire du sentiment du je, diminution des frontières, absorption dans l'altérité et la nouveauté, c'est-à-dire : temps fort du jeu, expériences esthétiques et artistiques, orgasme, insight.

Sentiment du self diminue.
Sentiment de sécurité, cohésion et continuité.

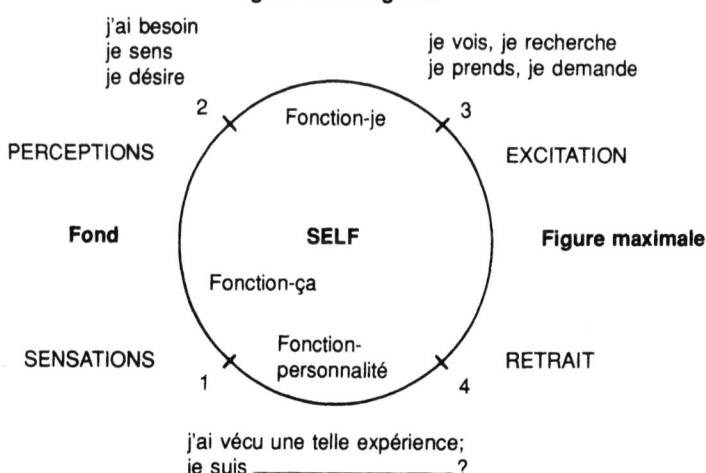

LA FONCTION-ÇA

La fonction-ça renseigne la personne sur ses besoins et ses désirs. Le corps sert de fond alors que le désir ou l'objet se constituent et forment la figure. Son action correspond au pré-contact, la proprioception domine, le self semble être éparpillé, passif et irrationnel. Des images surviennent, des fantasmes, des souvenirs apparaissent. Le self ressent alors sa situation actuelle, ce qui lui manque, l'arrière-fond disponible, la situation inachevée émerge, etc. Si elle n'est pas interrompue, cette expérience contribue à former des *Gestalten*. Un thérapeute cherchera à écouter et à reconnaître les besoins, les désirs et les appétits implicites de son patient. Il ira vers ce qu'on a appelé le point d'urgence. Voyons quelques exemples de manifestations de la fonction-ça.

Exemple 1 : Le Bandeau d'Albert [2]

Nous sommes au début d'une séance dans un atelier de formation qui durera un week-end.

A 1 : Je sentais une catastrophe arriver, en étant assis là, en souffrant. Je la sens encore, de temps à autre. La nuit dernière, à deux heures du matin, je me suis levé... en fait tout ça a commencé plus tôt. J'ai commencé à rougir, dans l'aine vous savez. J'ai pensé que ce pourrait être une puce, parce que nous venons de recevoir de nouveaux chiens. Mais je n'ai pas trouvé de puce. Rendu à quatre heures du matin, je rougissais ici et là [montrant l'aine du doigt]... puis dans la tête, et je n'arrivais pas à dormir. Ça me démangeait. Alors j'ai pris des antihistaminiques. Vers huit ou neuf heures du matin, le malaise est parti et en venant ici, j'ai commencé à sentir cette douleur à la poitrine.

T 1 : Et que se passe-t-il en ce moment ?

A 2 : Je transpire. Je transpire et j'ai chaud.

T 2 : Qu'est-il arrivé à votre voix ?

A 3 : Elle a baissé, elle est devenue chaude et hésitante.

T 3 : Et maintenant ?

A 4 : Je sens la tension que je traîne souvent avec moi ici en haut — un bandeau qui me prend la tête comme ça et me fait paraître comme confus.

T 4 : Devenez le bandeau qui tire sur vous : «Je suis le bandeau d'Albert et je...»

A 5 : Je suis le bandeau d'Albert et je te renferme. Je suis sa mégalomanie qui veut mener le monde à sa façon.

T 5 : Pourriez-vous dire à Albert quelles sont vos objections au fait qu'il mène le monde à sa manière.

A 6 : Il est fou... de penser qu'il peut mener le monde à sa façon. Ou alors, c'est qu'il est un enfant, etc.

Commentaire

La plupart des énoncés en A 1 sont de nature proprioceptive, car il s'agit de sensations, de malaises physiques, typiques de la fonction-ça : «J'ai commencé à rougir», «ça me démangeait», «je n'arrivais pas à dormir». Mais on doit observer qu'il s'agit d'un rapport verbal d'une expérience de la veille, donc qui n'est pas actuelle (noter la conjugaison des verbes). Ainsi, l'intervention en T 1 aide Albert à s'orienter sur l'immédiat de son expérience. La réponse en A 2 reflète cette évolution et nous voyons émerger un pré-contact. De même, les interventions en T 2 et T 3, sur la voix et sur la tension, cherchent à préciser la figure qui émerge du fond des somatisations.

A partir de T 4, Simkin cherche à favoriser le passage du pré-contact au contact, de la fonction-ça à la fonction-je. La suggestion de devenir le bandeau correspond à une tentative d'aider Albert à se réapproprier la responsabilité «projetée» dans le bandeau : c'est le bandeau qui me retient à l'intérieur, ce n'est pas moi. Cela permet à Albert de découvrir ce qu'il retient : sa mégalomanie et son pôle inverse, l'enfant, qui seront au cœur de l'entretien à partir de ce moment.

Cet exemple illustre un travail type de démonstration en groupe, où le registre de la situation contemporaine domine et où le cadre du travail est toujours à court terme. La situation est toute autre en psychothérapie individuelle ou de groupe mais intensive à long terme. Les registres du passé et de la relation immédiate y prennent une place plus significative. La régularité des rencontres, l'intensité du lien, la régression, tout cela assure les conditions de base d'un travail à chacun des trois niveaux : contemporain, passé, relation actuelle. L'exemple qui suit fait état d'une autre facette du rôle de la fonction-ça, mais cette fois dans la reprise des situations inachevées.

Exemple 2 : La thérapeute qui pourrait disparaître par magie

Fleming (1975), en empruntant sa compréhension des phénomènes au modèle du développement de Mahler (Mahler, 1968; Mahler *et al.*,

1975), donne un exemple qui illustre comment une séparation prématurée à l'âge de quatre ans a laissé des séquelles d'abord manifestées dans la relation avec le thérapeute avant d'être reprise dans le travail de la fonction-ça.

Frank est un homme d'affaires de 32 ans. Il est intelligent et il réussit bien sur le plan professionnel. Il se sent par contre profondément seul et inapte dans ses relations sociales. Après un mariage qui n'a pas fonctionné, il a vécu une succession de relations amoureuses intenses, insatisfaisantes et brèves, autant avec des hommes qu'avec des femmes et auxquelles il mettait toujours fin.

Les quatre premières années de sa vie se sont déroulées normalement. Il a vécu une relation agréable et intense avec sa mère, d'où il semblait avoir tiré un certain sentiment stable de sa valeur propre. Mais à l'âge de 4 ans, sa mère fut hospitalisée pour une maladie chronique et il vécut chez ses grands-parents maternels durant cinq années et sa mère ne le reprit qu'une fois rétablie. Au cours de cette période, son lien affectif premier était sa grand-mère, une femme à la fois forte et chaleureuse.

Face aux interruptions de la thérapie et face à sa performance au cours des séances, il présenta dès les débuts une réaction d'angoisse très forte, car il craignait de déplaire à la thérapeute.

Encouragé à apprivoiser sa peur et à laisser apparaître ses fantasmes quant il était seul et qu'il se sentait menacé, il les décrivait ainsi : «J'ai l'impression de me désagréger» et «je ne sais pas où se trouve ma tête». Après quelques mois, l'idée angoissante de ne pas trouver la thérapeute lors de la prochaine séance venait le troubler de manière récurrente. La crainte était : «Elle pourrait faire pouf! et disparaître». L'angoisse diminuant, il se rappela que cette image représentait son sentiment face à l'absence de sa mère, soudainement disparue. Il constata que sa crainte le protégeait de l'attachement à la thérapeute, celle-ci pouvant «faire pouf! et disparaître» comme ce fut le cas pour sa mère.

En apprivoisant graduellement sa détresse face à son état de séparation, il se sentait entre les séances comme «suspendu et en attente». En puisant dans cette expérience nouvelle, il s'est souvenu comment, au cours des premiers mois chez sa grand-mère, il s'assoyait sur la branche d'un arbre tout en regardant l'étang, en tentant de se remémorer le visage de sa mère. Il se rappela ensuite comment il a été rassuré, après une visite à l'hôpital, quand, après l'avoir vue, il a pu enfin la visualiser à nouveau, l'imaginant au lit dans sa chambre d'hôpital. En d'autres termes, il utilisait sa capacité d'évoquer l'image de sa mère pour apaiser son besoin.

Ces images et ces souvenirs de la situation inachevée de séparation brutale qu'il a vécu avec sa mère résultent de la fonction-ça.

Les perturbations de la fonction-ça

Les perturbations de la fonction-ça résultent d'une dysfonction du système d'aperception. Ce malfonctionnement peut être de nature biologique, comme dans le cas de la schizophrénie, des problèmes affectifs majeurs, etc.; il peut aussi être de nature secondaire, c'est-à-dire acquis, par exemple dans le cas de l'anorexie-boulimie, où la distorsion du besoin de manger et celle de l'image du corps sont parfois dramatiquement affectés.

Pour Rank (1936/1976), l'essence même de la névrose consiste d'ailleurs à ne pas être capable de «vouloir ce que l'on veut». Combien de patients disent de manière directe ou indirecte : «Je ne sais pas ce que je veux». Il manifestent ainsi un trouble combiné de la fonction-ça et de la fonction-je. On comprend dès lors le sens des interventions qui invitent le patient à porter attention à ce qu'il vit en ce moment, pour servir d'appui à la fonction-ça. Par exemple, on l'invite à se centrer sur les sensations de sa gorge serrée, ou encore sur celles qui émanent de son cœur battant, ou à simplement laisser venir les images qui veulent émerger (y perçoit-il une excitation? un intérêt?). Ici le but est de favoriser une reprise dans la perception du besoin et l'émergence du désir. Ce dernier doit ensuite être reconnu par le Je.

LA FONCTION-JE

La fonction-je, c'est le self impliqué dans une activité intéressante qui reconnaît le Cela de la situation présente. Le self est ici l'acteur qui désire, qui entrevoit l'objet et qui transforme la situation. Si le moi de la psychanalyse est surtout conçu comme une entité, la fonction-je est mieux comprise comme une structure temporelle et même temporaire d'identifications et d'aliénations face aux possibilités. Son rôle consiste à distinguer entre le «moi/non-moi», le «pour-moi/pas pour-moi». Par exemple, en disant j'aime/je n'aime pas, je comprends/je ne comprends pas, ou je veux/je ne veux pas. C'est ici que l'intention émerge et sert d'appui à l'action en cours.

A cette étape, l'expérience du sujet est celle d'un Je en train de faire la situation (X.6.), de l'utiliser et de maîtriser les moyens disponibles; le self est alors un Je qui agit, qui agresse, qui défait et qui manipule l'environnement. Le contact est en voie de réalisation. L'objet est visible ou recherché, mais il n'y a pas encore d'unité dans la rencontre du Je et du Tu : le plein contact n'est pas atteint. Un écart entre soi et sa propre situation reste à combler.

Les perturbations de la fonction-je

La névrose suppose un je stable et bien formé. Certaines perturbations structurales, présentes chez les états limites ou chez les psychotiques, appartiennent à ce que Perls-Goodman appellent l'organisme. Le self, diminué, clivé, ou virtuellement détruit, tente alors désespérément de s'adapter à ces troubles. Ne considérant ici que la névrose, nous la définissons à la fois comme une fixation dans l'état du Je orienté vers un but et comme une perte de clarté dans le contact entre le self et l'environnement. Ces troubles dans la clarté du contact prennent quatre formes : confluence, introjection, projection et rétroflection. Ces perturbations de la conscience correspondent exactement à une perte de la fonction-je, donc à l'expérience de la névrose. Nous en reparlerons au chapitre 5. Pour l'instant, notre intérêt concerne le cycle de contact à travers la mise en action de la fonction-je.

Exemple 3 : L'attachement de Michel à sa mère et vice-versa[3]

Michel prend conscience de sa façon de s'accrocher à ceux qu'il aime, mais aussi à l'inverse, de son sentiment d'être étouffé par sa femme, puis par la tristesse de sa mère (l'entretien est déjà commencé).

C 1 : Tu m'étouffes (comme s'il s'adressait à sa femme).

T 1 : Oui. Dites-le à nouveau.

C 2 : Tu m'étouffes avec ta manière de me serrer. Et tout... (pause).

T 2 : Est-ce qu'elle vous écoute ?

C 3 : Non.

T 3 : Pouvez-vous le dire d'une manière qui lui communique ce que vous voulez lui dire ?

C 4 : J'aimerais me mettre en colère, parce que c'est la manière dont je me sens par rapport à cela.

T 4 : Dites-lui cela maintenant.

C 5 : J'aimerais me fâcher après toi, mais je ne peux pas parce que... tu vas pleurer (rires). Tu ne me le permets pas... vous savez, j'aimerais maintenant m'adresser à ma mère.

T 5 : Très bien. Que se passe-t-il avec votre mère?

C 6 : Maman, il y a quelque chose à propos de ton manque de bonheur qui m'étouffe...

T 6 : Qu'est-ce qu'elle répond?

C 7 : Je ne sais pas ce que tu veux dire, etc.

Le travail se poursuit.

Commentaire

En C 1, le patient exprime clairement qu'il se sent étouffé par sa femme. Dans la mesure où il reconnaît ses sensations (une sensation d'étouffement dans la poitrine, qu'il évoquait plus tôt dans la séance) et qu'il s'y identifie, il exerce sa fonction-je : c'est moi, *je* me sens étouffé. L'énoncé «tu m'étouffes» peut aussi indiquer une expérience interrompue, i.e. une interruption de la fonction-je, par projection du sentiment «je tiens à t'étouffer».

D'autres, comme Gill (voir chapitre 9) pourront penser que ce commentaire fait aussi allusion à la perception de la relation immédiate par le patient : le thérapeute est-il étouffant? Le patient se sent-il en colère mais aussi impuissant contre lui?

Les interventions en T 2 et en T 3 sont bien caractéristiques de la manière de Perls d'appuyer la continuité du contact par l'expression de la fonction-je particulièrement en T 3 lorsqu'il énonce «... qui lui communique ce que vous voulez lui dire». Il fait explicitement appel à l'intentionnalité inhérente à la fonction-je. De même en T 4, le thérapeute cherche à favoriser l'expression et le passage du contact au plein contact, toujours à partir de la fonction-je. En C 5, le patient affirme son désir de changer d'objet, de sa femme à sa mère : «J'aimerais m'adresser maintenant à ma mère», dit-il, offrant par là une expression spontanée et non sollicitée de sa fonction-je, que Perls dans ce cas appuie et confirme en T 5. Le travail reprend en C 6, cette fois en rapport avec la mère, et se poursuit jusqu'à la fin de l'entretien.

En termes des registres présentés au chapitre 2, il est clair que le patient établit un rapport spontané entre celui de la situation contemporaine avec sa femme et ce qui se passait avec sa mère (en C 5); le niveau proprement transférentiel, de la relation immédiate avec le thérapeute, n'est pas par contre abordé dans cet extrait. Au plus peut-on supposer qu'il y est fait allusion, de C 1 à C 4.

LA FONCTION-PERSONNALITE

La fonction-personnalité est la «réplique verbale du self» (X.8.). Héritière des relations d'objet des deux premières années, cette fonction apparaît avec le langage (VII.1.). C'est la parole intérieure, le self parlé, qui s'exprime à travers le langage.

La fonction-personnalité correspond à la partie responsable, autonome et reconnue de la personne (X.8.); c'est la structure même de l'*insight* et de la transparence de soi. La fonction-personnalité n'évolue pas dans l'univers de la nouveauté, mais dans celui de ce qui est déjà assimilé et reconnu. Les descriptions de soi produites par la fonction-personnalité correspondent à l'aboutissement du contact, au Je-Tu de la rencontre, devenu un Cela, comme l'affirmait Buber. On peut aussi reconnaître les influences combinées de Rank, Sartre et Sullivan qui ont permis à Goodman de mettre en lumière, de manière profondément originale, cet aspect de l'expérience de soi.

On s'interroge : «Je me demande parfois qui je suis». En réponse, on prétend à quelque chose à partir d'une certaine lucidité. On exerce alors la fonction-personnalité.

Les patients verbalisent leur névrose et énoncent des phrases issues de leur fonction-personnalité, qui peut ou non manifester un trouble de cette lucidité, par exemple, dans les diverses formes de la dépression : «Tout est de ma faute, je suis un minable», «je me prends pour superman, mais je me sens comme Linus», «je ne suis plus moi-même», «je suis comme une poupée mécanique dont le ressort s'est défait», «je ne vaux plus grand-chose, une vraie loque», «je suis une personne désespérée», «je suis un(e) incapable dans la vie», «je suis la victime», «je me sens comme une horloge démontée».

Avec des personnalités de style obsessionnel, nous entendons plutôt des énoncés comme : «Je suis (je cherche à être toujours) parfaitement efficace, à l'ordre et fiable», «je cherche toujours à être parfaite et parfaitement en contrôle», «je ne suis pas une personne agressive», «je suis parfaitement respectueuse de l'autorité», «si je ne sais pas tout, je suis bon pour la poubelle», «si je ne satisfais pas ma femme, je ne suis pas vraiment un homme».

Par ailleurs, avec des patients de type hystérique, nous entendons un langage dramatisant, excessif à leur égard : «Je suis *tellement* content(e)», «je ne comprends absolument pas ce que vous me demandez de faire, je me sens complètement démunie». Dans le processus de thérapie, après un travail de prise de conscience, nous avons à un moment ou l'autre accès à des verbalisations comme «je suis émotive et sensible, et j'ai toujours besoin de l'attention des autres, d'être le centre d'intérêt, sinon, en-dedans de moi, je ne sais pas qui je suis». C'est ce type d'*insight* qui est recherché.

Les perturbations de la fonction-personnalité

Une personnalité qui envahit le self entraîne inévitablement un ensemble d'attitudes fixes, une loyauté néfaste à des personnages (objets) du passé. Dans la pathologie, la personnalité a une activité d'imitation et produit un langage qui est insensible, inflexible, abstrait, vague et monotone, en porte-à-faux. Il s'agit d'une personnalité empruntée, introjectée, qui n'offre aucun appui à l'individu, car ce n'est qu'un substitut. Cette notion est apparentée à celles du faux-self et du vrai-self de Winnicott (1960). D'autre part, dans le cas d'un état limite, le clivage des images de soi se reflètera au niveau d'un trouble de la fonction-personnalité. Ainsi, une patiente de 32 ans, célibataire, alcoolique, confuse dans son identité sexuelle, et n'ayant pratiquement vécu que des rapports amoureux très chaotiques et conflictuels dit d'elle-même : «Mon image de moi-même ? C'est clair : ou bien je suis celle qui est excessive, qui boit pas mal, et qui passe d'un amant à l'autre... parce que je m'en fous, ou bien je me sens comme une petite fille qui a peur... et dont il faut prendre soin».

Exemple 4 : Je suis un poète

Pour reprendre à Isadore From un exemple simplifié sans doute mais didactique d'un patient qui affirme qu'il est un poète, mais qui n'agit pas comme tel, c'est-à-dire qui n'écrit pas, qui ne lit pas de poésie, etc., cela peut refléter une perturbation de la fonction-personnalité. La description que ce patient se fait de lui-même est alors inexacte, en porte-à-faux, sur une structure imaginaire non appuyée. Et il peut s'agir en réalité de plusieurs choses distinctes : je dois devenir un poète (pour être aimé); je me sens trop minable pour ne pas maintenir l'illusion d'être un poète non encore reconnu; mon père a raté sa carrière, il voulait devenir artiste; je suis une personne très sensible, etc. Le travail thérapeutique consiste à clarifier ces écarts qui constituent un obstacle au contact.

On peut imaginer la séquence suivante d'un processus de plusieurs mois condensé en quelques phrases :

C 1 : Je suis un poète (énoncé d'un trouble de la fonction-personnalité).

T 1 : Vous dites que vous êtes poète, mais vous n'avez jamais encore écrit. Je crois qu'il serait plus exact de dire que vous voulez écrire.

C 2 : Ah!... (silence). Je veux écrire, en effet. C'est très important pour moi (énoncé de la fonction-je)... (silence).

T 2 : Et maintenant, que ressentez-vous? (énoncé dont la réponse ferait appel à la fonction-ça).

C 3 : Une grande fatigue (fonction-ça, travail de deuil de l'illusion de l'image idéalisée de soi). Je ne sais pas pourquoi (fonction-je), j'ai toujours imaginé que le bonheur résidait dans le fait d'être poète ou écrivain (fonction-personnalité). En fait, je suis un minable (fonction-personnalité en contact avec le «vrai-self»).

T 3 : On peut peut-être essayer de retrouver avec qui vous vous êtes ainsi senti minable. Ou bien : «Qui était minable dans votre vie?», ou encore : «Vous est-il arrivé de vous sentir minable ici avec moi?», etc.

...

Plusieurs mois plus tard :

C 4 : En fait, je me sens plus solide en-dedans maintenant; j'ai plus le sentiment d'être à la recherche de moi-même; je ne sais pas encore tout à fait qui je suis, mais je sais que c'est moi qui cherche et pas d'autres. Je suis peut-être plus honnête face à mon moi profond... (sorte d'*insight*-bilan, issu d'un exercice plus lucide et juste de la fonction-personnalité : ni poète ni minable, mais honnêtement en quête de soi).

LE RETOUR AU SELF

Nous avons présenté trois structures partielles du self en ce qu'elles apparaissent comme étant tout le self à divers moments du déroulement d'un épisode de contact. Nous reprenons maintenant ces descriptions en évoquant le self au travers de ses sous-systèmes.

Le pré-contact émerge comme le fruit de la fonction-ça. Par exemple, un désir sexuel émerge, ce qui peut conduire à séduire par la conversation, l'humour, ou à offrir des caresses, etc. L'impatience, le dégoût, l'angoisse sont des manifestations de perturbations à cette étape. L'interruption du pré-contact peut prendre la forme d'éviter du regard certaines parties du corps, ou subtilement, d'éviter certains regards, etc.

A l'étape du contact, une figure apparaît, un objet d'intérêt est en vue (le Tu, du couple Je-Tu). Sur le plan sexuel, la perception de l'autre devient plus intense et claire, la fonction-je conduit à vouloir telle activité sexuelle, ou encore, tel fantasme se découvre, suivi d'une action concrète. Le champ du possible se resserre, car il y a un choix et une élimination des alternatives.

Avec le plein contact, on retrouve le self à son niveau maximum d'excitation et de perception : il s'est absorbé dans la figure du Tu; la rencontre est à son point le plus intense. Le but est atteint. La figure du contact, le self, constitue ici une *Gestalt* forte, complète, une unité spontanée dans l'action, comprenant une perception, un mouvement et une émotion. L'excitation, l'aperception (*awareness*) sont à leur plus haut niveau. Sexuellement, c'est l'expérience de l'orgasme accompagné d'une expérience d'unité entre le Je et le Tu, «comme si» ils n'étaient qu'un (une confluence). Au-delà de ce point, le contact, c'est-à-dire la rencontre dans la différence revient.

Enfin, au post-contact, l'interaction se poursuit et le jeu de cette figure sur ce fond s'achève, cet épisode va se terminer. Il y a retrait de *ce* contact. La rencontre sexuelle perd de son intensité, les deux personnes continuent à être en présence, mais de manière différente : les surfaces de contact sexuel tendent à se rétracter et à s'apaiser; le self n'est plus la figure, il devient la fonction-personnalité qui s'enrichit de cette expérience. Il y a ensuite place pour qu'émergent un nouveau besoin et une nouvelle figure associés à un nouvel épisode de contact.

Exemple 5 : Marie : le contact avec la passivité

Nous allons maintenant analyser une démonstration, par J. Simkin, d'un type particulier de Gestalt-thérapie, tel qu'il se pratiquait à Esalen au milieu des années soixante. Cela nous donnera l'occasion d'utiliser les notions présentées jusqu'à maintenant dans les chapitres 2 et 3, et qui sont résumées à la figure 3.1. dans une situation concrète.

La situation est la suivante : un petit groupe de personnes, souvent des professionnels de la santé, des thérapeutes en formation, sont réunis pour un atelier-séminaire alliant la théorie aux illustrations concrètes et qui est animé par un thérapeute-formateur. La durée de ces ateliers varie de quelques heures à un mois intensif de formation. Il ne s'agit donc pas de psychothérapie, mais d'une variante des groupes de rencontre, où l'intérêt didactique des démonstrations prime souvent sur le suivi de l'intervention individuelle. Ces démonstrations ont souvent un caractère spectaculaire puisqu'on cherche à extérioriser un conflit, son éclatement et une résolution, parfois prématurée et fragile. On sait aussi que la confrontation des manipulations névrotiques est souvent la marque de commerce du style de J. Simkin, émulant en cela F. Perls; d'autres, tels E. et M. Polster, adoptent par exemple un style plus empathique, centré sur les ressources de la personne. Enfin, en psychothérapie, le travail est souvent beaucoup plus lent, cyclique et répétitif; les participants y sont nécessairement impliqués dans une relation interpersonnelle intense, ce qui n'est pas toujours le cas de ces démonstrations. Néanmoins, plusieurs des aspects du self et des cycles de contact se retrouvent, en condensé, dans le travail qui suit.

M 1 : J'avais conscience, lorsque je me suis assise sur la chaise et que j'ai porté mes mains juste ici (sur la chaise), de la chaleur de Leo[4] qui était encore là et de sentir la chaleur sur mes mains froides [d'une voix monotone]. Et... je transpire et... mon cœur bat vite, et je me sens... j'avale, je retiens mon souffle. [Pause]. Une sensation, une raideur dans mes épaules, et...».

T 1 : Il semble que vous vous mettez beaucoup de pression.

M 2 : Oui, je me presse, je me presse en-dedans.

T 2 : Pouvez-vous suivre votre action vers le dedans, ou l'inverse?

M 3 : En pressant et en me repliant à l'intérieur. En étant très fer-fermée... comme un nœud. [Soupir, la voix tremblante]. Et, lorsque je peux m'ouvrir [les bras dépliés, les jambes décroisées], lorsque je ne suis pas comme ça, je sens que je laisse les gens — la pièce — entrer, et je peux me rendre compte de ce qui se passe dans la pièce ou je peux prendre conscience de la présence de Jim, Leo, Bill, et tous les autres, et puis lorsque je suis comme ça [les bras pliés, les jambes croisées], alors le reste de ça — vous autres — commencez à disparaître. J'ai seulement conscience de moi-même.

T 3 : Oui. Qu'est-ce que vous venez tout juste de faire?

M 4 : J'ai avalé. Et j'ai senti mon souffle se couper, et la tension ici et ici [pointe sa poitrine].

T 4 : [En s'adressant de manière ostensible au groupe]. Je suis toujours frappé par ce phénomène que je vois encore et encore — quelqu'un apprend quelque chose à propos de lui/elle-même : s'il fait ceci, quelque chose survient; s'il fait cela, autre chose arrive — et puis il/elle met aussitôt de côté ce qu'il/elle vient d'apprendre. Je ne comprends pas.

Commentaire

La participante commence en essayant de suivre la «règle fondamentale» en Gestalt-thérapie qui consiste à exprimer le flot continu de la conscience immédiate des choses [qui prend la forme de «Maintenant, j'ai conscience de...», «*Now I am aware of...*»].

Au début, elle emploie l'imparfait (j'avais conscience de), puis son attention se porte rapidement sur le présent. Nous sommes à l'étape du pré-contact. La plupart des commentaires en M 1, M 5 et M 7 expriment une tension physique, la fonction-ça renseignant Marie sur sa situation actuelle ; elle *se* fait beaucoup de pression ; elle a les mains froides, son cœur bat vite, elle transpire, elle bloque sa respiration, etc. En termes des interruptions du cycle de contact, on dit qu'elle fait de la rétroflection (voir chapitre 5) : elle retourne son énergie sur elle-même et se coince, au lieu de la tourner vers l'extérieur. Simkin lui communique, en T 1, qu'il a noté cette «résistance», et lui suggère, en T 2, de l'amplifier ou de faire l'inverse, emboîtant le pas, pour la dissoudre au lieu de chercher à l'interpréter.

Puis, en M 5, Marie dit comment elle laisse ou non entrer les gens en elle, les jambes et les bras ouverts. Sera-t-elle ouverte ou fermée à Simkin ? Lui fera-t-elle confiance ? L'allusion au registre de leur relation immédiate est assez claire, de même qu'on peut aussi y entendre une métaphore sexuelle, mais Simkin ignore ce registre et préfère celui de la situation contemporaine, en tant que contemporaine : il ne cherche pas à attribuer aux mots une autre signification que celle que Marie semble lui donner, au premier degré. Il choisit donc de confronter ce qu'il perçoit être une résistance, en s'adressant, en apparence à des fins didactiques, au groupe, mais en s'adressant à la fois aussi indirectement à elle.

A notre avis, cette confrontation n'est pas la plus utile à Marie, qui en est encore, de manière raisonnable, à établir sa confiance, c'est-à-dire l'alliance thérapeutique.

M 5 : C'est un évitement remarquable.

T 5 : Oui. Je m'y mettrai demain. Je vais le mettre dans mon ordinateur et l'explorer la semaine prochaine.

M 6 : Hmh. Hmh. Hmh. [Pause]. Et ça me laisse toujours avec une situation inachevée.

T 6 : Ça ?

M 7 : Je me laisse moi-même en situation inachevée.

T 7 : De quelle manière ?

M 8 : En ne restant pas près de mes sentiments.

T 8 : J'aimerais souligner votre ceci et votre cela [parlant des gestes d'ouverture et de fermeture de Marie, en M 3]. Et je m'objecte au fait que vous évitiez l'expérience. [Pause]. Maintenant, je suis bloqué. Si je ne fais rien, Marie va rester assise là. [Soupirs]. Un piège parfait.

M 9 : Vous, êtes-vous en train de me dire de poursuivre l'expérience, de continuer à me coincer, avec les sentiments qui viennent avec, que j'ai en le faisant?

T 9 : J'aimerais bien avoir la cigarette de Fritz [pour faire passer l'attente de l'impuissance apparente de Marie].

Commentaire

Les deux participants en sont encore à trouver un terrain d'entente sur lequel travailler. Marie n'a pas résolu son dilemme de confiance, Simkin résiste à ce qu'il perçoit être la posture fermée et passive de Marie. Son commentaire précédent, en T 4, qui le place comme observateur plutôt que participant avec elle, semble avoir influencé Marie qui, en M 5 et M 6, parle aussi d'elle-même d'une position d'observateur détaché. On peut dire aussi qu'elle répète ce qu'elle a appris dans les séances précédentes de Gestalt-thérapie, dont elle emploie le jargon (évitement, situation inachevée). Il n'y a pas de contact ici. On peut même affirmer que de M 1 à M 4 Marie et Simkin étaient plus en pré-contact qu'en ce moment. L'échange en M 6, T 6 et M 7 n'est qu'un «jeu» de Gestalt, dont le contenu est pertinent, mais qui marque surtout le non-progrès; l'idée du commentaire en T 6 est vraisemblablement de confronter Marie avec le fait que si elle dit «ça», ou «cela» (en parlant de l'évitement), c'est qu'elle désavoue, par projection (voir chapitre 5), sa responsabilité dans le fait de ne pas avancer. C'est l'évitement qui fait qu'elle évite, ce n'est pas elle-même. Ce thème est bien sûr au cœur de l'impasse de cet entretien à date, mais la réponse que Marie fait en M 7 montre seulement qu'elle a bien appris sa leçon de gestaltiste et qu'elle remplace le Ça par un Je, suivant en cela la règle. Mais on a l'impression que ce n'est qu'un accord de surface.

Avec l'intervention en T 7 Simkin abandonne sa position de confrontation et invite Marie à reprendre le travail de prise de conscience (*awareness*), par un *comment* et non un *quoi*. Mais la réponse de Marie, en M 8, est aussi détachée que les précédentes et elle explique ce qui ne va pas, et qu'elle sait parfaitement bien. En T 8, le thérapeute reprend bien son travail en précisant la manière dont il a perçu le dilemme de Marie. C'est sa façon de lui communiquer ce qu'il a vu du comment de la difficulté de Marie à la zone de contact. Mais il réalise du coup l'impasse dans laquelle il se trouve, car si c'est lui qui suggère à Marie de faire quelque chose, alors ce n'est pas elle-même qui le fait, ce qui ne ferait qu'encourager la tendance de Marie à se conformer aux consignes plutôt que de suivre sa propre voie.

Les thèmes implicites de ce conflit touchent à la passivité, à la séduction d'une figure d'autorité, ou parentale, peut-être même au masochisme. Mais pour l'heure, le problème est toujours posé, à savoir de quelle manière Marie et Simkin vont travailler ensemble. En M 9 Marie répète ce qui est son problème depuis le début, à savoir qu'elle préfère se faire dire quoi faire que de risquer quelque chose elle-même. En T 9, Simkin, cabotin et détaché, évoque tout en l'illustrant la manière dont Perls aurait réagi en telle circonstance.

M 10 : Je ne sais pas où aller à partir d'ici.

T 10 : [Il amorce un dialogue avec lui-même]. Jim, est-ce que Marie devrait continuer à se coincer? Oui, mais si tu demandes à Marie de le faire, alors *elle-même* ne fait rien. Elle ne fait que ce que *tu* lui demandes. Alors Jim, comment Marie peut-elle se sortir de son dilemme? Au diable Marie, comment puis-je sortir de *mon* impasse. [Rire généralisé et doux]. Tu t'es piégé *toi-même*. [Longue pause.] Qu'est-ce que vous ressentez maintenant?»

M 11 : J'ai conscience de vouloir... vous donner le pouvoir... de me sortir de mon dilemme... et je me sens impuissante et... Qu'est-ce que *je* fais maintenant?

T 11 : Que *faites*-vous en ce moment?

M 12 : Je suis assise ici, sur la chaise, et ma jambe gauche est croisée par-dessus ma jambe droite, et je vous regarde. [T. : Mhm. Mhm]. Et j'ai avalé. Et ma main se déplace en va-et-vient au-dessus du bras de la chaise. [Pause]. Je veux — je veux repousser, me remuer. [Pause]. Je veux que *vous* étendiez le bras et que vous me rameniez à l'intérieur.

T 12 : Je sais. C'est ce que j'ai ressenti avec vous depuis le tout début. Et je pense que c'est là la *clef* qui explique comment je suis bloqué avec vous et comment vous devenez bloquée. Ce que vous voulez de moi, c'est que je vous ramène en tirant. Ce que je veux de vous, c'est que vous vous souteniez vous-même. Alors, je vous propose de faire une expérience où vous pourrez apprendre à vous donner du soutien et à faire quelque chose pour vous-même, et je m'installe dans mon fauteuil et je me dis : «Ah! Maintenant Marie va travailler sur ça».

Mais [en riant], Marie veut que Jim la ramène. [Pause]. Alors, vos attentes et les miennes ne se rencontrent tout simplement pas.

M 13 : Elles ne peuvent pas. [Rires]. Au moins, j'ai conscience de cela et ce dont je ne m'étais pas rendue compte avant. [Sa voix est plus forte]. Et cela, clairement, j'aimerais essayer à nouveau et voir si je peux trouver si je *peux* me donner mon propre soutien.

T 13 : Je suis tout à fait disposé.

M 14 : [Pause]. Je me soutiens, ici, dans la chaise. [T. : Mhm. Mhm]. Et je respire de moi-même et toutes les parties de ça dans mon corps, je le fais de moi-même.

T 14 : Toutes les parties de *ça* vous les faites de vous-même ?

M 15 : Pour moi. Respirer, faire battre mon cœur — ça n'est pas comme je fais en ce moment.

T 15 : Et qu'est-ce que vous faites, maintenant ?

M 16 : Bizarre, lorsque je réponds pour vous plaire — pour obtenir une reconnaissance de cette façon [d'un ton pensif].

T 16 : OK, voulez-vous ma reconnaisance ?

M 17 : Euh... oui.

T 17 : Je suis disposé à vous répondre et à vous reconnaître, lorsque vous ferez l'expérience.

M 18 : OK. [Pause]. Pourriez-vous me dire encore quelle est l'expérience que vous voulez que je fasse ?

T 18 : Oh non ! Absolument pas. Je vous l'ai dit une fois déjà.

Commentaire

En M 10, Marie se dit encore impuissante, ce qui amène Simkin à préciser davantage ce qu'il a vu du problème, mais à nouveau en ne s'adressant pas directement à elle, et en mimant un autre «jeu gestaltiste», celui des polarités entre le Jim qui veut l'aider et celui qui est bloqué. En M 11, Marie répond de manière constructive en lui faisant part de ce qu'elle sent de sa propre passivité. Mais à la fin de M 11, elle retourne en position d'attente, Simkin reprend son travail, celui de l'inviter à prendre conscience de ce qui se passe en ce moment (l'ici-et-maintenant). Il est intéressant de noter qu'en M 12, elle reprend de la même manière dont elle avait commencé l'entretien, en M 1, en se conformant à la «règle gestaltiste», par une série de «maintenant j'ai conscience de»; de ceux-ci, il ne se dégage pas beaucoup d'implication : la chaise, ma jambe, le regarder, avaler, la main. A la fin de M 12, après une pause, elle reconnaît son désir qu'il la tire par le bras et lui vienne en aide, ce qui est plus fructueux. En T 12, la longue intervention ne fait que préciser la nature de l'impasse, comme Simkin la cerne.

En M 13, Marie répète sa bonne foi qui bien sûr n'est pas vraiment en cause, comme chez tous les patients qui résistent. A nouveau devant de bonnes intentions, en T 13, Simkin ne peut que répéter les siennes, mais le tango se poursuit. En M 14, on peut discerner une certaine colère contenue de la part de Marie, qui affirme contrairement aux prétentions de Simkin en T 12, qu'elle peut parfaitement bien se soutenir elle-même. En T 14, il y a, à notre avis, de la part de Simkin, une répétition inutile de l'idée de la projection dans le «Ça». Heureusement, en M 16, Marie se rend compte que lorsqu'elle cherche à lui plaire, elle se décentre de son expérience immédiate. Cette prise de conscience, même limitée, correspond néanmoins à l'étape de contact, la fonction-je s'exerçant de façon directe : je cherche à obtenir votre approbation. En T 16, Simkin la prend au mot et fixe, de façon unilatérale, les conditions dans lesquelles il sera prêt à continuer à travailler avec elle et la reconnaître. Cette intervention est à double tranchant, car d'un côté elle vise à créer à nouveau des conditions de bon contact, mais de l'autre, comme Simkin le craignait lui-même en T 10, si elle se plie à ses conditions et se prête à l'expérience, l'histoire de son manque d'initiative et de sa tendance à se conformer pour être reconnue ne feront que se répéter. C'est ce que Levenson (1972) rappelle que les patients cherchent à faire, en nous transformant pour tenir un rôle complémentaire de leur propre position de vie, dans leurs scénarios multiples. Enfin, on constate en M 18 une dernière tentative de la part de Marie pour tenir son rôle passif, plutôt que d'aller de l'avant d'elle-même, ce à quoi Simkin s'objecte de manière cohérente. Cet échange met fin à la négociation du contrat implicite entre les deux partenaires : chacun sait à quoi s'en tenir et on voit que Marie va pouvoir enfin progresser dans l'exploration de quelque chose d'un peu plus significatif.

M 19 : [Longue pause, puis de façon très rapide]. Bien, je ne suis pas certaine en ce moment, mais je pense qu'il s'agit, pour faire cette expérience, de faire un retour et de prendre conscience de ce que je ressens lorsque je suis toute, bien, lorsque je suis tendue et toute ficelée comme ça. [Enveloppe ses bras autour de son corps, puis prend une pause]. Et lorsque je suis ici, toute rentrée vers l'intérieur... et avec mes yeux fermés... c'est le sentiment que c'est noir.

T 19 : C'est noir?

M 20 : Je suis noire. Je suis seule [Pause]. Et j'ai peur.

T 20 : C'est ça.

M 21 : [Pause]. Je veux crier mais d'une manière ou d'une autre, je ne peux pas [sa voix devient étranglée].

T 21 : Avez-vous une idée de ce que vous voulez crier ?

M 22 : [Pause]. A L'AIDE! A L'AIDE!

T 22 : Avez-vous vu ce que vous avez fait avec vos pieds en criant «à l'aide»?

M 23 : Je les ai remontés.

T 23 : Faites ce mouvement à nouveau.

M 24 : [Elle ramène ses pieds vers elle. Longue pause]. D'une voix effrayée : Mes mains sont attachées.

T 24 : Oui.

M 25 : [En pleurant]. Je ne peux pas m'échapper. Quelqu'un me bat. Je crie [elle reprend son souffle], mais même si je crie, personne ne m'entend. [Après un sanglot, elle prend une respiration brusque. Elle pleure]. Et j'ai le sentiment — je me souviens d'être attachée à un poteau [sanglotant]... lorsque j'étais petite.[Pause. Continue à pleurer]. Et ils me laissent là. Et je ne peux pas me libérer.

Commentaire

Il est évident qu'en M 19, Marie, pour reprendre ses mots, rentre à l'intérieur, pour en parler et en sortir d'elle-même. Le travail est productif au niveau du pré-contact. L'intervention en T 19 qui consiste à défaire une projection a cette fois un effet plus significatif. La phrase : «Je suis noire, j'ai peur», véhicule une charge émotive plus grande, un énoncé significatif de la fonction-je, à l'étape du contact, révélant par là les progrès rapides dans la séquence. En M 21, la figure se précise, l'émotion gagne la voix. En T 21, le thérapeute ne fait qu'accentuer le mouvement en cherchant à ajouter les mots à l'émotion qui pointe. On pourrait dire que l'étape du contact-final apparaît en M 22, ce que Simkin cherche à accentuer par un retour au non verbal (les pieds repliés sur elle), puis en répétant le mouvement (T 22 et T 23). A la suite de quoi, en M 24 et M 25, l'expérience est à son maximum et elle s'accompagne, comme souvent, de l'émergence de souvenirs de la situation inachevée avec les émotions intenses associées. C'est le contact-final au cours duquel Marie change spontanément de registre en passant de la situation contemporaine en tant que telle à l'histoire passée.

T 25 : [D'une voix très douce]. Ça c'est quand vous étiez petite. Oui?
M 26 : Mhm. Mhm.
T 26 : Etes-vous encore une petite fille?
M 27 : [D'une voix plus forte]. Non, mais...
T 27 : Pouvez-vous défaire vos liens vous-même?
M 28 : [Elle se mouche]. Oui, je peux me délier moi-même.
T 28 : J'aimerais vous voir le faire.
M 29 : [Longue pause, puis d'une voix contrôlée]. Maintenant, je suis de retour ici dans cette pièce, mais je suis encore une petite fille toute attachée.
T 29 : C'est ça.
M 30 : Je suis renfermée — seule.
T 30 : [D'une voix douce]. Maintenant, je voudrais que vous parliez à votre petite fille — que vous disiez à votre petite fille qu'elle connaît exactement la manière de se défaire des cordes qui la lient et qu'elle sait comment s'ouvrir, et j'ai trop de considération pour cette petite fille pour faire quoi que ce soit qui pourrait l'empêcher de le faire d'elle-même.
M 31 : Mhm. Mhm. [Longue pause]. Petite fille, tu ne... tu as été... tu n'as plus besoin de rester attachée. OK. Maintenant, ouvre les yeux.

Commentaire

Il est remarquable que Simkin, dans une approche typique de la Gestalt-thérapie, ait pu en aussi peu de temps aider Marie à s'identifier à la succession des images et des sensations qui émergeaient à partir de M 20 : «Je suis noire. Je suis seule. Et j'ai peur». C'est un exemple de la «voie royale» du flot de la conscience (*awareness*) qui permet en Gestalt-thérapie le contact, par une reconnaissance de la structure même de la situation immédiate. Malheureusement, en T 25, Simkin rappelle à Marie, trop rapidement il nous semble, que le registre du passé n'est pas celui de la situation contemporaine, en coupant court à la régression et en ne laissant pas le temps à Marie de raconter son histoire, de résoudre et d'assumer ces affects étouffés depuis si longtemps, et à peine retrouvés. Ce choix de couper court à la régression ne découle pas de la théorie de Perls-Goodman; il ne représente qu'une manière de travailler, assez typique, des disciples immédiats de Perls. D'autres gestalt-thérapeutes, en accord avec le modèle des trois registres présenté ici (voir chapitre 2), prendront le temps d'explorer la situation passée pour mieux établir les liens avec la situation actuelle. Par exemple, Marie a donné quelques éléments d'une situation où petite elle se retrouve attachée à un poteau.

On pourrait chercher à en savoir plus sur la nature de cette expérience; elle a les mains liées, elle crie et elle pleure; quel est son vécu? Est-elle humiliée et enragée? A-t-elle honte de ne pas s'être défaite de ces liens? Quelle est la part du symbolique ici? Cette situation est-elle venue lui faire découvrir des fantasmes masochistes, ou de passivité, où elle prend plaisir à donner aux autres le pouvoir et le contrôle? N'est-ce pas ce qu'elle a cherché désespérément à faire avec Simkin? Perls *et al.*, consacrent un chapitre important relativement au problème de la compulsion de répétition, du souvenir et de l'anticipation, comme expériences actuelles, en démontrant bien que le passé a toute sa place dans une approche gestaltiste.

Mais en revenant à notre entretien, on constate que Simkin lui rappelle le poids de la réalité en coupant court au fantasme transférentiel (voir chapitre 9) : elle n'est plus une petite fille. Et Marie de répondre par une première protestation : «Non, mais», en voulant peut-être dire : je sais bien, mais maintenant que je me suis ouverte, vous ne voulez plus en savoir plus long? Vous ne voulez plus de moi? Et qu'est-ce que cela répète du rapport sadique-masochiste?

En M 28, Marie reconnaît, maintenant en accord avec la perspective à laquelle l'a invité Simkin, qui est celle des «adultes raisonnables» qu'elle peut en effet se délier elle-même, non sans protester à nouveau en M 29 et M 30 : «Je suis de retour dans la pièce, une adulte, en apparence, comme vous le demandez, mais à l'intérieur, je suis encore la petite fille, je me suis à nouveau repliée sur moi-même, je suis seule». En entendant cette fois ces commentaires comme une allusion à leur relation immédiate, on peut se demander si Marie n'exprime pas alors indirectement à Simkin qu'elle s'est refermée parce qu'il l'a laissée seule, petite fille dont il ne veut pas entendre l'angoisse et la peur.

L'intervention qui suit, en T 30, semble reconnaître indirectement cet appel à s'occuper de la petite fille, et il exprime directement sa tendresse et le soin qu'il veut prendre de cette petite fille. Mais, paradoxalement, il lui dit qu'elle devra se débrouiller sans lui, qui, soi-disant, ne voudrait pas interférer. Ce double message reflète une ambivalence de la part de Simkin, qui a contribué à atténuer, malheureusement croyons-nous, l'intensité de cette rencontre, entre Je et Tu, dans toute la force de la relation immédiate. Mais ce Tu n'en était pas un d'adulte raisonnable, mais bien celui d'une petite fille. La réponse de Marie, en M 31, nous apparaît alors comme à nouveau une manière, assez inévitable compte tenu de la relative fermeture de Simkin, de se résigner à faire ce qui lui est demandé : elle confirme à la petite fille en elle qu'il est temps d'ouvrir les yeux et de cesser de jouer à être attachée. Ce dénouement ne peut nous apparaître que prématuré et forcé peut-être par la pression qui s'exerce dans cette situation de démonstration d'arriver à une résolution. En psychothérapie, les participants ont plus le loisir de travailler à trouver les solutions du plein contact, à travers une exploration parallèle des trois registres.

NOTES

[1] Les termes «self», «personnalité», «ça» et «moi» englobent des références traditionnelles assez précises. Ces mêmes termes ne signifieront cependant pas la même chose ici, car le modèle proposé est différent. Dans ce contexte-ci le terme «self» fait référence au concept le plus large et le terme «personnalité» n'est qu'un moment du self, soit le self au post-contact. Les termes «ça» et «moi» (Je, das Ich) dans la théorie freudienne renvoient à des instances et à des structures psychiques, alors que nous parlerons ici de fonction-ça et de fonction-je, qui correspondent à des moments du cycle de contact.
[2] Adaptation de J. SIMKIN (1980), *Gestalt-therapy mini-lectures*, Millbrae, CA., «Celestial Arts», pp. 20-26.
[3] Adaptation de BAUMGARDNER P.E., PERLS F. (1975), *Gifts from Lake Cowichan & Legacy from Fritz*, Palo-Alto, CA, «Science & Behavior Books», pp. 210-214.
[4] Le participant qui la précédait sur la chaise (le fameux «hot seat»).

TROISIEME PARTIE

LA PSYCHOPATHOLOGIE

Cette section aborde, sur trois chapitres, la question complexe de la psychopathologie, en discutant des problèmes de la conscience, des troubles de la formation des figures et des cycles du contact, et des troubles qui proviennent du fond et des difficultés dans l'intégration et la cohésion du sentiment du Je. Pour mieux situer la portée de ces trois chapitres inter-reliés, il nous faut à nouveau situer la théorie du self de Perls-Goodman, mais cette fois par rapport aux grands modèles psychanalytiques de la psychopathologie.

QUATRE MODELES DE LA PSYCHOPATHOLOGIE

Globalement, on peut reconnaître quatre tendances ou vagues successives dans les modèles psychodynamiques de la psychopathologie : le modèle classique du conflit des pulsions (Freud), la psychologie du moi (Anna Freud, Hartmann, Loewenstein, Kris), la théorie des relations d'objet (Klein, Fairbairn, Winnicott) et la psychologie du self et des troubles du narcissisme (Kohut). La théorie de Perls-Goodman est une alternative phénoménologique aux deux premiers modèles. Cette théorie, élaborée dans le contexte psychanalytique des années quarante et cinquante, se distingue avant tout par rapport à une psychanalyse des pulsions et du moi. Les contributions de Freud, Reich et Rank y sont soigneusement assimilées comme en révèle une lecture attentive de *Gestalt therapy*.

Le chapitre 4 discute d'une question préalable à ce qui doit suivre, à savoir le problème de la conscience. Nous y contrastons l'inconscient dynamique et l'inconscient existentiel, pour montrer en quoi ce dernier est tributaire de la notion d'*awareness*, qui est l'instrument du Je qui construit ainsi les passages du non-conscient au conscient, du fond à la figure.

Dans le chapitre 5, nous traiterons des interruptions au cycle de contact, c'est-à-dire de la pathologie des figures (du self), d'après Perls-Goodman. C'est le pendant gestaltiste de l'explication psychodynamique des névroses.

Dans le chapitre 6, nous étudierons la pathologie du fond (de l'organisme), celle qui concerne les difficultés de nature structurale, ou prégénitale, selon le vocabulaire de la psychanalyse, que l'on retrouve dans les troubles narcisiques de la personnalité, les troubles limites et schizoïdes et les troubles psychotiques. Nous suggérerons là de reprendre le dialogue entre la théorie du self et les tendances récentes de la psychanalyse des relations d'objet et des troubles du narcissisme. Croyons-nous, c'est par la reprise du dialogue avec cette nouvelle psychanalyse que la théorie du self pourra retrouver le contexte pertinent à sa remise à jour.

Il est important d'établir la distinction entre la pathologie des figures et la pathologie du fond parce que la théorie du self a semblé tenir pour acquis, de façon naïve, que la différenciation entre le Je et le Tu est obligatoirement acquise chez une personne adulte. Comme l'ont montré plusieurs auteurs, l'expérience d'un Je séparé et autonome est le fruit d'un développement complexe, qui procède par étapes. Cela ne va pas de soi. Formulé en termes de la théorie des relations d'objet, seul un développement normal assure des frontières distinctes entre soi et l'objet, l'unification graduelle des représentations contradictoires (bonnes et mauvaises) de soi et de l'autre, et une constance affective de l'objet. Formulé selon la perspective de Kohut par exemple, un développement normal permet l'émergence d'un noyau central, un Je stable, une structure auto-régulée, cohésive, pleine d'initiative et d'énergie, capable de maintenir l'équilibre narcissique (l'estime de soi) et de régulariser les humeurs et la tension psychique.

Bref, dans le cas d'un développement suffisant des structures stables de la personnalité, le Je du patient est unifié et accessible, il est disponible à la rencontre, au sein du processus thérapeutique, et le *modèle du conflit* entre les désirs et la culpabilité s'applique (la pathologie des figures : chapitre 5). Dans le cas contraire, le patient a des manques importants dans sa structure narcissique, ou ses représentations de soi et de l'autre sont contradictoires et insuffisamment différenciées. C'est alors plutôt un *modèle du déficit* et de la pathologie des relations d'objet (v.g. Fairbairn, Kernberg, Mahler, Kohut : chapitre 6) qui peut mieux rendre compte de ces pathologies du fond, ou plus exactement de l'organisme (voir ces distinctions au chapitre 2).

Chapitre 4
Vivre sans reconnaître :
l'inconscient existentiel

La conscience, qui se présente d'abord comme une mise en lumière, est aussi caractérisée, peut-être est-ce inévitable, par une certaine opacité. Ainsi, on admet aujourd'hui que toute conscience n'est pas nécessairement une connaissance. Même si l'idée d'un inconscient ne fait plus de doute, on oublie peut-être facilement qu'il n'en fut pas toujours ainsi. Il n'y a pas si longtemps, J.J. Rousseau pouvait encore prétendre au tout début des Confessions : «... Je veux montrer à mes semblables un homme dans toute la vérité de la nature; et cet homme ce sera moi. Moi, seul. Je sens mon cœur et je connais les hommes... Je dirai hautement : Voilà ce que j'ai fait, ce que j'ai pensé, ce que je fus. J'ai dit le bien et le mal avec la même franchise. Je n'ai rien tu de mauvais, rien ajouté de bon, et s'il m'est arrivé d'employer quelque ornement indifférent ce n'a jamais été que pour remplir un vide occasionné par mon défaut de mémoire... J'ai dévoilé mon intérieur tel que tu l'as vu toi-même». En d'autres termes, la mauvaise foi, l'inconscient freudien ne faisaient pas encore partie de la culture.

Aujourd'hui, on «sait» que le sujet et sa parole sont déchirés et on évoque la psyché à travers ses inconscients. Et comme chaque théorie construit un objet différent, il faut bien admettre que l'inconscient dynamique n'est pas homogène et que la face cachée de la psyché diffère selon que le thérapeute est freudien classique, kleinien, lacanien, kohutien, etc., et *a fortiori* s'il est d'approche existentielle.

Les diverses visions de ce qui est l'inconscient influencent la pratique. Par exemple, si les psychanalystes freudiens et kleiniens s'entendent pour favoriser l'usage du divan, les psychanalystes fairbairniens et le thérapeute existentiel, quant à eux, préfèrent le face à face.

Nous discutons ici de la théorie phénoménologique-existentielle de la conscience en la situant d'abord par rapport à la pensée de Freud, car c'est avec Freud que l'étude de la conscience a connu des progrès immenses. Mais ce succès même de l'institution freudienne a aussi constitué un obstacle à l'avancement de notre connaissance à ce sujet (voir Bowers, 1987, et les nombreuses réponses à cette thèse). Nous verrons ainsi d'un côté comment les descriptions de la première topique convergent avec celles qui ont intéressé la théorie du self. Mais de l'autre côté, nous montrerons que Freud a construit un édifice théorique à cloisons étanches entre conscient et inconscient, qui contraste avec la vision existentielle de la conscience (*awareness*) comme capable d'unité et donc elle-même unificatrice. Cette thèse unitaire de la conscience est celle qui est habituellement soutenue en psychothérapie existentielle.

LES THESES FREUDIENNES

Dans l'introduction à la psychanalyse (1916-1917/1983), Freud présente d'abord l'inconscient selon un point de vue *descriptif* compatible avec la thèse unitaire de la conscience : «Je vous propose maintenant d'opérer une modification de notre terminologie, dans le seul but de donner à nos mouvements un peu plus de liberté. Au lieu de dire «caché», inaccessible, inauthentique, nous dirons désormais, pour donner la description exacte : inaccessible à la conscience du rêveur, ou «inconscient». Comme dans le cas d'un mot oublié ou de la tendance perturbatrice qui provoque un acte manqué, il ne s'agit là que de choses momentanément inconscientes» (p. 99).

La version anglaise démontre avec encore plus de netteté la convergence des perspectives sur ce point : «I mean nothing else by this than what may be suggested to you when you think of a word that has escaped you or the disturbing purpose in a parapraxis — that is to say, I mean nothing else than «unconscious at the moment»» (*Introductory lectures on psychoanalysis*, p. 143). Comme il le dit plus loin, cette nomenclature confine à une mise en place de conventions terminologiques et n'implique aucune construction théorique.

Mais d'un point de vue *topique*, pour Freud (1900/1967), la partie la plus significative de la vie mentale se trouve enfouie dans le système inconscient (Ics) et le système conscient (Cs) n'est que la pointe de l'iceberg. Selon la première topique, les intentions *conscientes* peuvent faire l'objet d'actes délibérés d'introspection; les contenus du *préconscient*, s'il font l'objet d'une attention, peuvent accéder à la conscience, peuvent produire une pensée consciente; enfin, l'*inconscient*, par postulat, est refoulé et ne peut devenir conscient, à moins de s'opposer à des forces dynamiques importantes (la résistance). Ces distinctions, apparemment lumineuses, entre les niveaux de la conscience conduisent cependant à une question qui reste sans réponse satisfaisante : comment quelque chose devient-il préconscient?

Partiellement en raison de ces difficultés, Freud (1923/1981) propose plus tard de substituer à l'antithèse entre conscient et inconscient celle que l'on retrouve entre le moi cohérent et ce qui est refoulé. C'est le début de la *seconde topique*, qu'il préférera à la première sans toutefois l'abandonner. Dans ce même texte, il identifie plusieurs niveaux d'inconscience, qu'il prend soin de distinguer du simple inaperçu, cher aux philosophes rationalistes. Il raffine ainsi la classification issue de la première topique et se retrouve avec au moins trois niveaux de l'inconscient.

Le *préconscient* est un inconscient latent, c'est-à-dire que lorsqu'il est activé, il devient nécessairement conscient (premier sens). Freud reconnaît ensuite l'*inconscient*, celui fait d'idées ordinaires mais refoulées et qui exercent de grands pouvoirs sur la vie mentale, sans pourtant devenir conscientes, parce que s'y opposent une force dynamique (deuxième sens). Enfin, Freud (1923/1981) se voit obligé d'admettre qu'il existe un autre *inconscient* (troisième sens), ni refoulé ni latent. En conséquence, tout ce qui est refoulé est inconscient (deuxième sens), mais tout ce qui est inconscient (troisième sens) n'est pas refoulé. Et ce dernier inconscient fait partie du moi. Il conclut en soulignant que ces distinctions ont maintenant moins d'intérêt, dans la mesure où inconscient devient une qualité qui peut entretenir plusieurs sens, et que s'il existe plusieurs inconscients au sens descriptif, du point de vue dynamique, il n'y en a qu'un seul.

L'INCONSCIENT, LES PROCESSUS PRIMAIRES ET LA CREATION DES TOUTS SPONTANES

Freud nous a également convaincus que la conscience (le conscient), au sens du réseau des intentions et de l'introspection, n'a qu'un rôle secondaire à jouer dans l'élaboration de plusieurs structures de pensée hautement rationnelles et complexes. Ainsi, dans l'interprétation des rêves, il fait remarquer (p. 520) : «Même dans les créations intellectuelles et artistiques, il semble que nous soyons portés à trop surestimer le caractère conscient. Les renseignements que nous ont laissés sur ce point des hommes d'une aussi grande fécondité intellectuelle que Gœthe et Helmholtz montrent bien plutôt que ce qu'il y eût d'essentiel et de nouveau dans leur œuvre leur vint par une sorte d'inspiration subite, et presque complètement achevé» (*almost ready-made whole*). Il nous semble, précisément, que ces produits achevés que sont les créations de l'inconscient freudien ne diffèrent pas de ce à quoi Perls-Goodman réfèrent lorsqu'ils parlent des «touts unifiés de l'expérience», les *Gestalten* du self, qui sont «la chose importante en elle-même» (I.1.; II.1.).

Freud a mis en lumière des phénomènes méconnus et redoutés de la psyché tels qu'on les retrouve dans le rêve, l'hallucination et la névrose, mais aussi dans l'art et le jeu, à travers le processus primaire et l'inconscient. Par processus primaire, il entend surtout la condensation, le déplacement et le symbolisme. L'inconscient freudien est ainsi caractérisé par le fonctionnement sur le mode des processus primaires, par un mépris de la réalité, par une régulation par le principe de déplaisir-plaisir, en recherchant l'identité de perception. Cet héritage est repris par Perls-Goodman (II.1.) et la pensée existentielle.

Mais les postulats freudiens ultérieurs, qui n'appartiennent pas à l'ordre de la nécessité, ont établi une césure définitive entre la «conscience» donnée dans la pensée intentionnelle, la parole et l'introspection dirigées vers un but (le processus secondaire) et l'inconscient (ce réseau d'énergies libres agit par les processus primaires), qui demeure inaccessible au sujet. En thérapie phénoménologique-existentielle au contraire, c'est le self qui produit ses propres synthèses, qui sont la mobilisation des processus primaires, à travers le bon contact (XI.1.; XIV.5.). Ce qui inspire Perls-Goodman et Rank, c'est plutôt la tendance à l'unité synthétique et créatrice de la conscience[1].

LA COMPARAISON DES NOMENCLATURES

Pour faciliter la discussion, le tableau 4.1. présente une comparaison des nomenclatures phénoménologique-existentielle et freudienne. Les termes anglais utilisés en Gestalt-thérapie sont présentés dans la première colonne. Ils sont suivis, dans la deuxième colonne, des expressions françaises et de la correspondance avec chacune des étapes du cycle de contact. La troisième colonne correspond au langage freudien de la première topique. La quatrième colonne reprend le langage sartrien de l'intentionnalité (Knee, 1985).

LA THESE UNITAIRE ET SES CONSEQUENCES PRATIQUES

Après ces quelques détours et mises au point, nous sommes maintenant en mesure d'exposer directement la conception de la thèse unitaire de la conscience (*awareness*).

En thérapie phénoménologique-existentielle, le «en ce moment inconscient», le *unaware*, est d'abord le fond qui coule dans la formation de la figure, lors du contact. C'est le non-conscient qui peut être aperçu (*become aware*). C'est l'équivalent approximatif du *préconscient* freudien, car ses contenus peuvent accéder à la conscience s'ils font l'objet d'une attention. Pour Sartre, c'est la conscience irréfléchie, ce qui est «vécu sans être connu». Mais ce vécu peut devenir connu et former des synthèses créatrices à travers les figures du contact.

Le *refoulement* est ici conçu comme une habitude d'auto-interruption maintenue dans le fond et qui ne présente plus de problème nouveau. L'inconscient refoulé, selon le deuxième sens freudien, en serait l'équivalent à cette différence importante près que les forces dynamiques du refoulement sont, en thérapie phénoménologique-existentielle, déconsidérées au profit de la force de l'habitude. Sartre, quant à lui, rejette toute notion de refoulement, y constatant plutôt l'œuvre d'une mauvaise foi, consciente d'être telle.

D'autre part, il n'y a pas d'usage, en thérapie existentielle, pour ce que Freud a institué en un inconscient dynamique permanent (troisième sens). De même pour Sartre, une telle hypothèse est parfaitement absurde, car comment imaginer une connaissance inconsciente, c'est-à-dire qui ne soit pas consciente d'elle-même? Ou comme on l'exprimait plus haut, comment quelque chose qui ne l'est pas déjà devient-il préconscient?

TABLEAU 4.1. — Le problème de la conscience : les nomenclatures comparées

Nomenclatures

Anglaise	Française	Gestaltiste	Freudienne (1re topique)	Sartrienne
Awareness	Perception, conscience, prise de conscience (apperception, apprésentation).	Spontanéité du contact et de l'action unifiée : perception, mouvement et émotion. Contact final.	Processus primaires et secondaires unifiés. Créativité, jeu spontané, rêves, touts spontanés.	Le «cogito-pré-réflexif». Intentionnalité.
Unaware	Non-perçu. Non-conscient.	Arrière-fond ou fond. Arrière-plan.	Préconscient (inconscient «en ce moment»; premier sens). Inconscient latent.	Conscience irréfléchie. Ce qui est «vécu sans être connu».
Unaware Repressed	Non-conscient Refoulement	Un refoulement par autoconquête devenue habituelle; perte de la fonction je; interruption à l'étape du contact.	Inconscient refoulé (deuxième sens). Censure.	La «mauvaise foi» consciente d'être mauvaise foi. Refus du refoulement.
—	—	—	Inconscient dynamique (troisième sens).	Absurde.

Nomenclatures

	Gestaltiste	Freudienne (1re topique)	Sartrienne
Insight	Connaissance de soi (la structure des insights et la rigueur du discours).	Insight.	La transparence.
Consciousness	Conscience.	Conscient.	Conscience réfléchie. Ce qui est connu.
Self-Consciousness	L'embarras dans la conscience de soi ; le contrôle de soi.	Angoisse signal.	La «mauvaise foi».
	Délai dans le contact (l'agressivité est tournée vers l'obstacle).		
	Interruption du contact (l'attention et l'agressivité sont tournées vers le self).		

Ainsi, dans une perspective phénoménologique-existentielle, le matériel inconscient et le matériel conscient ne sont pas conçus comme séparés par un gouffre infranchissable, contrairement au postulat de la psychologie des profondeurs. On mise plutôt sur la capacité du self de former des touts unifiés, le fond contenant ce qui «en ce moment n'est pas conscient», c'est-à-dire le pouvoir créateur du self lui-même. A ce propos, l'écrivain Borges rappelait que dans sa jeunesse, l'inconscient «ils appelaient cela la Muse»[2]. Cela s'approche assez de ce que veut dire l'inconscient dans la perspective existentielle.

La conscience est donc ce qui entraîne la création d'une figure sur un fond (XIII.1.). Elle se caractérise par une émotion vive, par l'émergence d'une unité synthétique claire et distincte. Pour Perls (1973, p. 66) : «La conscience, le contact et le présent ne sont que des aspects différents d'un seul et même processus — la réalisation du self». Prendre conscience de (*be aware of*), c'est former une figure. C'est un mode de rapport dont la fonction est de renseigner le self sur sa contingence actuelle.

Quant à la prise de conscience au sens d'*insight*, elle est, comme nous l'avons discuté au chapitre 3, une lucidité de la connaissance de soi qui survient au post-contact (voir tableau 2.1.). L'*insight* ne précède pas le changement, il correspond plutôt à la mise en mots de ce qui s'est déjà résolu dans l'épisode du contact. C'est une connaissance verbalisée et transparente de soi qui résulte de l'exercice de la fonction-personnalité (X.8.). Pour Sartre, c'est l'idéal de la transparence.

L'idée d'un refoulement

Le refoulement est l'action d'empêcher ou d'arrêter le développement d'un contact. Cette action inhibitrice, volontaire et consciente à l'origine, est elle-même maintenant non perçue (XIV.1.). La névrose est une perte de la fonction-je au profit d'habitudes maintenant exclues du self et devenues inaccessibles parce qu'étant intégrées à un fonctionnement conservateur, celui des arrière-fonds. Les contenus refoulés ne sont donc pas aperçus (*they are made unaware*); ils sont «vécus sans être connus», pour reprendre l'expression de Sartre (1943, p. 658).

Mais en psychothérapie, les contenus peuvent être reconnus, à la zone de contact. L'art du thérapeute est précisément de diriger l'attention du patient sur la qualité et la nature de son expérience phénoménologique actuelle, non reconnue par lui, et par là ressentir la *manière* dont il refoule, en ce moment même. Ici, l'oubli complexe en cause diffère de l'oubli simple, car l'inhibition est active et l'autoconquête agressive du self est accessible à la mémoire. C'est une habitude non consciente (*unaware*), parce que ne présentant plus de problème nouveau. Néanmoins, l'expérience est douloureuse, car la non-satisfaction et l'interruption sont réelles et ne peuvent être réprimées.

Conséquences pratiques

Comme l'expose Perls (1973), l'expression : *Now I am aware* («maintenant je prends conscience de...») est l'archétype de la tâche demandée au patient. Bien d'autres avant lui, Kierkegaard en particulier, ont démontré que le mode d'être de l'existence est le temps présent. Cependant, la contribution de Perls est d'avoir montré les conséquences pratiques d'une autre idée, apparentée, selon laquelle l'expérience phénoménologique se produit dans le présent. Si la psyché se manifeste en ce moment, les ressources de la conscience (*awareness*) lui permettent de découvrir sa situation actuelle dans l'expérience immédiate. C'est l'instrument fondamental du patient et du thérapeute mis à profit d'une manière particulière en mobilisant le self à travers la zone de contact.

LA PATHOLOGIE DE LA CONSCIENCE

La psychopathologie de la névrose (voir chapitre 5) est donc celle de la conscience trouble. La figure y est confuse et inintéressante parce que le fond contient d'autres figures inachevées et refoulées (au sens de la thèse unitaire). Une figure inachevée recèle les contenus archaïques, les ressentis corporels, les images, les sensations et les autoverbalisations issues de la répétition des situations non résolues. Ces situations proviennent tout autant du registre contemporain, du registre de l'histoire passée (et des enjeux archaïques), que du registre de la relation immédiate (voir chapitres 2 et 9). Ces figures ne sont pas perçues, mais elles distraient l'attention, absorbent l'énergie et inhibent la création de nouvelles figures (VII.5.). Par exemple, la personne répète sans cesse dans sa vie les mêmes patrons relationnels.

La conscience comme embarras de soi

Lors d'une interaction complexe et en présence de difficultés et de délais dans le déroulement de la séquence (I.3.), le self se développe une conscience (*consciousness* et non *awareness*) rétrécie, abstraite par la pensée intentionnelle excessive qui essaie de résoudre le problème (Perls, 1973, p. 65). La conscience réfléchie, évoquée par Sartre, s'approche peut-être le plus de cette notion. La conscience de soi (*self-consciousness*) est un cas particulier de cette adaptation consciente, lorsque le self est dans l'embarras et que l'expérience est désagréable. La perception est réduite parce que l'intérêt est tourné vers le self, au lieu d'être tourné vers la situation globale.

Pour Perls (1969, p. 254), être conscient de soi, rougir, être tendu, révèle un acte de rétroflection non conscient (voir chapitre 5) : «L'attention est dirigée vers soi, et non vers l'objet de son intérêt ou de son irritation. C'est une émotion dirigée et retournée vers l'intérieur plutôt que d'être adressée vers l'extérieur». Au même moment, l'expérience désagréable d'être conscient de soi est maintenue par la projection chez les autres de l'attitude critique qui nous appartient. Etre conscient de soi, en ce sens, survient donc lorsque l'on a honte ou peur d'exprimer une émotion forte comme l'ennui, la colère, l'amour, etc. Défaire les rétroflections consiste alors à tourner l'intérêt de soi vers un Tu, dans l'environnement. Selon Perls (1969, p. 257) : «Il faut changer le désir d'être admiré, la peur d'être regardé et le sentiment d'être le centre de toute l'attention, en activités concrètes où l'on se trouve enthousiaste, où l'on observe et où l'on concentre son intérêt sur un objet».

Les personnes qui font tout pour impressionner les autres, pour forcer l'admiration de leurs amis, pour tout ramener ce qui est important et significatif à leur expérience propre ont, dit-on, des besoins narcissiques. Ils ne souffrent cependant pas de la timidité ou de la conscience de soi, mais ceci tant et aussi longtemps qu'ils trouvent les moyens de séduire et obtenir la gratification de l'attention d'autrui. Mais s'ils étaient interrompus, ou s'il y avait une incertitude dans le résultat escompté, alors ils se retrouveraient submergés des sentiments désagréables associés à la conscience de soi. En un sens, les désirs narcissiques non satisfaits sont le négatif de la conscience de soi (voir Perls, 1969, pp. 253-257).

Illustration

Dans un groupe, Joseph est assis sur une chaise, les pieds posés au sol. De temps à autre, il bouge, il ajuste sa posture et retrouve son confort. Ces réajustements se font sans qu'il en prenne conscience, au sens qu'il le fait sans y penser. Néanmoins, cet ajustement postural est une réponse consciente (*an aware response*) du self qui prend soin d'un besoin aperçu. Il n'y a là aucun refoulement.

Au cours de la séance, une femme évoque avec émotion sa détresse et sa colère quand, enfant, elle se sentait responsable du bien-être de ses parents. Plus Joseph l'écoute, plus il se sent mal; il est angoissé; il a la gorge nouée sans trop savoir pourquoi. Il s'immobilise cependant, en maintenant, par automatisme, et en raison d'introjections non conscientes («il faut que j'attende mon tour, même si j'ai très mal», ou bien «il faut que je me débrouille tout seul»), les figures inachevées qui surgiraient avec intensité (son besoin de crier, de pleurer, de parler de sa colère d'avoir eu la responsabilité de son jeune frère handicapé). En conséquence, il refoule cette figure riche et inachevée, c'est-à-dire qu'il la maintient hors du champ de sa conscience. Il se bloque au lieu de déranger les autres (une rétroflection). Cela donne naissance au sentiment que le groupe est mal à l'aise (une projection), etc. Par cet exemple, on peut deviner les multiples liens organiques entre la conscience et la perte de la fonction-je, qui survient par introjection, projection, etc.

Peut-on en arriver à être trop conscient de soi?

La psychothérapie ne propose-t-elle pas une démarche d'auto-observation systématique au moment même où les gens auraient peut-être le plus besoin de cesser de se regarder, d'être obsédés par leurs besoins, par leur personne, etc. N'y a-t-il pas déjà un excès auquel la thérapie ne fait que rajouter? Par ailleurs, n'y a-t-il pas de limite à la connaissance de soi? Peut-on s'attendre à ce qu'une psychothérapie résolve toutes les difficultés?

Reconnaissons d'abord que le self n'est pas intéressant en lui-même. La santé signifie que l'on peut se tourner vers autre que soi, vers les autres personnes, un travail, un art, une cause, etc., qui eux, contiennent ce qui est digne d'intérêt. La névrose est une préoccupation de soi, une interruption et un contrôle chroniques, qui conduisent à ne plus exercer la frontière-contact, c'est-à-dire à ne plus sentir ni soi-même ni l'environnement; le self s'atténue et vient à disparaître. La névrose est un excès de conscience de soi, une difficulté à s'absorber dans des figures intéressantes, un manque de contact. Le patient consulte parce que ses tentatives d'autoconquête ont réussi et qu'il en souffre, ses besoins réels n'étant pas satisfaits. La manière (devenue chronique) dont il s'interrompt ne lui est plus connue, elle est refoulée (*made unaware*).

Cependant, le but de la thérapie est paradoxal: il faut d'abord aider le patient à porter attention à la manière dont il structure et distortionne son rapport aux autres avant de retrouver la conscience du plein contact qui nécessite un oubli de soi, soit le contraire de la conscience de soi (*self-consciousness*).

Lorsque la personne a clarifié ses principales zones de contact, la psychothérapie a marqué des progrès. Si elle peut dénoncer ses zones de confluence; si elle peut reconnaître ses introjections, c'est-à-dire ce qui lui vient de ses parents, des autorités, et ce qu'elle souhaite vraiment accepter; si elle peut projeter ses fantasmes de manière consciente et s'en servir de manière créatrice; si elle reconnaît là où elle rétrofléchit sur soi au lieu d'agir sur l'autre, la thérapie s'achève. Le chapitre 5 traite d'ailleurs en détails de ces troubles de la conscience que sont la confluence, la rétroflection, l'introjection et la projection.

Une personne qui se reconnaît chicanière

Voici le témoignage de Gérard, célibataire dans le début de la trentaine, péniblement déchiré entre sa nouvelle relation amoureuse avec Maryse et sa fidélité affective profonde à Louise, sa première femme. Ecoutons comment il exprime la nouvelle conscience qu'il a de lui même, et en particulier de la découverte de sa pulsion agressive et de la culpabilité associée.

Gérard : En vieillissant, à force de se connaître, on commence à discerner des processus à l'œuvre en soi. Maryse me dit souvent que je ne suis pas facile à manœuvrer, qu'au fond je garde toujours le contrôle. Essentiellement, je pense qu'elle a raison. Mais c'est une expérience étrange et nouvelle pour moi de m'en rendre compte. Par exemple, je pourrais parler de ma tendance à me chicaner. Je la vois maintenant se déployer devant moi sans que j'y puisse rien et en même temps je sens que je ne suis pas en train de me chicaner sur le sujet lui-même, qui n'est qu'un prétexte. Je vois bien que je cède, malgré moi, à l'expression d'une autre frustration. C'est plus fort que moi... (silence).

Thérapeute : Auriez-vous un exemple?

Gérard : Maryse et moi nous étions en voyage à Venise, qui est pour moi une ville si magnifique. Après quelques jours là-bas, nous étions au restaurant et je lui demande ce qu'elle en pense vraiment de cette ville. Je savais bien ce qu'elle me répondrait. Elle me dit que c'est beau mais qu'elle trouve ça beaucoup trop touristique, etc. Au point où elle n'apprécie plus les splendeurs de la ville. Donc elle est déçue. Et moi, je me vois faire, l'asticoter, alors que son point de vue est légitime. C'est là que j'ai senti se déclencher en moi cette tendance à chercher la chicane. Honnêtement, en fait je lui en veux d'être à la place de Louise, je m'en veux aussi de priver Louise de ce plaisir, elle dont je sais qui n'aurait pas demandé mieux que de partager ce voyage avec moi... [Pause]. Je me rends compte en fait que je me chicane sur le fait que Maryse n'a pas la même vision de Venise que la mienne, mais je sais que je suis mobilisé par autre chose, que je suis agressif. C'est ça qui est nouveau. Avec le temps, tu finis par voir, sauf que là je reconnais ce qui se passe, mais je ne peux pas m'en empêcher. Si je me rattrape au passage et réussis à m'arrêter de chicaner, ce n'est que pour constater que ça va sortir autrement. L'expérience la plus profonde, c'est que je vois, je touche maintenant à ces ressorts profonds en moi, à ce volcan qui bouille en moi et que je sais maintenant exister... je suis un volcan en lutte contre lui-même.

Commentaire

Cet exemple est, d'une certaine manière, banal et c'est pour cette raison que nous l'avons choisi. On y entend Gérard, un *sujet*, un *Je*, découvrant en lui un *Cela*, une agressivité bouillonnante, chicanière, un volcan, auquel il commence à s'identifier, malgré l'inévitable contradiction que cela implique par rapport à son image de lui-même, à savoir sa gentillesse, son esprit de tolérance, sa compréhension naturelle (un trouble de la fonction-personnalité, voir chapitre 3). Mais cette découverte est récente, et son langage est parfois une mise à distance, par rationalisation et intellectualisation assez typiques : «ma tendance à chicaner», «je *la* vois se déployer devant moi», etc. Le thérapeute suggère d'amener un exemple, vraisemblablement pour faciliter l'exercice de la fonction-je. Le langage de Gérard exprime alors plus directement qu'il s'identifie au fait d'être agressif : «je sais que je suis agressif», «je suis un volcan en lutte contre lui-même».

En cela nous pouvons constater comment Gérard reconnaît mieux ce qui se vivait en lui depuis longtemps, mais dont il réussissait à s'échapper, par une sorte de mauvaise foi disait Sartre, au prix par contre d'un sabotage de ses relations amoureuses, qui ne pouvaient résister à son ambivalence amour-haine. Il n'en est pas encore rendu à passer à autre chose, mais il semble être sur la bonne voie.

Pour contraster maintenant ce point de vue de l'inconscient existentiel avec celui de l'inconscient dynamique, nous dirons que le freudien sentirait la nécessité d'interpréter éventuellement à Gérard la dimension sadique-anale de sa satisfaction à ainsi contrôler, chicaner, asticoter Maryse. C'est pourquoi, selon la théorie classique des pulsions, il n'arrive pas à laisser tomber, pourquoi aussi il ressent cette tendance chicanière comme plus forte que lui. Il en tire une satisfaction très grande mais désavouée, inacceptable, d'où la culpabilité.

D'un point de vue existentiel, nous aurons plutôt tendance à appuyer le sujet, le Je phénoménal, en laissant ouvertes les possibilités de découverte de la signification. L'assimilation au sadisme-anal ne sert alors que d'explication de type métaphorique, une manière de comprendre, parmi bien d'autres possibles. Ceci renvoie à cette distinction importante que Durand (1968) établissait entre les herméneutiques réductives (v.g. «vous prenez un plaisir sadique à vous chicaner»), comme c'est parfois le cas en psychanalyse classique, et les herméneutiques instauratives, dont le système de significations n'est pas pré-structuré, et qui inspirent et contribuent à reconstruire le sens. Dans la quête d'un sens à son «agressivité», Gérard serait mobilisé comme partenaire actif. Aujourd'hui, il se vit comme un volcan, un symbole phallique se demanderaient les freudiens? Ou bien la montagne représente-t-elle le sein maternel? Mais nous laisserions encore aller les découvertes. Ainsi, à l'image d'un volcan succède l'image d'une île déserte des Caraïbes, puis celle d'un Robinson Crusoé, devenu horloger, mais un horloger précis, froid et glacial, un horloger triste, qui veut qu'on entre dans sa hutte, qui s'invente un fils, un double, Pinocchio. Pinocchio à qui il redonne vie. Cette image conduit au désir de Gérard d'être père, mais aussi au désir de retrouver l'enfant à la fois naïf et menteur en lui-même, etc. Les découvertes se succèdent les unes aux autres, de sorte que l'on aboutit à des espaces imprévus. Un exemple d'association libre? Peut-être, mais le thérapeute d'orientation phénoménologique-existentielle ne «travaille» pas avec les catégories de l'inconscient, freudien ou kleinien, ce qui ne veut toutefois pas dire qu'il ne cherche pas à mobiliser les pouvoirs créateurs de ce qu'il appelle l'*awareness*, c'est-à-dire l'envers de l'inconscient existentiel.

RESUME

La culture d'aujourd'hui reconnaît que toute conscience n'est pas nécessairement une connaissance, et l'idée d'un inconscient ne fait plus de doute. Mais la nature de ce qui est inconscient ne fait pas l'unanimité. Chaque théorie imagine un inconscient particulier. Contrairement à l'approche psychanalytique, l'approche phénoménologique-existentielle propose une thèse unitaire de la conscience, sans cloisons étanches entre le conscient et l'inconscient. Les créations inconscientes postulées par Freud sont assimilables à ce que Perls-Goodman appellent les figures du self, les «touts unifiés de l'expérience», là où les processus primaires et les processus secondaires se joignent en une création. Le «en ce moment inconscient», le *unaware*, est le fond qui coule dans la formation de la figure, lors du contact. En cela, l'inconscient existentiel s'apparente plus au préconscient de la première topique, et se définit comme ce qui est vécu sans être reconnu.

NOTES

[1] Le terme anglais utilisé par Perls-Goodman pour parler de la conscience dans le cycle du contact est awareness, souvent traduit par prise de conscience (v.g. Perls, Hefferline et Goodman, 1979; Polster et Polster, 1983). Awareness renvoie aux phénomènes de création d'une figure sur un fond, par analogie à l'activité perceptuelle. Cependant, réduire systématiquement le vaste champ que recouvre le terme anglais d'awareness à une perception serait inexact. Nous pourrions utiliser le sens que Perls et al. (XI.1.) indiquent lorsqu'ils discutent du problème de la conscience et qu'ils réfèrent à l'unité synthétique des perceptions. Par ailleurs, apperception et apprésentation, que l'on retrouve parfois en philosophie, et notamment chez Descartes, pourraient aussi rendre le sens d'awareness. Enfin Sartre, en référant à des réalités apparentées, parle de cogito pré-réflexif et de conscience irréfléchie. L'usage semble par contre avoir consacré les termes de conscience et prise de conscience, que nous utiliserons donc, en essayant de ne pas oublier que Perls-Goodman entendent awareness, qui est une conscience unifiée de soi. Enfin, le terme unaware (à distinguer de unconscious, voir tableau 4.1) sera rendu selon le contexte par des périphrases telles que «tenu à l'écart de la conscience», «non perçu», parfois «non conscient». Inconscient ne sera habituellement utilisé que dans ses références à l'hypothèse de Freud. C'est Marie Papineau, M. Ps., qui nous a indiqué la pertinence du terme d'apprésentation, en particulier dans ses rapports avec la théorie du symbolisme artistique de Suzanne K. Langer.

[2] Cité par G. Lapouge, à l'émission Apostrophes, présentée à la télévision française.

Chapitre 5
Les figures troublées de la névrose

LA STRUCTURE DU CONTACT NEVROTIQUE

La personne «névrosée» est isolée de son environnement par un ensemble d'interférences quotidiennes, chroniques et importunes. Sa croissance est interrompue, elle perd le sens de son identité et se retrouve aliénée. Pour Perls la personne névrosée répète couramment des actes d'auto-agression qui conduisent à interrompre le cycle du contact spontané et créateur. Ces interruptions névrotiques ont été créées pour s'adapter à un champ conflictuel dans le passé et elles sont actuellement maintenues dans la vie courante de la personne. La personne névrosée est peu en rapport avec son self véritable. Comme les situations nouvelles ne sont pas reconnues comme telles, on assiste à la répétition d'une adaptation autrefois créatrice, mais actuellement non pertinente. Il s'agit toujours d'une interruption ou d'une distorsion de la conscience (*awareness*) dans le cycle d'un contact. En thérapie phénoménologique-existentielle, on met l'accent sur trois caractéristiques de la névrose :

1. l'histoire des relations inachevées, des non-contacts ;
2. l'interruption du self, qui est avant tout une conscience déployée et active ;
3. la perception (*awareness*) délibérément réduite du champ total, devenue chronique.

Pour Perls *et al.* (III, 9, 11; IV, 1) le contact névrotique (ou le «non-contact») se présente comme une persistance excessive dans l'intention (*excess of deliberateness*), un mode d'attention fixe, accompagné d'une musculature plutôt rigide et stéréotypée. Certains besoins et leurs objets sont maintenus dans l'arrière-fond, ils sont réprimés. Le self ne crée pas d'ajustements nouveaux en face des situations inédites de la vie; il se répète plutôt de manière compulsive et rigide. Enfin, l'excitation et l'énergie sont liées à une tâche archaïque, non actuelle.

L'ORIGINE DES PERTURBATIONS A LA FRONTIERE-CONTACT

La théorie du self propose une compréhension fonctionnaliste du développement humain et suggère de reprendre pour chacun, en thérapie, une démarche qui vise à ré-expérimenter la manière dont les rigidités «caractérielles» sont des interruptions actuellement maintenues à l'ajustement créateur. On reconnaît ici l'influence de Reich, qui fut l'analyste de Perls. On peut résumer ainsi les éléments de base de la théorie de la névrose:

1. en situation de tension chronique à la surface sensible, il devient nécessaire d'agir pour retrouver l'équilibre et corriger l'état du champ à la frontière-contact. Le self doit tenter de réduire les demandes proprioceptives (la frustration) et rencontrer les pressions environnementales (le danger, d'abord réel, puis imaginé);

2. le self apprend un ensemble d'habitudes dont la caractéristique est de découler d'une détermination fixe et inflexible;

3. plus tard, si les tensions des deux côtés de la surface sensible persistent, le self perd contact avec ces habitudes inhibitrices et délibérées. Elles deviennent une «seconde nature» conservatrice et font partie de l'arrière-fond. C'est le refoulement;

4. le type particulier d'inhibition et d'interruption, qui correspond aux quatre mécanismes de confluence, d'introjection, de projection et de rétroflection, définit la forme concrète et observable des habitudes d'auto-interruption au contact, la manière dont la fonction-je est aliénée;

5. peu importe la façon d'interrompre le processus de contact, l'excitation ne peut être réprimée (contrairement à l'hypothèse freudienne), d'où la coloration douloureuse de la névrose;

6. les actes d'inhibition ne peuvent être relâchés, car l'excitation revenant en pleine lumière, la menace réapparaît et doit être confrontée: il y a angoisse.

LA NEVROSE EST UNE HABITUDE

En situation de danger et de frustration chroniques, la personne produit des actions d'auto-contrôle. Ce qui est figural est alors l'excitation interrompue ou la réaction à la situation. L'expérience est douloureuse et la figure n'est pas complétée. Le contrôle n'est relâché que relativement à la diminution des tensions (danger ou frustration). Si la situation est chronique (v.g. les interactions familiales se maintiennent selon un certain patron), le contrôle est en conséquence maintenu. Une nouvelle situation (besoin ou stimulation) se présente et il faut lui porter attention. La première relation/interaction non terminée doit être mise hors du champ perceptuel, c'est-à-dire étouffée (*suppressed*). On renonce au besoin, on retient ses pleurs, on ne dit pas que l'on aime, etc. Bref, la situation non complétée est reléguée activement en arrière-fond, de telle sorte que la nouvelle transaction doit se faire avec un fond déjà chargé de l'excitation douloureuse antécédente et de l'action concernant sa suppression. C'est donc un arrière-fond trouble qui immobilise la fonction-je. Mais le besoin persiste et réapparaît, et l'excitation de même, l'attention lui étant simplement retirée. Et si l'excitation ne peut être oubliée, le contrôle volontariste et l'auto-interruption, ne peuvent se faire oublier et demeurer hors du champ de la conscience. L'auto-inhibition, analogue à un comportement moteur, est alors apprise et intégrée sous la forme d'une habitude. N'étant plus une adaptation créatrice le self l'intègre en une sorte de «physiologie secondaire». Les puissances motrices et perceptives impliquées dans l'inhibition ne sont dès lors plus accessibles à la fonction-je, mais deviennent des «états de tension corporelle» (Perls *et al.*, XIV, 1), une partie intégrante de l'arrière-fond, de plus en plus rigide.

LA THEORIE DE L'ORIGINE DE L'ANGOISSE

Selon la théorie du self, l'angoisse a une double origine qui laisse apparaître la double influence des premiers modèles psychodynamiques (Freud et Reich) et des modèles existentiels (Tillich). L'angoisse, d'un point de vue énergétique, est d'abord une excitation bloquée. La tension maximale du plein contact n'est en effet tolérable que si l'excitation «coule dans la formation de la figure nouvelle» (I, 8); dans le cas contraire, cette tension bloquée devient angoisse. Cette hypothèse correspond à peu près à la première théorie de l'angoisse formulée par Freud. Ensuite, d'un point de vue existentiel, l'angoisse est la crainte (*dread*) de l'audace de soi (*one's own daring*) (I, 8). L'angoisse nourrit alors la non-existence, le manque de réalisation de soi, qui conduit à la culpabilité existentielle de n'avoir pas été à la mesure de ce qu'on sait que l'on pouvait être (Bugental, 1965; Tillich, 1952; Yalom, 1980). En ce sens, l'angoisse névrotique (statique, douloureuse et en porte-à-faux) est à l'inverse de l'excitation donnée par le risque de la création d'un contact nouveau.

L'angoisse névrotique est aussi observable dans l'interruption de la respiration, une des façons les plus accessibles d'interrompre l'excitation. En effet, la respiration est un des systèmes de base du soutien de soi, en ce qu'elle permet de mieux ressentir l'excitation de l'intérêt. Mais chez une personne qui craint l'expérience intéressante, une restriction de la respiration sert à se protéger, mais aussi à transformer l'excitation en angoisse. Comme le suggère Miriam Polster (1975, p. 118), la personne angoissée craint souvent de ressentir ses propres capacités d'expansion, de croître au-delà de ses limites habituelles. Elle associe l'expansion à ses conséquences explosives et dramatiques et doit apprendre, à travers le rythme de la respiration, le cycle de l'expansion-contraction, c'est-à-dire du contact-excitation suivi du retrait-apaisement.

Laura Perls (voir Oral History, p. 25) sous-tend que l'angoisse origine d'un déséquilibre entre les fonctions de soutien et les fonctions du contact. Par exemple, l'enfant à qui on demande de marcher avant que sa colonne et sa musculature ne soient assez fortes pour agir avec un minimum d'assurance : s'il est doué, il réussit la tâche, mais ne se sent jamais à la hauteur. Ces notions, transposées à la situation thérapeutique, impliquent que le patient a besoin d'un thérapeute-observateur pour noter et confronter les interruptions à la zone de contact, mais qu'il a tout autant besoin d'un thérapeute-participant qui puisse s'impliquer personnellement avec lui pour offrir le soutien nécessaire au changement. Nous reviendrons plus loin sur cet aspect dans la discussion de la relation thérapeutique (voir chapitre 9); certains patients, par exemple, les patients souffrant de troubles dans la régulation de leur narcissisme, nécessitent plus d'implication et de soutien que d'autres. Le thérapeute doit alors investir davantage de son écoute attentive et discrète que dans le cas d'une personne souffrant d'un trouble névrotique.

L'ADAPTATION CREATRICE ET SES INTERRUPTIONS

La névrose est une perte de la fonction-je, c'est-à-dire une interruption entre le pré-contact et le plein contact (figure 3.1). La personne désavoue sa situation de base, certains désirs, certains souvenirs, certains fantasmes, transforme et réduit son expérience phénoménologique, par l'une des quatre façons : la confluence, l'introjection, la projection ou la rétroflection. Certains de ces termes proviennent de la psychologie dynamique, mais ils sont redéfinis ici comme des expériences phénoménologiques de désaveu, des manières de ne pas ressentir pleinement le Je dans sa situation propre. Ce sont les mécanismes de défense tels que définis à partir de la perspective du sujet. C'est la manière dont la mauvaise foi réussit à se construire et à se maintenir. Une large part du travail d'un thérapeute existentiel consiste à favoriser une meilleure prise de conscience de la *façon* dont le patient s'interrompt à la zone de contact, par l'un ou l'autre de ces mécanismes, le plus souvent combinés.

LA CONFLUENCE

La confluence est l'expérience d'une confusion entre les frontières du Je, du Cela et du Tu. Dans la névrose, cette expérience est fonctionnelle et réversible, car la personne maintient un sens généralement stable de son Je, qui est différencié de l'Autre, alors que la confluence structurale, inhérente à la pathologie du fond, décrit précisément que le sens de l'identité entre soi et les objets n'est pas assez différencié, ou qu'il est clivé en relations exagérément idéalisées ou menaçantes et frustrantes (voir le prochain chapitre). C'est de la confluence névrotique, donc spontanément réversible, dont il sera ici question.

Par exemple, le port de vêtements est souvent confluent avec le corps. Un humoriste, fin observateur des points de contact de la vie quotidienne, présente le court scénario suivant : «Avez-vous remarqué ce qui arrive lorsque vous portez un chapeau? C'est curieux, dit-il, avez-vous remarqué qu'après l'avoir bien placé, on le sent à l'intérieur, et tout le tour de la tête? Et cette sensation ne dure que 15 minutes, après on l'oublie. Mais le plus curieux, poursuit-il, c'est qu'après l'avoir enlevé, on sent encore le chapeau, qui n'est plus là, pendant encore 15 minutes!» Cette blague rappelle qu'un contact qui persiste au-delà d'une certaine limite, devient un non-contact, par perte des sensations : le chapeau et le self ne font plus qu'un. Cette expérience d'apparente confusion alors qu'il existe une différence, c'est la confluence.

Balint (1968/1977, p. 92) présente la situation sous un angle plus constructif, lorsqu'il nous donne l'exemple suivant : «Un exemple important de ce mélange harmonieux par interpénétration nous est fourni par le poisson dans la mer (un des symboles les plus archaïques et les plus largement répandus). Il est vain de se demander si l'eau qui est dans les branchies du poisson fait partie de la mer ou du poisson; il en est exactement de même pour le fœtus. Le fœtus, le liquide amniotique et le placenta constituent une interpénétration si complexe du fœtus et de l'environnement-mère que leur histologie et leur physiologie font partie des questions les plus redoutées aux examens de médecine».

La rencontre sexuelle comprend habituellement des moments de confluence : les deux corps se vivent comme un seul et momentanément, il n'y a plus de contact. L'enfant doit être confluent avec son environnement nourricier pour se développer. L'angoisse de séparation est une manière de ne pas avoir assouvi ou complété de façon satisfaisante le besoin de confluence. A l'inverse, la peur de la confluence (c'est-à-dire d'être engouffré) peut empêcher tout contact.

Parfois, un parent maintient une confluence alors que l'enfant lutte pour se séparer. Ainsi Viorst (1986) donne l'exemple d'une mère qui accompagne son petit garçon le premier jour de l'école; chemin faisant ils croisent des voisins et la mère ne cesse de leur dire fièrement : «*nous* allons à l'école, c'est *notre* première journée, *nous* allons faire de beaux devoirs, etc. L'enfant, cherchant à maintenir l'intégrité de sa frontière-contact, lui répondit alors : «non maman, ce n'est pas *nous* qui allons à l'école, c'est *moi* qui vais à l'école».

L'amour romantique, l'amour passion, comportent une expérience de confluence : les partenaires, pourtant réellement différents, font l'expérience d'une totale harmonie de points de vues : le «nous» remplace le «je» et le «tu». Le discours devient «nous» avons fait ceci ou cela, «nous» aimons ceci... Mais le contact est une rencontre, entre le Je et le Tu, entre deux sensibilités différentes.

On peut aussi être confluent avec soi-même, comme c'est le cas de nombreux problèmes de nature psychosomatique. Le migraineux se confond, au moment de la douleur, avec son mal de tête, l'ulcéreux avec son estomac acidulé, l'obèse englobe dans un même tout, l'environnement-nourriture, et ses affects de joie, de solitude ou d'agressivité.

Les approches systémiques nous enseignent l'importance de la confluence en montrant l'interpénétration des éléments par rapport au système auquel ils appartiennent. Un enfant de sept ans souffre d'encoprésie, mais seulement dans sa famille, alors qu'à l'école il sait aller à la toilette. A l'école, un intervenant est appelé à faire une consultation et suggère d'abord d'apprendre à l'enfant une méthode de rétention, mais l'intervention échoue lamentablement. On décide alors de référer en clinique et le nouvel intervenant prend rendez-vous avec le reste de la famille. Il découvre avec étonnement que les trois autres enfants, plus âgés, souffrent du même défaut. Il tente une nouvelle intervention et s'assure de leur collaboration, mais le traitement échoue. Enfin, il réalise avec stupeur que le père souffre du même problème de contrôle des sphincters. L'enfant est en confluence, son problème et celui de sa famille se confondent.

Pour Perls *et al.* (XV, 4), toutes les habitudes et tous les apprentissages sont confluents. Quelqu'un a pris l'habitude de prendre des marches quotidiennement, il devient difficile de départager le self et cette habitude : il y a confluence. Par contre, certaines confluences deviennent pathologiques lorsqu'elles ne peuvent facilement faire partie de l'expérience : elles sont activement inhibées et cette inhibition est oubliée, c'est-à-dire que la création de cette confluence est refoulée. La confluence névrotique est donc assimilable à une forme «d'accrochement» (*clinging*) à la non-conscience de ce qui est nouveau.

Ainsi, on reconnaît que la mémoire d'une langue est saine, dans la mesure où elle est accessible. Mais le choix de son utilisation peut révéler une confluence névrotique. Par exemple, un patient anglophone, d'origine juive orthodoxe, maîtrise encore les bases du yiddish; c'est une richesse de son arrière-fond, dont le self peut se servir. Mais en thérapie, notre patient se surprend à vouloir parler yiddish en certaines occasions troublantes, à son thérapeute francophone bilingue, avec qui il parlait habituellement en anglais. Ces poussées soudaines de mots en yiddish l'étonnèrent d'abord. Puis il réalisa qu'il faisait avec son thérapeute ce que sa mère lui faisait. Lorsqu'elle voulait que son enfant ne comprenne pas, elle et son mari se mettaient à parler rapidement en yiddish. Ils se servaient du yiddish comme d'une langue secrète, pour camoufler des vérités intéressantes mais jugées indiscrètes à ses jeunes oreilles. Ce transfert d'une relation passée à la relation immédiate avec le thérapeute résulte en partie d'une confluence. Les implications de ces phénomènes complexes seront discutées plus en détails au chapitre 9.

Comme le soulignent Polster et Polster (1974, p. 93), la continuité des rapports est fragile si elle se développe sur une harmonie ininterrompue et factice, au lieu d'être ponctuée de discorde occasionnelle. Ainsi, la femme qui ne comprend pas pourquoi son conjoint l'a quittée, parce qu'ils «ne se sont jamais chicanés en vingt ans de mariage», n'a pas pu reconnaître la confluence pathogène de son couple. Ses intentions étaient dirigées vers la conservation du contrat relationnel : rien de nouveau ne doit arriver, rien ne doit changer, tout doit être comme avant, c'est-à-dire comme «toujours». Mais comme la situation d'avant n'est plus, il ne peut y avoir en ce moment de satisfaction, mais seulement l'illusion de la sécurité. La confluence dans les rapports interpersonnels intimes est cliniquement des plus significatives, car il est évident que l'on est en confluence avec tout ce dont on dépend : une famille, un partenaire, l'univers, etc.

Par la confluence, on tente de composer avec la peur et la frustration en prévenant l'arrivée de la nouvelle excitation, seule donnée par et dans l'abandon à la différence de la nouveauté. Comme elle se place dans la situation d'un «comme si il n'y avait pas de différence», la personne confluente réussit temporairement à rétablir un équilibre, mais au prix d'une rigidité de plus en plus grande.

Style fusionnel et style séparateur [1]

Un des enjeux les plus significatifs de tous les humains est celui de la quête de l'identité, d'un je séparé et autonome. Cette autonomie s'acquiert dans un premier temps par une relation confluente avec un objet significatif. Au fur et à mesure que l'enfant s'individualise et qu'il sort de la phase symbiotique, selon les termes de Mahler, deux tendances polaires semblent émerger dans la manière dont l'enfant structure son monde d'objets. Balint (1959; 1968/1977, p. 94) a proposé de distinguer les formes d'investissement ocnophiles et philobates de l'univers : «Dans l'univers ocnophile, l'investissement primaire, encore que mêlé à une grande quantité d'angoisse, semble s'attacher aux objets en voie d'émergence; ces derniers sont ressentis comme dignes de confiance et rassurants tandis que les espaces qui les séparent sont menaçants et effrayants. Dans l'univers philobate ce sont les espaces vides d'objets qui retiennent l'investissement primaire originaire et sont vécus comme sûrs et bienveillants, alors que les objets sont ressentis comme des dangers perfides».

L'ocnophile s'agrippe aux objets en les introjectant, car sans eux il se sent désemparé; le philobate subvient seul à ses besoins, avec une aide minime, voire nulle, de la part des objets.

En cas de difficultés, on retrouve, à un pôle, un adulte qui n'a pu assouvir ses besoins de dépendance, avec la peur correspondante de l'abandon, et le ressentiment dû à la frustration de ces besoins normaux; tandis qu'à l'autre pôle, on reconnaîtra la personne qui a peur de l'engouffrement, dont la séparation avec le parent nourricier n'a pas reçu suffisamment d'appui, ce qui a contribué à créer un sentiment de culpabilité se traduisant par l'impression d'avoir manqué au «contrat» implicite de confluence. A chacune de ces peurs, on peut relier un style particulier, qu'il peut être utile de reconnaître dans ses manifestations à la zone de contact. Le style «fusionnel» (ou ocnophile) correspond à la recherche de la confluence, et le style «séparateur» (ou philobate) renvoie à l'évitement d'une proximité perçue comme menaçante.

Le style «fusionnel» se caractérise pas une ténacité globale dans l'interaction avec les autres, les énoncés concernent les bases communes d'opinion ou de sentiments. Ces personnes ressentent un réconfort par le simple fait d'être en présence d'autres personnes, de regarder et d'être regardés, d'être touchés, etc. On a l'impression qu'elles remplissent l'espace de leur perception du rapport, du rapprochement. La distance est menaçante et agressante, leur crainte est de ne pas pouvoir satisfaire leur besoin de présence, de dépendance, de fusion.

Ces personnes vont parfois être prématurément en accord avec autrui, introjectant les manières de fusionner. Parfois, elles ne peuvent arrêter de demander, d'autant plus qu'elles ressentent leur angoisse d'être abandonnées; elles ne se rendent pas compte qu'elles reçoivent en fait ce dont elles affirment manquer.

Le style «séparateur» se caractérise par un effort de créer des frontières, de garder sa spécificité, par la dimension cognitive et analytique. Ces individus conservent en quelque sorte leurs «radars» en alerte. Ils se fondent sur leur propre capacité à voir, mais ils se sentent facilement définis par autrui. Des expériences de projection sont actives ici : ils ne partagent que peu d'eux-mêmes, mais ils sentent plutôt l'environnement comme froid et distant; ils ont conscience des regards d'autrui sans reconnaître leur propre tendance à regarder. Invités à reporter leur attention à leur intériorité, ils ressentiront d'abord «un blanc» ou «un vide» défensifs.

Leur crainte est d'être définis par les autres, d'où leur besoin de ressentir leur identité distincte, de différencier le «Je» et le «Tu». Ces personnes ont fréquemment de la difficulté à demander, le travail thérapeutique étant souvent de les aider à obtenir ce dont elles ont besoin et de les accompagner dans le fait d'apprendre que pour autant elles n'ont pas à être emprisonnées par une relation, comme sans doute ce fut le cas antérieurement dans leur vie.

Leur comportement énonce typiquement le message immédiat suivant : je n'ai pas besoin de vous. Cependant, une analyse du contexte plus large permet souvent de reconnaître l'un ou l'autre des messages supplémentaires parmi lesquels : a) j'ai peur d'être étouffé par cette relation; b) je ne veux pas être défini; c) j'ai peur de me sentir coupable. La relation avec le parent nourricier aura sans doute été satisfaisante dans un premier temps, mais les tentatives du jeune enfant pour exprimer sa différence, se distancier, jouer dehors avec les amis, dans une autre rue, etc., auront été transformées, manipulées, redéfinies et émotivement étouffées, d'où la peur de l'engouffrement, où l'enfant aura été puni, d'où aussi la culpabilité, qui est une auto-punition, et la rage.

Ces styles sont très souvent à la base de tensions dans les couples. Aux deux extrêmes, on retrouvera un couple où les deux membres présentent un style séparateur : leurs vies sont parallèles, sans contact et donc confluentes, paradoxalement, en ce sens; ou bien, on rencontrera deux conjoints au style fusionnel, qui parlent l'un pour l'autre, partageant toute activité, se parlant entre eux plus qu'avec autrui, etc. Dans les deux cas, on retrouve une atténuation du contact par une érosion artificielle des différences réelles entre les deux. On rencontrera aussi fréquemment le cas d'un amour passionné entre deux personnes dont le style est complémentaire. Pour reprendre l'archétype culturel de notre société, on imaginera aisément le cas d'une femme dont l'angoisse d'abandon ne fait que nourrir l'angoisse de la confluence de son conjoint et vice-versa. Chacun doit pouvoir développer une meilleure tolérance et explorer, pour l'un la distance, pour l'autre la proximité.

Il est entendu que de telles catégories, comme toutes les typologies, sont abstraites et inexactes en ce sens qu'aucun être humain concret ne correspond point à point à de telles descriptions, chacun pouvant tantôt ressentir les choses à partir du pôle de recherche de la fusion, et tantôt, à partir de celui de la recherche de la séparation, ce qui ne peut que favoriser le contact.

INTERIORISATION ET INTROJECTION

La théorie psychanalytique des relations d'objet propose, contrairement à la théorie de Perls-Goodman, que le développement de la vie intrapsychique dépend d'une suite d'*intériorisations structurantes* (voir chapitre 6). C'est le terme générique pour parler du processus par lequel des rapports avec l'environnement sont transformés en relations à l'intérieur même de la psyché : par exemple, la relation d'autorité entre le père et l'enfant sera intériorisée, dans la relation du surmoi au moi (Laplanche et Pontalis, 1967, p. 206). L'intériorisation est donc un processus fondamental par lequel s'opère une différenciation structurale au sein de la personne, de telle sorte que la qualité de l'organisation intrapsychique dépend de la qualité des premières relations d'objet et réciproquement, les relations d'objet futures dépendent de la capacité de vivre au niveau intrapsychique les conflits et les relations (Meissner, 1981). Par exemple, il est plus facile de tolérer l'absence, et les risques inhérents à l'intimité, si on a pu conserver en dedans de soi les souvenirs d'une présence suffisamment stable et nourrissante (*good-enough mother*, Winnicott). Et cette capacité permet en retour d'aimer pleinement ce qui implique un engagement au risque de perdre l'autre, le sentiment d'un Je propre pouvant survivre à cette perte éventuelle.

Les théories psychanalytiques distinguent trois niveaux d'intériorisation : l'incorporation, l'introjection et l'identification. L'incorporation correspond à la phase orale cannibalique, au cours de laquelle l'objet est détruit en tant qu'objet en une tentative de conserver à l'intérieur de soi les qualités de l'objet (v.g. *je t'aime tellement que je pourrais te manger*). Ces expériences correspondent aussi à la séparation entre l'intérieur et l'extérieur, là où l'on n'est pas vraiment convaincu qu'il y a quelque chose en dedans de nous excepté ce dont on nous gave, de l'extérieur.

Avec l'introjection, l'objet est introduit en soi, mais il continue à exister en tant qu'objet; c'est un objet senti de l'intérieur, souvent un objet partiel, c'est-à-dire un objet «tout bon», idéalisé, ou «tout mauvais», terrifiant et persécuteur (v.g. un patient psychotique se rappelle : *c'est la voix du diable lui-même qui m'a ordonné de le faire*). Un patient ressentira à l'intérieur, le thérapeute comme intrusif, et cherchera à l'expulser pour s'en protéger (introjection d'un objet intrusif, ensuite projeté à l'extérieur).

Enfin, l'identification est une appropriation des objets totaux, parents, personnes de l'entourage ou personnages, qui deviennent des personnes psychiques, modifiant le centre même du self. L'identification, c'est ce qui fait que l'on est obstiné, amusant, entreprenant mais grossier comme son père et cultivé, empathique, équitable mais timide comme sa mère. Comme le rappellent Laplanche et Pontalis (1967, p. 188), les effets du complexe d'Œdipe sont décrits en termes d'identification, c'est-à-dire en termes d'intériorisation des relations d'objet.

Assimiler pour intérioriser

Pour Frederick et Laura Perls, par contre, il est ressorti très tôt que le modèle freudien confondait l'assimilation véritable et l'intériorisation. Perls (1969, p. 130), à la suite d'Alexander et plusieurs autres, distingue trois moments dans la prise «au-dedans» du monde extérieur : l'introjection totale, l'introjection partielle et l'assimilation. L'ensemble du texte *Ego, Hunger and Aggression* (écrit entre 1945 et 1947) baigne d'ailleurs dans cette idée générale du «métabolisme mental» qui sert à présenter l'argumentation.

L'archétype de l'introjection totale correspondrait au moment où l'enfant n'a pas encore développé ses dents. Ici, en effet, il est normal que l'enfant suce et accepte de façon non critique ce qui lui est donné, sa survie est en jeu. L'introjection partielle est une étape intermédiaire qui correspond, pour Perls, à l'apparition des premières dents (incisives) : l'enfant peut accepter le sein, mais il peut aussi le refuser et le mordre. La possibilité d'assimilation est préfigurée par la présence de la dentition complète (molaires) et ainsi par la possibilité de destruction préalable de la nourriture avant toute assimilation.

Le nourrisson accepte donc tout ce qu'il ne perçoit pas comme immédiatement toxique. Ses choix consistent à accepter intégralement ou à refuser. Il ne peut donc pas transformer l'objet à sa convenance. Son besoin de prendre les choses intégralement, ou de les rejeter telles quelles, est incontournable. Et, en effet, si l'environnement est nourrissant et protecteur, le matériel sera assimilé.

Le mode d'apprentissage par introjection est donc efficace et sert à appuyer la croissance à la condition expresse que l'environnement se profile exactement aux besoins de la personne. Dès que cette harmonie est rompue, et il est inévitable qu'il en soit ainsi, l'enfant doit exercer ses capacités d'agression (dentaire) et transformer ce qui lui est proposé de manière à mieux satisfaire ses propres demandes. Enfin, à l'âge adulte, le conflit entre l'introjection et l'assimilation se présente, selon Perls, dans le choix entre accepter les situations, les gens, «la vie» telle qu'elle est, d'une part, et mobiliser ses énergies, ses ressources, pour modifier l'environnement et ainsi l'assimiler, d'autre part.

Dans la conception gestaltiste, la persistance à introjecter au-delà de la période nécessaire n'a donc pas de valeur dans le développement du moi, lequel, comme on l'a vu, n'est pas tant un conglomérat d'introjects et d'identifications (une substance) qu'une fonction du self dont le potentiel de choix et d'agression doit être exercé pleinement. Pour Perls-Goodman, ce n'est pas le self qui se développe, mais l'organisme, qui récolte les fruits des bons contacts. Ce processus est une assimilation. Il ne résulte pas d'une introjection (que l'on parle d'incorporation, d'introjection, ou d'identification, au sens psychanalytique). L'introjection, au sens de Perls-Goodman, renvoit toujours à un processus d'intériorisation structurante et pathologique, alors que l'assimilation correspond à ce qu'on pourrait appeler une intériorisation non structurante, selon les termes de Fairbairn (voir Rubens, 1984 et chapitre 6).

Dans toute introjection (au-delà de l'étape de la phase orale pré-dentaire), il y a donc un évitement de la destruction nécessaire et l'assimilation n'a pas lieu. La situation demeure incomplète (Perls, 1969, p. 131) : on retrouve un matériel étranger à la personne, l'objet ayant préservé sa structure propre. Heimann (1952/1980) parle ainsi de l'enfant «trop bon», qui absorbe sans discrimination, qu'elle compare alors à une coquille pleine de rôles et d'imitations, sans «personnalité propre». L'introjection est pathologique, car elle est un pseudo-métabolisme, une accumulation de matériel, d'attitudes, de croyances, de comportements, qui ne «nourrissent» pas le self, mais qui encombrent son arrière-fond et perpétuent, par le processus continu d'introjection, la perte de la fonction-je.

Obstacles anciens et contemporains

L'assimilation est donc une structure flexible dont l'exercice continu est d'accepter ou de refuser ce qui provient de l'environnement pour que ce qui est étranger devienne soi. Par exemple, un enfant peut être triste, ou en colère, ou il peut s'éloigner sans que son père ou sa mère ne l'en empêchent automatiquement par une migraine, une froideur soudaine, une punition sévère, etc. Cela suppose aussi qu'il n'a pas à jouer la bonne humeur, pour alléger le climat de la maison familiale, etc. Ses besoins occupent donc une place réelle. Winnicott (1951/1969) exprime cela en ces termes : «Je peux détruire l'objet et constater qu'il survit à mes attaques».

L'assimilation comporte aussi plusieurs obstacles contemporains qu'il est opportun de connaître (voir Polster et Polster, 1974, p. 78). Le goût de la recette toute faite, le choix de lectures «faciles», le simplisme et, en général, le «prêt à consommer» (incluant les psychothérapies) de notre culture, l'illusion que la bonne pédagogie permettra de vaincre toutes les difficultés, la paresse, sont autant de conditions qui entretiennent la tendance à l'introjection. Au contraire, l'exigence du choix, de l'opinion personnelle, de la critique, sont caractéristiques de l'assimilation. De même, l'avidité et l'impatience sont des raccourcis qui découlent d'un mode introjectif : lire plus, pour avoir l'impression d'avoir «tout lu», sans s'arrêter pour mettre en doute, approfondir ou élargir, trouver des contre-exemples; rencontrer beaucoup de gens, mais les connaître peu, etc., on pourrait multiplier les exemples. Pour résumer, on dira que l'introjection est l'expérience de prendre comme appartenant à soi ce qui provient de l'environnement.

Le contenu des introjections

C'est à Karen Horney [2] que Perls a emprunté l'observation des rapports entre le processus d'introjection et l'une de ses manifestations concrètes sous la forme des «il faut» (et des «il ne faut pas») : il faut être un bon garçon, il ne faut pas dire non à ses parents, il ne faut pas exhiber son sexe, il faut être raisonnable, etc. Certains thérapeutes d'orientation cognitive ont même fait de ces «croyances irrationnelles», la base de leur perspective thérapeutique. Ainsi, Ellis (1962, 1973) propose une liste de ces contenus irrationnels et bien enracinés : il faut que j'aime tout le monde, il faut que tout le monde soit gentil avec moi ; je dois me faire aimer de tous(tes) ; l'échec est terrible, car il faut que je réussisse parfaitement dans tout ce que j'entreprends ; il ne faut pas que je commette d'erreurs, etc.

Certains introjects proviennent d'évaluations portées par des parents, des professeurs, ou des pairs, que la personne continue d'endosser et de répéter. Par exemple : «je suis bon à rien» était souvent à l'origine : «tu es un bon à rien» ; de même, «je ne suis pas séduisant» provient d'un : «oh regarde comme il est gauche et laid» ; «je suis une personne douce, je n'aime pas me choquer» a pu être dérivé de «au moins, toi tu es douce, jamais tu ne te choques» ; «je suis une fille tranquille» a pu être «tu es sage et raisonnable[3]».

D'autres introjects, souvent mieux établis, proviennent d'une défense contre des sentiments archaïques d'avoir été abandonnés (Miller, 1979, p. 50) : «Je dois toujours être bon et correspondre aux normes, alors seulement il n'y a pas de risque (d'être abandonné)» ; «je sens que les demandes sur moi sont trop fortes, mais je n'y peux rien, je dois toujours réussir mieux que les autres». De telles introjections se manifesteront aussi dans la relation avec le thérapeute (voir chapitre 9).

L'introjection est la manière par excellence d'interrompre le passage spontané entre le désir et la mobilisation de l'énergie requise au contact. L'introjection est la raison de l'inhibition par la fausse reconnaissance du désir propre.

Ainsi, quelqu'un ressent une tension génitale, un désir, mais l'affect est renversé, car la personne a introjecté : «je ne suis pas séduisant(e)», alors je ne peux risquer de séduire. Ou encore : «je suis une personne tranquille», qui n'interrompt pas son travail pour aller faire l'amour, etc. Après deux ans de psychothérapie intensive, un patient obsessionnel dans la quarantaine, a commencé à apercevoir et à exprimer sa «vraie nature», plus enjouée et énergique que sa personnalité introjectée-empruntée, plutôt rangée, constante, prévisible et sans relief. Ces progrès ont suivi l'exploration graduelle et systématique des introjects inhérents à la situation historique avec sa mère, qui, à toutes les fois où il s'animait, et se passionnait pour un jeu quelconque, lui rappelait «d'arrêter de faire le fou».

Par l'introjection, on ressent comme dégoûtant, immature, frivole, ou déplacé, ce que l'on désire en fait; et on en vient à «vouloir», c'est-à-dire ressentir comme «bon pour nous», ce qui est une norme étrangère à soi.

Plusieurs personnes se sentent déprimées et incapables d'action à la suite du blocage de leur énergie propre à ce moment du processus. Ils rencontrent le plus souvent une peur de l'excitation ou des émotions fortes : sexualité, agressivité, tendresse, amour, affirmation de soi. La peur est entretenue par diverses introjections, dont l'origine doit être retracée. Ainsi, exprimer sa colère est impossible si on a introjecté que cela équivaut à détruire l'autre; ou s'abandonner à son désir sexuel si cela correspond à être égoïste, maniaque, pervers, ou débauché; et si dire son amour implique une trop grande faiblesse.

Pour permettre au patient d'avoir accès aux introjects les plus anciens, donc les plus néfastes, le thérapeute sera attentif à ce dont la personne se souvient le plus aisément d'abord, ce qui permettra plus tard d'accéder au matériel plus archaïque. Par exemple, un participant dans un groupe constate qu'il lui est impossible, malgré son intense curiosité, de poser des questions directes à un autre membre du groupe, plus âgé, sur la perte de la puissance sexuelle, et ses rapports avec le plaisir. Invité à élaborer sur ce blocage, il se rappelle vaguement qu'on lui avait souvent dit qu'«il faut s'occuper de ses propres affaires». Le besoin d'être rassuré [«je vieillis et j'ai peur de perdre ma virilité»] devient [«j'aimerais savoir comment cette personne ressent ce problème»], mais ce qui est vécu ressemble plus à [«il ne faut pas envahir la vie privée des gens»] et résulte, sur le registre contemporain, d'une introjection claire.

Mais au-delà de ce premier niveau, il est nécessaire de retracer les origines de ces introjections courantes. Ainsi dans l'exemple qui nous occupe, le thérapeute suggère ensuite de dire tout ce qui vient aisément en mémoire au sujet de ce type d'interdits, afin de permettre d'explorer les liens possibles avec des situations inachevées, sur le registre de l'histoire passée. A l'école, vers l'âge de sept ans, une maîtresse l'avait réduit au silence alors qu'il prenait la défense d'un de ses amis injustement puni; après plusieurs explorations sur ce thème, il vint à se rappeler un événement précis, à savoir que sa mère avait brutalement interrompu sa curiosité intense concernant la séparation d'un oncle et d'une tante, apparemment pour des raisons de conflit sexuel, en lui répondant «d'arrêter de lui poser des questions, qu'il ne fallait pas s'occuper des affaires des autres». Plus tard, il se souviendra de l'embarras suscité chez ses parents par sa curiosité sexuelle et son exhibitionnisme. Enfin, beaucoup plus tard, il confia son désir de pouvoir parler librement, cette fois sur le registre de la relation immédiate, avec le thérapeute (dans la soixantaine), de sa sexualité à lui, mais qu'il craignait de le mettre dans l'embarras et de se faire répondre de se mêler de ses affaires.

L'introjection comme processus actuel

Tant que la personne persiste dans son processus continu d'introjection, il est nécessaire de lui montrer comment elle «avale tout rond». La forme de l'interruption est souvent tout aussi importante à considérer que son contenu. Par exemple, une femme qui a déjà suivi des ateliers de formation en Gestalt-thérapie dit : «En ce moment, j'ai mal à la tête, et au fond je sais que c'est moi-même qui me fait cela». Le thérapeute note que cette remarque de la cliente semble correspondre à un matériel introjecté lors d'un atelier précédent : on lui a dit que si elle a mal à la tête, c'est possiblement une forme d'action tournée contre elle-même, une rétroflection. Et comme elle a accepté cette interprétation, sans en vérifier la pertinence pour elle, cela ne fait que rajouter un introject inutile : «je fais de la rétroflection...». En poursuivant l'échange, le thérapeute lui suggère : «Vous semblez avoir appris (introjecté) cela. Qu'en pensez-vous?» Cela constitue une ouverture possible pour lui permettre d'exercer son opinion critique. Plus tard dans l'interaction, en explorant les contextes d'origine des maux de tête, le thérapeute pose une question à propos de la mère de la cliente, en cherchant à savoir si elle se plaignait de ses enfants qui lui donnent mal à la tête (une hypothèse parmi d'autres). La patiente interrompt avant la fin de la phrase et commence à dire que oui, il en était exactement ainsi, etc. Sur quoi le thérapeute lui suggéra à nouveau de prendre le temps de vérifier si, à son avis à elle, elle venait de répéter, maintenant, le fait d'accepter prématurément une suggestion de sa part, comme elle l'avait fait dans le cas de la rétroflection. Cette intervention permit ensuite d'investiguer les liens entre les situations actuelles où se maintiennent ces actes d'introjection continuelle, et qui surviennent en rapport avec des hommes en position d'autorité, et l'histoire passée, où elle recherchait désespérément la reconnaissance de son père, quitte à nier son individualité propre.

L'introjection de la thérapie

La Gestalt-thérapie ne manque pas de matériel susceptible d'introjection, comme l'ont noté à juste titre divers critiques (voir par exemple Dolliver, 1981, pp. 40-41; Naranjo, 1969/1971, p. 49). Les gestaltistes véhiculent eux aussi un code d'éthique :

1. il faut vivre dans l'ici-et-le maintenant;
2. il faut s'exprimer au lieu de manipuler;

3. il faut prendre la pleine responsabilité de ses actions, de ses sentiments, de ses pensées;
4. il faut s'abandonner à être ce que l'on est;
5. il faut cesser de penser à moins que ce ne soit absolument nécessaire;
6. il faut prendre des risques.

Mieux vaut sans doute reconnaître ces règles implicites, ce qui permettra peut-être de les voir agir dans le processus d'intervention.

LA PROJECTION

Avec la projection, le self fait l'expérience hors de soi, dans l'environnement, chez quelqu'un d'autre, ou même dans son corps, de quelque chose qui origine de lui. C'est une sorte d'expulsion psychique, mais le sentiment est vécu comme provenant de l'environnement et comme dirigé vers soi (Perls et al. XIV, 6). Une différence importante entre la projection névrotique et la projection créatrice découle de ce que cette dernière projection se fait en pleine lumière quant à sa source : la personne sait qu'elle projette (*aware's projecting*). Chaque écrivain, par exemple, connaît le pouvoir de projection contenu dans l'imaginaire.

Le rêve est aussi fait de projection, si l'on part du principe que chaque élément contient une partie désavouée du self[4]. On peut projeter ses désirs sexuels interrompus par introjection : la pruderie résulte fréquemment de telles introjections, accompagnées de projection de ses propres fantasmes sur autrui. La jalousie a depuis longtemps été reconnue comme pouvant résulter de la projection de désirs d'infidélité. On peut projeter : tu ne me donnes pas de tendresse, alors qu'en réalité c'est soi-même qui n'en donne pas. Quelqu'un projette son sens critique, et se trouve tendu face à l'exigence perçue chez les autres : son regard critique, projeté, devient le regard inquisiteur de l'autre.

Projeter se reflète dans le langage comme une façon de désavouer sa propre responsabilité. Par exemple, dans la phrase suivante : «des pensées suicidaires m'ont traversé l'esprit», l'esprit sert d'écran de projection. Le chapitre 6 présente d'ailleurs plus en détail les avantages de porter attention à la manière de parler comme véhicule de contact et d'interruption.

La personne qui projette se sent un avec l'objet de la projection. De telles projections dans le contexte thérapeutique sont évidemment cruciales à corriger si l'on espère le moindre changement, d'autant plus que dans tel ou tel cas, le patient tente d'amener le thérapeute à se conformer au fantasme et donc à se transformer. Par exemple, un patient affirme en thérapie : «vous me détestez», alors que le thérapeute, au meilleur de sa conscience des choses, n'a pas de raison de croire à une autre hypothèse que celle d'une projection. Il peut alors demander : «qu'est-ce qui vous amène à croire que je vous déteste?». Il a alors peut-être quelque chance d'avoir accès à l'intériorité du patient et, de là, à la source du dysfonctionnement. A l'occasion, cette ouverture conduira le patient à dire des choses vraies et sans doute désagréables, qui servent de résidu pour la projection : par exemple, cette personne impatiente vraiment son thérapeute, qui n'arrive pas à l'aider, et qui se défend de cette «dépression» en cherchant, de manière impulsive, «à faire bouger les choses». L'impatience «réelle» du thérapeute se conjugue au désir de persécution projeté par le patient.

Mais, comme le rappelle Isadore From, la suggestion de demander au patient de renverser ses énoncés est rarement thérapeutique en soi. Enjoindre le patient de dire : «je vous déteste» au lieu de «vous me détestez» comporte trois inconvénients de taille : d'abord, cette inférence pourrait ne pas être fondée; ensuite, elle n'a pour effet principal que de favoriser une hausse non productive de l'angoisse; enfin, elle ne favorise pas un partage, lequel seul permettra de clarifier l'origine du dysfonctionnement. On n'a accès à ce qui est projeté qu'au prix d'une attention aussi sensible que soutenue.

LA RETROFLECTION

La rétroflection est le premier acte de la névrose : le self, face aux tensions, aux frustrations et aux obstacles, agit sur lui-même au lieu d'agir sur l'environnement. Dans l'acte de rétrofléchir, une partie de la personne prend une autre partie comme un environnement (Perls *et al.*, XV, 12). C'est une fonction hermaphrodite (Polster et Polster, 1974, p. 82). On interagit ainsi avec soi-même, sans en avoir conscience, d'une manière qui correspond à ce à quoi on s'attend de la part de son environnement.

Par exemple, on se frotte les épaules alors que le désir est qu'on nous touche. Dans une autre situation, lorsque l'attention est rétrofléchie, la personne tente avec effort d'anticiper ce que les autres attendent ou souhaitent afin de trouver ce qui est approprié, ce qui est une façon d'ignorer l'autre; car si je *me* demande ce que vous voulez, je ne *vous* le demande pas. Une telle personne ne dira que ce qui est «correct», en fonction de ce qu'elle pense que l'on veut entendre, ce qui revient à ne pas faire contact.

On peut aussi diriger vers soi ce qui à l'origine était dirigé vers quelqu'un ; on peut s'adresser à soi-même des reproches dirigés au départ à un parent, comme dans le cas de la culpabilité. Certains rêves sont des rétroflections adressables au contexte de la thérapie : par exemple, le patient rêve, à la veille d'une séance, que deux personnages se disputent pour des questions d'argent, et se dit ainsi quelque chose qui est en fait destiné à être dévoilé dans le contexte de la relation avec le thérapeute et concerne un point non résolu : le patient trouve injustifié que le thérapeute annonce une hausse de tarif. La rétroflection s'observe aussi à l'occasion dans la dépression. L'agressivité contre l'objet perdu est retournée contre soi. Les gestes suicidaires de certains états-limites peuvent parfois être considérés comme une forme extrême de rétroflection : on s'ouvre les veines sur le palier de l'être aimé, qui nous a rejeté, par vengeance.

Les autres manifestations de la rétroflection

Le développement des armures corporelles, du caractère et des troubles psychosomatiques implique une action du self sur le corps propre. Quelqu'un développe un ulcère d'estomac parce qu'il retourne sur soi les reproches, l'exigence, le questionnement et le doute qu'il n'adresse pas à son patron, à son conjoint, à ses parents (actuels et historiques), à son thérapeute. Se tenir obsessivement occupé, informé et bien orienté face à la situation constitue aussi une forme de rétroflection.

Dans le langage (chapitre 7), la rétroflection se manifeste parfois par l'emploi de qualificatifs comme : beaucoup, vraiment, très, etc., et renvoie alors à des effets non reconnus. Par exemple, «je ne suis pas *très* certain de ce que tu viens de dire». Dans cet énoncé, le très est une rétroflection. Si le thérapeute lui porte attention et que l'angoisse du client augmente de façon significative, il pourra alors peut-être avoir accès au contenu affectif de la rétroflection qui se précisera graduellement. Ainsi, le patient pourra s'exprimer, en succession, de la manière suivante : «je ne suis pas du tout certain», puis «je ne sais pas», ensuite «vous ne savez pas», ou «vous n'êtes pas clair», et enfin, «je suis frustré de ce que vous ne soyez pas clair dans vos interventions». L'expression de la frustration confirme que le patient l'avait précisément rétrofléchi, préférant ainsi introduire des qualificatifs dans son propre langage : modifier son discours, plutôt que de modifier celui du thérapeute.

Des expressions comme «je *me* demande», «je *me* souviens», «je *me* dis que», «je *me* retiens», «je *m*'observe», contiennent parfois des rétroflections pertinentes à souligner. Par exemple, un des conjoints dans un couple se pose des questions et n'en pose jamais à l'autre; il rétrofléchit et peut avoir besoin de soutien pour tenter l'expérience (nouvelle) d'en poser à l'autre et ainsi, créer un contact.

Les actes de rétroflection sont plus faciles à observer, car de par leur nature, ils sont publics et complets; il ne leur manque rien. Imaginons que le patient se frotte la poitrine en parlant d'une voix tendue et voilée, tout est là : l'acte de rétroflection est évident, comme nous l'avons vu au chapitre 3 avec le cas de Marie. Mais en invitant le patient à porter attention à ce qui se produit à cette zone de contact, on pourra découvrir d'autres interruptions. Par exemple, un patient rapporte qu'il entend souvent, de chez lui, un voisin jouer du piano, avec grâce et émotion; mais cela le remplit toujours de tristesse. Incapable de mobiliser ses ressources pour apprendre lui-même à jouer, il rétrofléchit cette énergie et minimise ses chances. Il dit : «je voudrais bien apprendre à jouer du piano». Mais dans sa phrase on aurait l'impression que le «je» est inscrit en minuscules, et PIANO en majuscules. Il a ainsi développé une envie de ceux qui jouent. En poussant plus loin le travail, on constate cependant que la condition principale qui conduit ce patient à rétrofléchir, c'est qu'il a introjecté une demande familiale du type «seuls les gens cultivés sont intéressants et valables». Celle-ci s'est transformée pour devenir : «pour être intéressant et valable, je dois être cultivé, or je ne sais pas jouer du piano, alors je ne suis pas intéressant et valable». Ce qui à l'origine était un intérêt authentique pour la musique devient une forme d'auto-dépréciation. Seule la clarification de cette zone de contact, à travers la dissolution des rétroflections et des introjections, permettrait à cette expérience inachevée de se créer en décidant, par exemple, d'apprendre le saxophone, pour s'amuser, ou en devenant mélomane averti, etc.

RESUME

La névrose est une perte de la fonction-je, c'est-à-dire une interruption entre le pré-contact et le plein contact. La situation inachevée est reléguée activement à l'arrière-fond, qui vient troubler et immobiliser la fonction-je. Cette auto-inhibition devient une habitude, intégrée en une sorte de seconde nature. La personne désavoue sa situation de base, certains désirs, certains souvenirs, certains fantasmes, transforme et réduit son expérience phénoménologique, par l'une des quatre façons : la confluence, l'introjection, la projection ou la rétroflection. Ces termes sont redéfinis ici comme des expériences phénoménologiques de désaveu, des manières de ne pas ressentir pleinement le Je dans sa situation propre. Ce sont les mécanismes de défense tels que définis à partir de la perspective du sujet.

La confluence est l'expérience d'une confusion entre les frontières du Je, du Cela et du Tu. Dans la névrose, cette expérience est fonctionnelle et réversible, car la personne maintient un sens généralement stable de son Je, qui est différencié de l'Autre, alors que la confluence structurale, inhérente à la pathologie du fond, décrit précisément que le sens de l'identité entre soi et les objets n'est pas assez différencié. Cet enjeu fondamental conduit à développer l'une des deux tendances, de recherche ou de fuite de la confluence. Le style fusionnel, ou ocnophile, recherche la confluence avec les objets, car sans eux il se sent désemparé; alors que le philobate développe un style séparateur, et subvient seul à ses besoins, avec une aide minime, voire nulle, de la part des objets.

Les théories psychanalytiques proposent que l'appareil psychique se développe par un processus complexe d'intériorisations structurantes, par lequel des rapports avec l'environnement sont transformés en relations à l'intérieur même de la psyché, de telle sorte que la qualité de l'organisation intrapsychique dépend de la qualité des premières relations d'objet et réciproquement. Dans la conception gestaltiste, on insiste pour distinguer l'intériorisation structurante (introjection) de l'assimilation (intériorisation non-structurante). Dans toute introjection on retrouve une matière étrangère à la personne, l'objet ayant gardé sa structure propre. Avec l'introjection, le Je expérimente comme appartenant à soi quelque chose qui origine de l'environnement. Mais l'introjection est un pseudo-métabolisme, une accumulation qui ne nourrit pas le self, qui encombre l'arrière-fond et qui perpétue la perte de la fonction-je. L'assimilation réelle est le fruit d'un bon contact, et non pas d'une introjection.

Avec la projection, le self fait l'expérience hors de soi, dans l'environnement, chez quelqu'un d'autre, ou même dans son corps, de quelque chose qui origine de lui. C'est une sorte d'expulsion psychique, mais le sentiment est vécu comme provenant de l'environnement et comme dirigé vers soi. Enfin, la rétroflection est le premier acte de la névrose : le self, face aux tensions, aux frustrations et aux obstacles, agit sur lui-même au lieu d'agir sur l'environnement. Dans l'acte de rétrofléchir, une partie de la personne prend une autre partie comme un environnement On interagit ainsi avec soi-même, sans en avoir conscience, d'une manière qui correspond à ce à quoi on s'attend de la part de son environnement.

NOTES

[1] Les descriptions qui suivent ont été formulées dans un contexte de Gestalt-thérapie par Michael V. Miller, et présentées lors d'un atelier de formation donné à Montréal, à l'hiver 1983. Des formulations cliniques très semblables peuvent être retrouvées chez plusieurs théoriciens de la relation d'objet, notamment Fairbairn, Balint et Mahler. Leurs propos s'appliquent plus par contre à la situation de l'enfant en voie de développement, alors que nous décrivons la situation phénoménologique d'adultes névrotiques.

[2] HORNEY K. (1950), *Neurosis and human growth*, New York, Norton, 1950.

[3] Certains lecteurs pourraient à juste titre noter que les exemples choisis reflètent un sexisme trop bien connu et ils auraient raison quant au fond. Mais, c'est précisément notre intention de montrer en quoi l'introjection est un des véhicules principaux de transmission et de perpétuation des images sexistes que l'on a de soi-même.

[4] Ce point de vue est aussi partagé par Fairbairn, voir chapitre 6.

Chapitre 6
Le fond troublé :
les fêlures dans le sentiment du Je

Exemple 1 : Sid ou la figure qui se défait

Erving et Miriam Polster (1974, pp. 134-135) donnent l'exemple de Sid, qui illustre le processus de formation et de destruction de certaines des figures du contact par le self. Nous le résumerons d'abord, avant de le reprendre plus loin, après avoir introduit le problème des troubles de la structure stable de la personnalité, dont Perls-Goodman n'ont pas assez tenu compte, y référant seulement en parlant de l'organisme, ou du fond. Sid est un homme de 47 ans souffrant d'angoisse chronique, incapable de regarder directement son thérapeute. Ce dernier cherchera, par des questions simples, à aider Sid à prendre conscience de la nature de son expérience actuelle lorsqu'il regarde son thérapeute, même furtivement. Sid réussit d'abord à user de son pouvoir visuel pour regarder les objets dans la pièce, leur couleur, leur forme, puis il diversifia ces expériences en-dehors de la thérapie. Ces progrès de la fonction visuelle du contact servirent de base à une expérience plus riche : un jour, il put enfin à la fois regarder et voir son thérapeute, tout en lui parlant. En fait, Sid lui adressa alors directement la parole pour la première fois : un contact de toute sa personne rencontrant l'autre. Ceci lui rappela une expérience ancienne, où étudiant, il devenait aisément très excité et admiratif lorsqu'il se trouvait en présence de ses professeurs; cette excitation le submergeait, tant l'expérience était intense. Un de ses maîtres en particulier était l'objet de son affection. Et, comme le commentent les auteurs, que ce rapport ait été de nature «homosexuelle» ou «admirative», Sid ne put en assumer la force et l'intensité. Ainsi, un jour qu'il restait après la classe pour poser une question à ce professeur, il se rappela sa joie de voir clairement le visage de cet homme, mais il se rappela aussi, avec douleur, qu'il dut interrompre cette expérience. Il décrivit alors en thérapie le souvenir qu'il avait de la «gestalt» du visage, brisée en ses parties : le nez, les yeux, la bouche, les oreilles. Il parla aussi de sa panique et du fait qu'il restait muet, rougissant et ruminant, tentant sans succès de découvrir le sens du fait qu'à un moment donné le visage du professeur était unifié, et qu'à l'instant suivant il était morcelé. C'est à ce moment qu'il avait dû quitter la salle, profitant de la première occasion pour s'esquiver. Quelques jours plus tard, il était retourné voir son professeur qui ne lui avait accordé que quelques minutes, lui suggérant de rencontrer un psychiatre. Peu de temps après, Sid avait déprimé au point de quitter l'université, ne retournant qu'au bout d'un an.

Cet exemple illustre plusieurs aspects de la formation et de la désintégration des figures du contact interpersonnel, en particulier celles de la relation thérapeutique, dont nous avons déjà parlé au chapitre 2. D'abord, on constate que la figure visuelle n'est qu'une partie de la figure plus globale et que c'est cette dernière qui prime en tant que tout unifié. Pour Sid, les expériences préalables d'exploration visuelle des objets de la pièce, puis de la personne du thérapeute, étaient une manière de prendre conscience, avec un appui constant et par approximations successives, de la façon dont il s'interrompt à la zone de contact patient-thérapeute (le transfert). Ce morcellement d'une expérience de proximité trop intense amenée par la perception d'un visage fut repris avec le thérapeute, d'abord assimilé à cet «autre», puis regardé et vu comme tel, en tant que lui-même, dans la réalité de ce moment présent de contact. Ensuite, on a pu voir — nous le savons d'ailleurs depuis Freud — qu'un tel travail permet l'émergence d'un matériel passé, là où un besoin alors signifiant fut interrompu et où la situation inachevée (unfinished business) surgit du fond (voir chapitre 9). Si le thérapeute n'a jusqu'alors pu accéder qu'à la manière dont le client s'interrompt avec lui, en ce moment (le comment de son incapacité à le regarder et à le voir vraiment), il a maintenant accès, à partir de ce rappel d'un souvenir, à ce qui fut interrompu (le *quoi* de son morcellement). Or ce contenu passé doit être exploré avec soin et prudence, car là se trouve la possibilité de création d'une nouvelle figure. Contrairement au préjugé courant — véhiculé même par certains Gestalt-thérapeutes — qui veut que la Gestalt-thérapie ne se consacre pas au passé, la scène remémorée est importante en soi. En effet, elle constitue le dernier moment où l'excitation inhibée était active. Elle peut alors devenir la première expérience où l'excitation renouvelée est complétée. Le travail thérapeutique n'a pas cependant pour objectif de «libérer la biographie du sujet mais les pouvoirs du self» (Perls, *et al.*, 1951). La rigidité du non-contact «transférentiel» peut alors éventuellement faire place, une fois dissoute, au rapport fait de présence pleine entre le patient et le thérapeute : moins d'ombres du passé flotteront alors dans la pièce. Mais cette transformation est longue à faire et nécessite, en Gestalt-thérapie comme avec toutes les psychothérapies, un lent travail d'exploration des interruptions (défenses) et d'assimilation de l'expérience nouvelle.

LA THEORIE DU SELF DE PERLS-GOODMAN ET LES DEVELOPPEMENTS DE LA PSYCHANALYSE [1]

On a vu au chapitre 1, que la théorie de Perls-Goodman prend appui sur diverses traditions intellectuelles, dont la psychanalyse. La Gestalt-thérapie occupe toutefois une place bien distincte par rapport à celle-ci, en raison de sa filiation étroite mais critique avec les premières thèses de Freud (c'est-à-dire : processus primaires et secondaires, structure de la pensée et de l'image, première théorie de l'anxiété, etc.) ainsi qu'en raison de son choix radical pour la vision existentielle et pour certaines positions dissidentes (Rank, Reich). En dépit de ses origines, la Gestalt-thérapie s'est donc profondément éloignée de cette vision [2] du modèle classique qui assimile les conflits humains à une lutte entre les pulsions impersonnelles chaotiques : le ça dominé par les passions d'un côté; le surmoi qui juge, critique et censure de l'autre.

Mais la pensée psychanalytique s'est depuis développée, donnant lieu à de nouveaux points de vue complémentaires (Klein, Winnicott, Kernberg,...) ou dissidents (Sullivan, Fairbairn, Kohut,...). La fécondité et la complexité de ces développements sont notables, que l'on songe aux courants de la relation d'objet (Klein, Fairbairn, Kernberg), de la psychologie du moi (Hartmann, Erickson, Jacobson) ou encore de la psychologie du self (Kohut). Et comme le rappellent Baranger et Baranger (1985) et Friedman (1982), une nouvelle psychanalyse, relationnelle plutôt que pulsionnelle et intra-personnelle est apparue. Cependant, tous ces courants ont en commun qu'ils invitent à étudier le fonctionnement mental sous l'angle des vicissitudes du «sentiment d'exister» (question du self, des représentations de soi, de l'identité), où la constitution, la cohésion et l'investissement de soi précèdent le je. Sur ce point fondamental, la théorie de Perls-Goodman comporte de sérieuses lacunes qu'il faudra repérer et auxquelles il semble opportun de remédier par un dialogue avec cette nouvelle psychanalyse.

TROIS EXEMPLES DE FRAGMENTATION DU SENTIMENT DE SOI

Avant d'aborder ce dialogue et de préciser le référent théorique qui servira d'ancrage, citons d'abord trois cas pour tenter d'illustrer cet enjeu du self : le sentiment d'existence.

Exemple 2 : le spectateur au cirque

A travers la phénoménologie existentielle, Laing (1960) a parlé de ce problème de la cohésion du self qu'il a nommé «l'insécurité ontologique». Ainsi un patient rapporte :

> Je me suis oublié, l'autre soir, au cirque. J'étais tellement absorbé par le spectacle que j'ai oublié l'heure qu'il était, l'endroit où j'étais et qui j'étais. Lorsque je me suis soudain rendu compte que je ne pensais pas à moi, j'ai éprouvé une peur affreuse et un sentiment d'irréalité. Je ne dois pas m'oublier, fut-ce pendant une minute. Je dois regarder l'heure et m'occuper, sans quoi je ne sais pas qui je suis. (Laing, 1960, p. 98).

Voilà précisément que ce qui pourrait être décrit dans un schème gestaltiste comme un processus de croissance issu de la fluctuation temporelle de l'expérience de soi jusque dans un contact final (c'est-à-dire l'absorption dans le spectacle) est vécu cette fois comme la menace d'être anéanti. Comment situer cette différence sur le plan théorique ? Qu'en est-il de ce sentiment de cohésion personnelle antérieur à l'émergence de la fonction-je ?

Exemple 3 : le bébé dans le tiroir

Guntrip (1973, p. 152) rapporte le cas d'une grand-mère d'apparence calme que tous admiraient justement parce qu'elle ne paniquait pas en cas de crise, mais dont, en fait, l'expression affective était paralysée par la peur. Elle avait souffert pendant de nombreuses années de troubles psychosomatiques et de troubles de conversion qu'un long travail psychanalytique lui avait finalement permis de perdre. Puis, après avoir réalisé ces pseudo-gains, elle s'est mise à ressentir une distance, un grouffre profond entre elle et son thérapeute. Ses séances débutaient souvent ainsi : «vous êtes à des kilomètres de moi», ce à quoi Guntrip devait répondre «vous êtes mentalement repliée sur vous-même, et vous

vous détournez de moi». Un jour elle s'éveilla très tôt, à la noirceur et en état de panique, se croyant aveugle, muette et complètement coupée de son monde. Peu de temps après, elle affirma au cours d'une séance : «Je n'arrive pas à vous retrouver. Si vous ne parvenez pas à me joindre, je suis perdue». C'est alors qu'elle produisit un rêve qui selon Guntrip illustre parfaitement bien le problème schizoïde, c'est-à-dire celui dont l'enjeu est de savoir si l'on possède le sentiment d'être ou non une personne réelle : si l'on est (ou si l'on a) un self. Voici le rêve :

> J'ai ouvert un classeur de métal, fermé à clé, et à l'intérieur se trouvait un petit bébé, nu, avec ses yeux grands ouverts, sans expression, fixant le vide.

Ce rêve exprime l'expérience très pénible d'un monde si intolérable que toute la sensibilité de l'être paraît s'être repliée sur elle-même. On sait que Winnicott (cité par Guntrip, 1973, p. 52) distingue dans ce contexte le *vrai self* de l'enfant, qui dans un environnement malsain se retrouve «comme en chambre froide, avec un espoir secret de renaître», du *faux self*, qui se développe en surface sur la base de la conformité et du faux-semblant. Dans l'exemple qui nous intéresse, le faux self de la grand-mère (calme apparent, contrôle en cas de crise, etc.) recouvrait un vrai self d'une extrême fragilité (le bébé nu dans le tiroir). La théorie du self de Perls-Goodman ne permet pas, dans sa forme actuelle, de tenir compte de cet enjeu fondamental, notamment parce qu'elle a négligé l'étude du développement du self qui est supposé être formé et cohésif dès les débuts, ou du moins après l'apparition de la fonction-personnalité.

Exemple 4 : retour sur le cas de Sid

En reprenant l'étude clinique du cas de Sid (exemple 1), mais cette fois à la lumière de l'enjeu narcissique, essayons d'évoquer la manière dont un thérapeute d'orientation analytique pourrait aborder le problème. Le thérapeute prêtera ainsi une grande importance à la manière dont Sid, reçu dans un espace relationnel le plus libre possible, aménage et construit la relation. Et ce thérapeute, parce qu'il croit au transfert, se demandera nécessairement qui — et moins comment, reprochera le gestaltiste — Sid ne regarde plus (voir le chapitre 9). Il sera aussi frappé par le caractère intense et pourtant «solitaire» de la relation qu'a entretenue Sid avec son professeur, et qui allait le conduire quasi inéluctablement au départ de l'école et à la dépression : relation asymétrique passionnelle.

Le thérapeute analytique pensera peut-être devant ce duo Sid - professeur, à la relation au «soi-objet» (*self-object*) idéalisé et aux épisodes de fragmentation dont a parlé Kohut (1971, 1977). S'il poursuit son étude, il pourra toutefois mettre en doute l'idéalisation extrême dont a témoigné Sid à l'égard de son professeur, pour se demander si derrière cette admiration sans bornes ne se profilent pas d'autres passions et objets contradictoires. Il songera peut-être à ces «mauvais objets internes», théorisés par Klein et Fairbairn, dont le sujet se défend par clivage et par une idéalisation excessive d'autrui qu'il n'approche plus qu'à travers cet écran. S'ensuivent la distorsion de ses rapports au monde extérieur, l'appauvrissement et le fractionnement de son self.

Ce n'est donc pas par zèle diagnostique ou simple plaisir de classifier que ce thérapeute s'interrogera sur la dimension possiblement prégénitale, narcissique, schizoïde ou état limite de la personnalité de Sid, mais pour mieux saisir dans quel univers symbolique et relationnel il vit. De la fragmentation de l'expérience vécue par Sid, nous voilà arrivés à poser le problème de la «fragilité» de l'être, de la cohésion et de la continuité de son existence. «Comment a pu se développer cette pathologie du self?» demeure une question privilégiée pour le thérapeute d'orientation analytique qui mesure le poids de l'archaïque et des fantasmes primitifs où, dit-on, il est possible de «dévorer des yeux».

REPRISE DU DIALOGUE AVEC LES THEORIES ANALYTIQUES

Les nouveaux courants issus de la tradition théorique et clinique psychanalytique se posent donc comme un défi de taille au clinicien et au théoricien d'orientation humaniste-existentielle. L'insuffisance de la théorie gestaltiste du self, ses naïvetés structurales et génétiques et sa méconnaissance d'autres théories aux visions freudiennes orthodoxes militent en faveur de la reprise du dialogue entre les tenants de la théorie du self et ceux de la psychanalyse. Globalement, cette «nouvelle métapsychologie psychanalytique» propose : a) diverses théories néofreudiennes de la personnalité; b) de nouvelles visions du développement; c) des conceptions différentes de la psychopathologie; d) des approches originales à la théorie de la technique ou du processus thérapeutique. Clairement, le gestalt-thérapeute, et avec lui sans doute tout psychothérapeute d'orientation humaniste-existentielle, ne peut plus ignorer ce foisonnement d'idées et de pratiques cliniques. Ce qui ne veut pas dire pour autant qu'il soit conduit à perdre son identité en se rapprochant ainsi de la métropole d'idées qu'est la psychanalyse.

La théorie du self de Perls-Goodman doit être amendée et développée pour tenir compte de ces nouveaux problèmes, mais elle conserve son originalité, tant sur le plan théorique que pratique. Nous devons donc avant tout choisir une perspective au sein de cette nouvelle diversité. Nous avons arrêté notre choix sur les thèses de Fairbairn (1954) associé au courant de la relation d'objet, pour deux raisons essentielles : d'une part, ses thèses sont compatibles avec la théorie du champ organisme-environnement de Perls-Goodman et, d'autre part, elles suggèrent une notion de structure dont peut s'accommoder la Gestalt-thérapie.

LA QUESTION DU SELF EN PSYCHANALYSE ET L'INTERET DE LA CONTRIBUTION DE FAIRBAIRN

Le choix de théories compatibles avec certains postulats de base de la théorie du self est crucial si l'on veut pouvoir développer un référent théorique cohérent. Jusqu'à présent, relativement peu d'efforts en ce sens ont été fournis[3]. Tobin (1982) a opté pour le point de vue de la «psychologie du self» de Kohut (1971, 1977). A notre avis, un tel rapprochement entre Perls-Goodman et Kohut est stérile, les deux théories entretenant des visions incompatibles de la structure et du développement de la psyché. Par ailleurs, le courant des relations d'objet offre un large éventail de contributions majeures, avec par exemple Klein, Winnicott et Fairbairn. Grossièrement, on pourrait situer à un pôle, «idéaliste-constructiviste», Mélanie Klein où le fantasme joue le rôle déterminant ; à l'autre pôle, «réaliste» nous aurions Fairbairn, qui reconnaît toujours le poids du réel ; enfin Winnicott, avec ses réflexions originales sur les objets et sur les phénomènes transitionnels, nous situe toujours dans l'espace entre le réel et le fantasme, entre l'intérieur et l'extérieur. Mais, pour notre propos, seul Fairbairn effectue une rupture aussi explicite et décisive avec le modèle pulsionnel structural classique et introduit une vision du self si profondément novatrice. De plus, l'objet réel étant reconnu, il va de soi qu'il devient alors possible d'imaginer des convergences avec l'idée de rencontre réelle, si fondamentale au contact. Car dans la théorie du self, le contact est toujours un contact avec un objet réel. C'est donc à partir des travaux de Fairbairn que nous ferons ressortir les grands axes d'une théorie structurale du self afin de vérifier sa compatibilité avec les thèses gestaltistes[4].

VERS UN RAPPROCHEMENT : FAIRBAIRN ET PERLS-GOODMAN

W.R.D. Fairbairn, un psychanalyste, exerça à Edimbourg durant de longues années. Sa situation de relatif isolement géographique et professionnel et des études préparatoires en philosophie et en théologie ont offert un contexte propice à l'éclosion d'une reconsidération radicale de la métapsychologie freudienne traditionnelle. Sa démarche critique débute au cœur même de l'édifice freudien, et il élabore des conceptions originales, fondées sur l'étude des relations d'objet. Pour lui, «la psychologie est l'étude des relations avec les objets, alors que la psychopathologie étudie plus spécifiquement la relation du self avec ses objets intériorisés» (Fairbairn, 1954, p. 60). On se rappellera que Perls *et al.* (1951) définissent de façon parallèle la psychologie comme «l'étude des ajustements créateurs. Son thème est la transition sans cesse renouvelée entre la nouveauté et la routine, résultant dans l'assimilation et la croissance (...)». De façon correspondante, «la psychopathologie est l'étude de l'interruption, de l'inhibition ou d'autres accidents dans le cours de l'ajustement créateur» (p. 271). Le dialogue que nous amorçons entre Fairbairn et Perls-Goodman portera justement sur les chassés-croisés entre «l'intériorisation des objets» d'une part et «l'ajustement créateur» d'autre part.

Fairbairn a publié sa position dans une série d'articles parus à partir de 1938 et rassemblés en un volume-synthèse intitulé *An object relations theory of the personality* (1954). Deux principes sont à la base de son approche :
a) l'énergie et la structure sont inséparables;
b) l'individu, dans sa capacité «libidinale», est avant tout en quête d'objets.

L'énergie et la structure sont inséparables

C'est sans doute le principe fondamental de sa théorie; la structure est ce qui donne la forme à l'énergie, et l'énergie n'existe pas en dehors d'une forme particulière. Pour Freud, le ça serait un réservoir d'énergie distinct du moi (plus tard du surmoi, qui est une structure qui s'en sert). Pour Fairbairn, la personne humaine est énergie, dirigée de diverses manières vers les objets. L'enfant est orienté vers la réalité, par les échanges avec la mère «réelle». Cette action de l'enfant reflète à la fois la structure qui s'exerce et la «pulsion» qui cherche à s'exprimer. Le self constitue ainsi, dès l'origine, une structure dynamisée, et les pulsions sont les formes d'activité grâce auxquelles la vie du self prend place.

L'individu est avant tout en quête d'objets

Pour Freud, le but de la libido est avant tout la décharge; aussi l'objet est-il contingent, c'est-à-dire recherché en vue de la satisfaction. Pour Fairbairn, la libido (plus exactement l'individu dans sa capacité libidinale) recherche avant tout le contact direct et plein avec d'autres êtres humains réels. Comme il l'affirme lui-même :

Le matériel clinique sur lequel se fonde cette proposition se résume bien dans ce cri de protestation d'un de mes patients : Vous dites toujours que je veux satisfaire tel ou tel désir; mais ce que je veux vraiment c'est un père. (Fairbairn, 1946, p. 137 cité dans Greenberg et Mitchell, 1983, p. 156)

Fairbairn affirmera que la seule recherche d'un relâchement des tensions, comme c'est le cas de certains comportements autodestructeurs et impulsifs chez certains états limites par exemple, est un indice d'une détérioration du fonctionnement libidinal, naturellement orienté vers la relation d'objet (Fairbairn, 1954, p. 140), et non l'inverse. Bref, les êtres humains cherchent naturellement et avant tout à s'exprimer, et cela, dans leurs relations avec les autres êtres humains.

LA NATURE DU SELF SELON FAIRBAIRN : LA THEORIE DE LA PERSONNALITE

A l'origine, la psyché consiste en une entité structurale et dynamique. Le self[5], pour Fairbairn, est une condition *a priori* de l'expérience. Il est, dès la naissance, engagé activement dans la recherche du contact avec autrui, bien que ses potentialités et ses modalités n'aient pas atteint leur maturité. La psyché est donc un centre unitaire de définition et d'énergie, caractérisé par la tendance à l'expression de soi, à *l'extérieur*, dans le monde des objets.

Le premier objet est la mère, quoique l'intérêt libidinal soit d'abord centré sur son sein (objet partiel). La bouche devient la zone corporelle d'échange privilégiée, mais il n'y aurait pas nécessairement de «phase orale».

L'enfant est, malgré son inexpérience, naturellement orienté vers la réalité. Il est donc possible pour le self, même primitif, d'entrer en relation avec le monde humain même s'il n'est pas différencié sur le plan de la représentation. Cette relation avec le monde, même non différenciée et préréflexive, sera le prototype des autres activités du self.

Certains éléments de cette conception sont compatibles avec la théorie du self de Perls-Goodman : a) le postulat fonctionnaliste selon lequel le self-PG[6] est avant tout un processus temporel s'appuie naturellement sur la thèse de l'inséparabilité de l'énergie et de la structure; b) si en Gestalt-thérapie l'ajustement créateur découle d'une vision unitaire et d'une conception du champ organisme-environnement, de façon parallèle, pour Fairbairn, le self-F est nécessairement à la recherche de son complément, l'objet réel de l'environnement.

L'INTERIORISATION STRUCTURANTE : LA THEORIE DE LA PSYCHO-PATHOLOGIE

L'adulte idéalement sain présente donc selon Fairbairn un self entier, en rapport avec des personnes réelles externes; ses expériences positives sont enregistrées au sein de la psyché et elles constituent ce qu'on appelle la croissance saine. Mais il ne précise pas comment cette croissance s'opère, en ce sens que l'étude des mécanismes et du processus du contact sain avec les personnes réelles est délaissée au profit de l'étude des «structures endopsychiques», qui sont à la source de toute pathologie. Or la théorie du self-PG s'est précisément attardée à décrire le processus de croissance et d'ajustement créateur, délaissant volontairement l'étude de la formation de structures stables (endopsychiques, selon Fairbairn) au sein de ce qu'ils appellent l'organisme. Les deux modèles se présentent donc comme essentiellement *complémentaires*, puisque Fairbairn rend compte de l'organisation des introjects, des identifications et du caractère sous forme de relations d'objet intériorisées, ainsi que des perturbations graves de la personnalité et du contact avec l'objet (clivage du self, faux self, schizoïdie).

Pour Fairbairn, le self comme totalité dynamique organisée ne requiert pas pour son développement de différenciation structurale. Il rejette ainsi la métaphore biologique qui postule un mouvement de croissance à travers divers niveaux de différenciation et de complexité structurale (ça, moi, surmoi). Par contre, nous le verrons, il considère qu'une telle différenciation se produit inévitablement et de manière universelle.

DE LA DEPENDANCE INFANTILE A L'AMOUR ADULTE

Dans la mesure où l'autre est accessible et dans la mesure où des contacts satisfaisants avec le monde des objets externes peuvent être établis et maintenus, le développement peut suivre son cours, de la dépendance infantile à l'intimité de l'amour adulte. Cependant, les pressions développementales, domestiques et sociales font que le contact intense et créateur du self avec les parents réels est impossible à assurer. Le rapport mère-enfant (ou père-enfant) subit de multiples interférences. Il résulte de cette séparation non naturelle que les premières relations d'objet deviennent frustrantes, donc «mauvaises». Il devient alors trop douloureux pour l'enfant d'attendre impatiemment et de dépendre d'un objet qui est physiquement ou émotivement absent la plupart du temps, ou encore de subir un objet qui est envahissant, inconsistant ou qui agit de manière chaotique. Même si les parents sont absents ou arbitraires, l'enfant ne peut se passer d'eux; ils constituent le fondement même de sa vie psychique. L'enfant établit donc des objets «internes», à l'intérieur de soi, qui agissent à titre de substituts et de solutions à ces relations insatisfaisantes avec les objets «externes réels». Ces objets internes sont compensatoires et non naturels.

C'est alors que, selon Fairbairn, se produirait la première d'une série d'intériorisations, de clivages et de refoulements pour préserver l'illusion du caractère «bon» des parents en tant que figures réelles dans le monde extérieur. L'enfant sépare et intériorise les aspects négatifs, frustrants ou angoissants des parents : ce ne sont pas eux les «mauvais», c'est lui-même. Il est inconditionnellement mauvais. Les qualités indésirables des parents (c'est-à-dire : leur dépression, leur désorganisation, leur sadisme, etc.) sont maintenant en lui. Ces caractéristiques mauvaises que Fairbairn schématise en deux pôles, les aspects intolérablement excitants mais frustrants et les aspects intolérablement rejetants, deviennent de mauvais objets auxquels le moi s'identifie. Ce processus d'intériorisation perpétue le fantasme de contrôle omnipotent : si le «mauvais» est vécu à l'extérieur, dans les parents réels, l'enfant se sent douloureusement impuissant; alors que de sentir le «mauvais» à l'intérieur, dans sa personne, lui permet d'espérer avoir un meilleur contrôle.

A la suite de cette première série d'intériorisations apparaît un processus dit «secondaire» que Fairbairn appelle la «défense morale». Cette deuxième étape consiste à établir de «bons» objets internes. Fairbairn rappelle qu'à ce stade l'enfant se sent mal aimé parce qu'il est inconditionnellement «mauvais», et non parce que ses parents sont mauvais. Ainsi, la défense morale vise à rétablir l'équilibre au moyen d'une identification aux aspects bons et idéaux du parent. Ceci permet de créer un sentiment intérieur d'être bon, aimable et valable : l'enfant n'est plus «mauvais» sans retour. L'enfant ressent plutôt qu'il a été mauvais, qu'il ne méritait pas l'amour des parents, mais qu'il peut maintenant être bon en s'identifiant à ses bons objets. C'est l'exemple des patients qui entretiennent sans répit des exigences grandioses ou perfectionnistes pour eux-mêmes, et dont la psychanalyse classique dirait qu'ils souffrent d'un surmoi tyrannique. Mais pour Fairbairn, ces auto-accusations et ces tendances perfectionnistes ne consistent pas, à la base, en une punition pour des crimes ou des gratifications instinctuelles fantasmés. Elles résultent plutôt des intériorisations doubles qui définissent la «défense morale» et l'amour conditionnel : si seulement l'enfant peut être à la hauteur de ses exigences pour compenser sa nature «mauvaise» à la base, ses parents seront alors accessibles et l'aimeront.

Ainsi, selon Fairbairn, les structures endopsychiques sont constituées à partir de l'intériorisation des relations particulières avec des aspects spécifiques des objets[7]. Plus grand est le degré d'interférence et de privation avec les objets réels, plus intenses seront le refoulement et le recours à des relations d'objets internes avec ces objets partiels. L'appauvrissement du self et de son fonctionnement s'accentue en conséquence. En ce sens, la différenciation structurale est un processus nécessairement défensif et pathologique, et les objets internes sont, par définition, des structures sclérosées.

LA THEORIE DES TROIS SELF

L'expérience de dépendance infantile du nourrisson le conduit inévitablement selon Fairbairn à l'établissement de deux structures réalisées à partir du clivage et du refoulement du self original. Le schéma révisé de la psyché, proposé par Fairbairn et adapté par Rubens (1984), comporte donc trois systèmes, ou trois self, comprenant chacun un moi (ou je) et son objet propre (voir figure 6.1).

Ce qui reste du self unitaire et dynamique original est le self central, comprenant le moi central dont la plus grande part serait consciente et préconsciente, et son objet, un objet réel-idéal, c'est-à-dire le parent dans une relation gratifiante (la mère suffisamment bonne de Winnicott). C'est cette partie du self original qui n'a jamais été clivée qui persiste. Le self central s'oriente dans le monde selon les attentes de l'objet idéal, sources de culpabilité, et cette recherche de la perfection morale sert de défense contre les mauvaises relations d'objet internes, sources d'angoisse. Le self central se conforme donc aux parents «réels-idéaux».

Les deux autres self sont subsidiaires et forment chacun une structure endopsychique (pathologique). Le self anti-libidinal comprend un moi, appelé au début «saboteur interne», et son objet, l'objet rejetant. Il s'agit de l'expérience maintenant refoulée du self dans une relation avec un objet particulier, vécu comme intolérablement rejetant, mais nécessaire à la survie, et intériorisé en un effort pour le maîtriser. Pour Guntrip (1973, p. 98) le moi anti-libidinal est identifié à l'objet rejetant; c'est une conscience infantile, négative, hostile et auto-persécutrice qui produit l'angoisse et la culpabilité; c'est la source principale de résistance en psychothérapie.

Par ailleurs, le self libidinal comprend un moi, appelé moi libidinal, et son objet, l'objet excitant. C'est l'expérience, maintenant refoulée, du self dans une autre relation avec un autre objet particulier très prometteur

FIGURE 6.1. — Un schéma révisé de la psyché, adapté de Fairbairn (1944 et 1954, p. 105) et de Rubens (1984), qui illustre l'organisation dynamique des rapports entre les sous-structures du self.

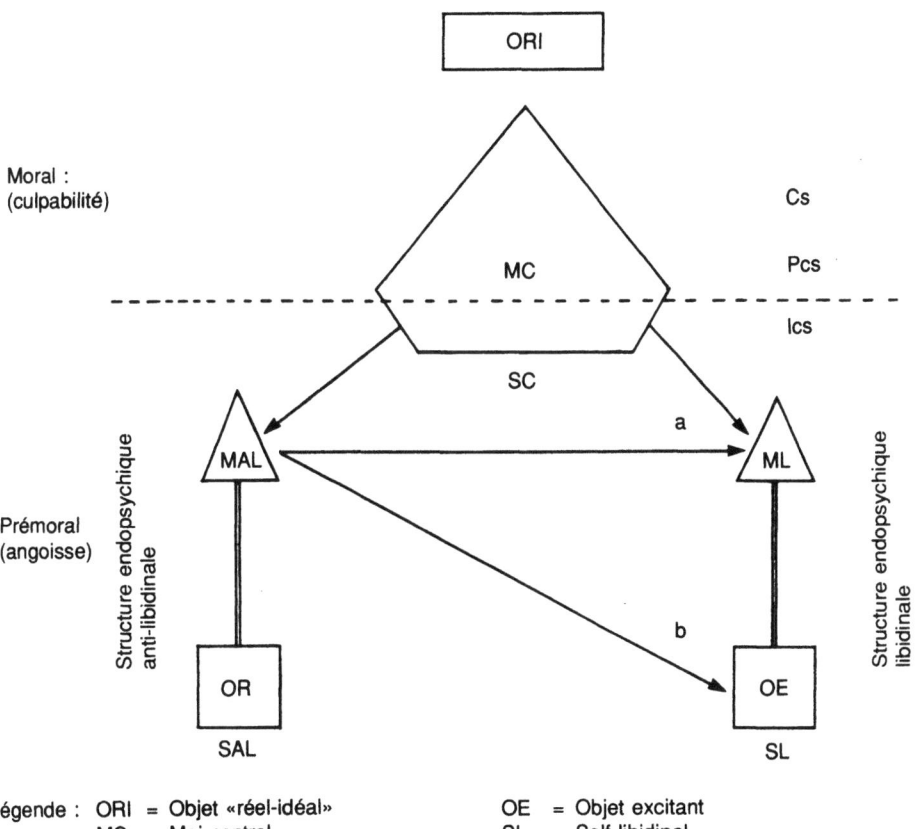

Légende : ORI = Objet «réel-idéal»
MC = Moi central
SC = Self central
MAL = Moi anti-libidinal
OR = Objet rejetant
SAL = Self anti-libidinal
ML = Moi libidinal

OE = Objet excitant
SL = Self libidinal
Ics = Inconscient
Pcs = Préconscient
Cs = Conscient
→ = Agression
= = Libido

et excitant, mais qui ne remplit pas ses promesses, donc frustrant lui aussi. Selon Guntrip (1973, p. 98), le moi libidinal est sans cesse stimulé par l'objet excitant; il est à la recherche de relations personnelles satisfaisantes sans lesquelles la personne ne peut se développer. Mais il se manifeste de manière pathologique dans la vie adulte sous le couvert de la dépendance, de la sexualité compulsive, de la recherche effrénée de l'approbation et de l'appréciation.

Evidemment, la portée des clivages qui créent les structures endopsychiques varie selon le degré de perturbation des premières relations de l'enfant et les aléas du développement ultérieur. Lorsque le clivage est profond, la qualité de la relation avec le monde est diminuée. Le monde est vécu sur le mode transférentiel des deux self subsidiaires comme par exemple chez les états limites. La nature des objets avec lesquels le moi central se relie est appauvrie et idéalisée défensivement. L'objet du moi central devient l'objet idéalisé, plutôt que l'objet réel perçu avec ses imperfections et ses limites. Dans les cas extrêmes comme la psychose, l'individu se retire des relations avec les objets réels pour se réfugier dans ses relations d'objets internes et fragmentaires.

Il faut noter (voir figure 6.1) que le self anti-libidinal (et plus particulièrement le moi antilibidinal attaché et identifié à un objet rejetant) canalise une grande partie de l'agression et de la rage envers l'objet excitant mais inaccessible (flèche b) ou encore envers le moi libidinal (flèche a) qui perpétue l'espoir et les attentes de gratification et de contact. Le moi anti-libidinal attaque l'objet excitant pour ses fausses promesses et le moi libidinal pour ses espoirs et dévotions (Greenberg et Mitchell, 1983, p. 166). Le moi anti-libidinal est l'ennemi, le «saboteur» de tout espoir d'une relation signifiante avec autrui, incluant bien sûr le thérapeute.

Cette situation intérieure (inconsciente selon Fairbairn) conduit d'une part à des sentiments de culpabilité, de dépression, de crainte de détruire l'objet excitant. Cet objet excitant est ensuite constamment recherché, ce qui se constate aisément par exemple dans la dépendance chronique des états limites, qui présentent des besoins affectifs compulsifs et intransigeants. Mais comme ces deux self sont maintenus hors du champ de la conscience, il n'existe plus alors autant de possibilités de rencontre avec des personnes réelles qui puissent vraiment satisfaire les désirs. La qualité du contact, au sens du self-PG, est donc largement diminuée.

Exemple 5 : le rêve de l'actrice célèbre

Nous aimerions reprendre l'essentiel de la présentation que Fairbairn (1954) a fait de l'analyse d'un rêve représentant une «situation endopsychique» type. C'est d'ailleurs à partir de l'étude approfondie de ce rêve qu'il présente pour la première fois sa théorie des trois self. On pourra noter la parenté frappante entre cette position et le point de vue de la Gestalt-thérapie qui définit toute figure du rêve comme une «projection d'éléments du self» (voir chapitre 8).

Rappelons tout d'abord que, pour Fairbairn, la vision du fantasme en général et du rêve en particulier s'est graduellement modifiée et développée par sa pratique clinique, au cours de laquelle il a constaté que la théorie de «l'accomplissement d'un désir» ne se trouvait pas confirmée dans le cas de nombreux rêves. C'est ainsi qu'il en arrive d'abord à suggérer que les personnages et figures apparaissant dans les rêves représentent ou bien des parties du moi ou bien des objets internes, ensuite que les rêves constituent des dramatisations de situations existant dans la «réalité intérieure». Les rêves dépeignent donc, selon Fairbairn, la situation des rapports entre les structures endopsychiques, comme nous pourrons nous en rendre compte dans la narration suivante d'un rêve (voir Fairbairn, 1954, pp. 95-105).

La patiente est une femme mariée qui consulte Fairbairn pour un problème de dysfonctionnement sexuel (frigidité) attribué à une dissociation hystérique. Le rêve lui-même consiste en une courte séquence où apparaissent au moins trois personnages qui renvoient chacun, selon Fairbairn, au self de la patiente. Celle-ci se voit d'abord telle une spectatrice-rêveuse (premier self). La rêveuse voit l'image d'elle-même (second self) subir les attaques vicieuses d'une actrice célèbre (troisième self). Le mari de la patiente assiste à la scène, impuissant et incapable de la protéger. Après avoir livré son attaque, l'actrice se détourne et recommence à jouer une scène, qu'elle semblait avoir momentanément délaissée. La rêveuse se voit alors en train de fixer l'image d'elle-même, baignant dans son sang, lorsque soudainement elle remarque que ce visage qui est le sien devient celui d'un homme. Puis cette figure alterne entre ses propres traits et ceux de cet homme jusqu'à ce qu'elle se réveille, en proie à l'angoisse.

Avant d'exposer sa compréhension du rêve, Fairbairn nous rapporte plusieurs des associations de la rêveuse à son rêve, de même que plusieurs éléments d'information concernant le contexte actuel de la vie de la patiente. Nous ne pouvons ici que rappeler les éléments essentiels et le résultat de son analyse, laissant au lecteur le soin de consulter le texte original pour plus de détails.

Interprétation des «figures»

Les associations de la rêveuse révélèrent entre autres que l'homme dont le visage alterne avec le sien à la fin du rêve, portait un costume semblable à celui que le mari de la patiente s'était récemment acheté, en compagnie de «l'une de ses blondes». Cette association combinée à la position de spectateur impuissant occupée par le mari dans le rêve confirme le doute qui s'impose à l'esprit de Fairbairn : l'attaque «était autant dirigée contre le mari que contre elle-même» (1954, p. 96); des associations additionnelles viennent appuyer cette hypothèse. Fairbairn constate aussi que l'actrice qui attaque appartient tout autant à la personnalité de la rêveuse que la personne subissant l'attaque (une projection du self). Il suggère en effet que l'image d'une actrice était particulièrement apte à représenter certains aspects de la personnalité de la patiente; bien qu'étant une personne très renfermée et solitaire, elle avait appris, en surface, à tenir des rôles : celui de bonne épouse, de bonne mère, de bonne femme d'affaires. L'impuissance attribuée à son mari semble converger aussi avec le fait que si, en surface, elle jouait le rôle de la bonne épouse, simulant même le plaisir sexuel, sa personnalité réelle lui était inaccessible. La prise du rôle de l'actrice est donc interprétée par Fairbairn comme l'expression d'une agression camouflée envers le mari, l'identification au mari en tant qu'objet de sa propre agression venant renforcer cette interprétation. En résumé, le rêve révèle la situation suivante : la rêveuse exprime directement son agression contre elle-même dans sa «capacité libidinale» (la femme «satisfaite» n'est qu'une comédienne; elle est frigide) d'une part, et indirectement contre son mari en tant qu'objet libidinal d'autre part. Bref la rêveuse, prise entre l'amour et la haine envers son mari, exprime dans son rêve le côté agressif de son ambivalence qu'elle dirige maintenant contre elle-même. Mais cette interprétation «de surface» ne rend pas compte de toute la situation endopsychique «profonde»; Fairbairn poursuit donc son analyse.

Interprétation du «fond»

Fairbairn s'interroge alors sur le sens de la position agressive, qui représente à ses yeux la clef pour mieux saisir la situation endopsychique. Selon le contenu manifeste, l'actrice devient de façon plausible, une projection d'une partie hostile de la patiente face aux relations «libidinales». Mais, selon le matériel de la thérapie, il est tout aussi clair que l'actrice représente aussi la mère de la rêveuse : une femme artificielle qui n'avait démontré ou toléré aucune affection naturelle ou spontanée, et pour qui le monde «chic» représentait une scène sur laquelle elle avait passé sa vie à jouer des rôles. En tant qu'actrice, la rêveuse est donc identifiée à sa mère comme figure répressive, figure que Fairbairn préfère considérer comme largement pré-œdipienne, ou prémorale (Fairbairn, 1954, p. 92)[8].

On constate donc que le rêve renvoie à plusieurs figures ou personnages qui apparaissent tantôt comme un moi, tantôt comme un objet. Par exemple, la rêveuse est un moi-observateur, le mari un objet réel-idéal ; on retrouve la figure de la rêveuse soumise à l'attaque (le moi attaqué), et l'actrice qui attaque (le moi attaquant). On a vu plus haut que chaque moi représente une structure distincte de la psyché à laquelle est apparié un objet spécifique. Fairbairn propose donc les combinaisons suivantes, que l'on peut relier à son modèle des trois self, présenté à la figure 6.1. Le moi observateur et le mari observateur représentent le système du self central, soit le moi central (l'observateur du rêve) et son objet réel-idéal (le mari). L'actrice, en tant que moi attaquant ou saboteur interne, et son objet rejetant représentent la mère. Enfin, le self libidinal (ou attaqué) prend forme dans le moi attaqué (la patiente frigide, celle aussi qui baigne dans son sang, soumise à l'attaque) et dans l'objet attaqué, soit d'abord le mari et, par transfert, le père. Examinons quelques-uns des aspects interactifs de la psyché de la rêveuse, telle qu'elle est apparue à Fairbairn dans ce rêve.

Le système du self central représente ce qui est le plus immédiatement accessible à la conscience de la rêveuse, soit sa situation «réelle» avec son mari. C'est le je observateur du rêve, en connivence avec le je éveillé, qui raconte le rêve. Le mari est ici un objet externe, d'une très grande importance dans la réalité. Mais la patiente (le moi central) est en rapport ambivalent avec son mari, comme en témoignent les difficultés maritales-sexuelles : on constate que toutes les manifestations d'agression envers lui sont absentes de même que les attachements libidinaux-sexuels. Consciemment, elle tente d'être une «bonne épouse», mais elle se reproche de ne pas ressentir de sentiments plus profonds pour lui ou de ne pas lui donner plus d'elle-même. Enfin, la figure qui présente le mari comme observateur passif dans le rêve est le même objet du moi central, mais cette fois intériorisé.

Les manifestations d'agression sont donc indirectes, inconscientes, et proviennent du self subsidiaire et clivé, le self anti-libidinal. Les attaques du rêve, on l'a vu, sont d'abord dirigées contre le moi libidinal (la rêveuse qui est frigide), mais dont la figure, on se rappellera, alterne avec celle d'un homme qui, tout en représentant le père à un niveau profond (l'objet excitant), n'en est pas moins associée de près au mari. Ainsi, au lieu d'être dirigée contre le mari en tant qu'objet externe, une portion considérable de son agression est absorbée dans une attaque dirigée à la fois contre le moi libidinal (flèche a, figure 6.1) mais aussi contre son objet interne associé (flèche b, figure 6.1). Cette agression n'est clairement plus à la disposition du moi central, parce qu'elle est clivée ; elle est plutôt au service du système anti-libidinal (inconscient selon Fairbairn, non conscient selon Perls-Goodman).

Les manifestations libidinales étaient quant à elles tellement appauvries dans le rapport réel avec le mari qu'il faut aussi supposer que le moi central n'y avait plus accès à la suite du refoulement massif du self libidinal. Ici, le moi libidinal est en position de souffrance dans sa dévotion à son objet, car cet objet est massivement attaqué par le « saboteur interne ». L'anxiété ressentie à l'éveil serait proportionnelle à la souffrance du moi libidinal : tout comme en Gestalt-thérapie, Fairbairn considère que la première théorie freudienne de l'angoisse est juste, à savoir que l'angoisse provient de l'interruption de la libido.

Pour compléter l'analyse, Fairbairn propose que si l'actrice du rêve est une figure composée, représentant à la fois la rêveuse et sa mère, inévitablement le moi anti-libidinal est très identifié mais aussi attaché à cet objet, même s'il s'agit d'un objet rejetant. Il suggère ensuite que c'est en quelque sorte au nom de l'attachement à cet objet que le moi anti-libidinal dirige son agression vers le moi libidinal.

LE CONCEPT DE STRUCTURE CHEZ FAIRBAIRN

A la lumière de ce qui précède, il faut conclure que chez Fairbairn (voir Rubens, 1984) :

1) Les structures endopsychiques sont modelées sur le self comme un tout. Elles ne sont pas des entités statiques ou de simples représentations de soi. Chacune est comprise comme le clivage d'une dimension du self en une relation affective avec une dimension du monde objectal.

2) Chacun de ces sous-systèmes représente une cristallisation de ce qui était au début un processus de croissance du self et de sa définition comme un tout.

3) Les structures du self libidinal et du self anti-libidinal diffèrent grandement de celles du self central et original. Le self est à l'origine en relation continue et créatrice avec le monde extérieur, alors que la structure endopsychique constitue une « cristallisation » et repose sur une sélection stéréotypée. Cette structure ne permet que l'expérience et l'expression de ce qui correspond au patron déjà établi de rapports particuliers avec des aspects spécifiques du monde.

Le problème de l'intériorisation : Complémentarité des théories

Le self central est un centre unitaire de définition, d'énergie et d'expression vers le monde objectal. C'est là que se développe l'expérience du monde, l'expression propre à soi. Le self a donc pour Fairbairn une intégrité structurée de façon innée. Ainsi, Fairbairn et Perls-Goodman s'accordent pour dire que le développement normal ne dépend pas de l'établissement de structures internes de différenciation. Plus le self central est large et intégrateur, plus la personne dispose d'une capacité de s'exprimer en relation continue avec le monde.

Fairbairn affirme également qu'il est difficile de trouver une justification adéquate pour l'intériorisation d'une relation satisfaisante avec un objet. Il critique d'ailleurs la position de Mélanie Klein qui postule aussi bien l'intériorisation de bons que de mauvais objets. Mais, il a parlé d'intériorisation d'un objet réel-idéal au sein du self central. Rubens (1984) propose d'éclaircir cette apparente contradiction en distinguant l'intériorisation structurante (et pathologique) de l'intériorisation non structurante.

TABLEAU 6.1. — La théorie du self de Perls-Goodman et la théorie des trois self de Fairbairn : similarités et complémentarité.

	Perls-Goodman	Fairbairn
Self	Fonction-ça Fonction-je Fonction-personnalité	Self central
	Organisme en croissance (assimilation)	Intériorisation non structurante
	Introjects (le contenu), à distinguer de l'introjection (le processus)	Intériorisation structurante : self anti-libidinal et self libidinal
	Situations inachevées Pathologie de l'arrière-fond	Intériorisation de relations d'objet pathologiques : refoulement et clivage du self
	Interruptions actuelles du cycle de contact (projection, rétroflexion, confluence, introjection)	Mécanismes de défense sous l'angle de la phénoménologie clinique
	Ajustement créateur	Self central
	Ajustement conservateur pathologique	Self anti-libidinal et self libidinal

L'intériorisation structurante conduit à l'établissement de relations d'objet intériorisées, au refoulement et au clivage du self original en self libidinal et en self anti-libidinal, conséquemment à la répétition d'expériences intolérables (excitantes ou rejetantes). La seconde, *l'intériorisation non structurante*, ne conduit pas à la création de structures psychiques mais à la croissance du self comme totalité. En se rapportant à la théorie du self de Perls-Goodman, on est amené à parler d'assimilation, au post-contact, d'une expérience complétée (voir chapitre 3). Mais, précisent Perls *et al.* (1951), c'est l'organisme qui croît et non le self, car le self-PG n'est que la frontière-contact à l'œuvre. Ainsi, on peut dire que le self central de Fairbairn comprend l'organisme en croissance et le self-PG de la théorie de Perls-Goodman (voir tableau 6.1).

Identifications pathologiques

L'intériorisation structurante conduit à des identifications pathologiques à partir desquelles se construisent le faux self et le caractère rigide. Ces identifications seraient reliées au self libidinal ou au self anti-libidinal, ce qui expliquerait leur caractère hétérogène, rigide et leur faible croissance. C'est d'ailleurs en référence à de telles identifications pathologiques qu'a été établie, dans d'autres écoles, la distinction entre introject et «identification mature» qui exige un travail du moi, la répudiation sélective des introjects infantiles et la dépersonnalisation des relations d'objet intériorisées. L'introject est vécu comme une présence imaginaire ou un objet partiel (sein, voix, regard) par lequel le sujet passif se sent mené, assailli ou gratifié, alors que l'identification, intégrée au self central, concourt au sentiment de volonté et d'intentionnalité (Meissner, 1981; voir aussi chapitre 5). C'est en gros la distinction qui s'établit, dans la théorie du self, entre l'introjection comme processus d'interruption actuelle de l'expérience, l'introject comme contenu et corps étranger et l'assimilation qui seule autorise à parler de croissance. Mais une fois la croissance de l'organisme posée, il importe de définir la nature et les mécanismes de cette assimilation. Or les détails de ce processus d'assimilation relèvent selon Perls-Goodman des systèmes d'ajustement conservateurs dont ils délaissèrent l'étude, au profit du self, alors que ce sont précisément ceux qui fascinèrent Fairbairn.

Bien qu'ils reconnaissent l'importance de ces systèmes d'ajustement conservateurs, notamment par l'emprunt à Reich de la notion de caractère, Perls-Goodman n'établissent pas de distinction entre identification et introject (le contenu), pas plus qu'ils ne précisent si le degré d'assimilation à l'organisme varie selon qu'on ait affaire à l'un ou à l'autre. Même si Davidove (1980) a consacré une thèse à l'étude de l'introjection dans les théories analytiques et dans la théorie de Perls-Goodman qui permet de poursuivre la discussion, la position gestaltiste présente néanmoins un manque évident sur le plan théorique, à moins de laisser dans l'ombre ou d'éluder la question intrapsychique de l'identification et de l'introject. Parmi les questions non résolues au sein de la théorie gestaltiste, mais auxquelles la position de Fairbairn offre des réponses stimulantes, on peut rappeler celles-ci : Sous quelle forme, à quel niveau et selon quel degré sont assimilés ces introjects? Débouchent-ils sur la formation de structures intrapsychiques? Quels sont leur évolution sur le plan génétique et leur statut sur le plan de la conscience? Existe-t-il, comme l'a affirmé Freud, certains introjects fondamentaux (par exemple, l'interdit de l'inceste) à partir desquels s'organise la psyché?

L'intériorisation non structurante et l'assimilation

L'intériorisation non structurante correspond à l'intégration du self comme totalité grâce à la synthèse des expériences conflictuelles, résolues à travers les relations d'objet satisfaisantes et la progression développementale vers une «dépendance mature». L'intériorisation non structurante débouche donc sur l'intégration de l'expérience au sein du self central sous forme de mémoire, d'apprentissage, de développement cognitif, de fantasme, de jugement moral, d'«identification mature», etc. En d'autres termes, cette expérience est intégrée de manière à demeurer disponible. Dans les termes de Perls-Goodman ces expériences de contact à travers des relations d'objet satisfaisantes conduisent, au postcontact, à l'assimilation qui permet à l'organisme (et non au self-PG) de croître, de grandir et de se développer (voir chapitre 2).

Le self-PG pour sa part est le foyer de l'ajustement créateur, l'équivalent fonctionnel de la partie la plus expressive et libre du self-F, soit le système du self central en rapport avec son objet réel. En effet, la théorie du self-PG postule que le self est unifié, sans clivage, qu'il est organisé et distinct de l'objet, et que le rapport avec l'objet réel est préservé. L'assimilation suivant le contact contribue à la croissance de l'organisme. De même, le self central ou original de Fairbairn est conçu comme un tout dynamique accessible à la conscience, capable de croissance, en rapport avec des objets réels dans l'environnement. L'arrière-fond sain est disponible et consiste en ce que l'organisme a pu assimiler comme expérience.

La fonction-personnalité et les relations d'objet

La fonction-personnalité, définie par Perls-Goodman comme le système des attitudes assumées dans les relations interpersonnelles, présente certaines affinités avec la notion de relation d'objet intériorisée. Par exemple, selon Perls-Goodman, on pourra retrouver dans la parole du patient la voie plaignarde ou sévère d'un parent, introjectée et maintenant rendue présente en tant qu'«attitude rhétorique» dans le langage. La fonction-personnalité consiste en partie en identification ou en loyauté au groupe, et de la même manière, on se souviendra que chez Fairbairn, chaque moi est en relation de loyauté, même souffrante, avec son objet (voir figure 6.1).

Une distinction fondamentale provient toutefois de ce que la fonction-personnalité est conçue idéalement comme la structure transparente de ce qui est reconnu (Perls, *et al.*, 1951/1977, p. 447), alors qu'à l'évidence, la pathologie de la fonction-personnalité implique, selon Fairbairn, un refoulement, sinon un clivage, par l'existence même de relations d'objet intériorisées et inconscientes. Et là encore, il reste à préciser ce qu'il faut entendre par inconscient (chapitre 4), dans une perspective existentielle.

Ensuite, si la fonction-personnalité est définie comme un ajustement créateur de l'organisme réalisé à l'apparition du langage, il reste à Perls-Goodman à préciser les conséquences théoriques de ce découpage développemental entre une étape préverbale, où les relations silencieuses avec l'objet (partiel) et le rôle des fantasmes primitifs seraient étudiés, et une étape verbale. En outre, comme en témoigne l'intérêt croissant accordé aux pathologies dites prégénitales (troubles narcissiques, états limites), il est nécessaire, ainsi que le permet la théorie structurale de Fairbairn, de dépasser le postulat gestaltiste implicite d'un self-PG unifié et distinct de l'objet, où les distorsions relèvent davantage des incongruences du concept de soi névrotique et où le je reste entier.

Dans un langage gestaltiste, il serait justifié de dire ceci : pour Perls-Goodman, la pathologie concerne l'ajustement créateur, le trouble de la formation des figures et des fonds, les interruptions courantes dites de processus, alors que pour Fairbairn, la pathologie concerne l'ajustement conservateur, le trouble de l'organisme clivé par la formation de structures stables, de seconde nature, refoulées et maintenues là par habitude.

RESUME

Nous avons considéré les développements récents au sein du mouvement psychanalytique touchant à l'émergence d'un modèle relationnel, par opposition à un modèle pulsionnel. Il nous est apparu que la théorie de Fairbairn présentait les meilleures possibilités d'intégration avec la perspective développée dans cet ouvrage. En un sens, toute la théorie de Fairbairn correspond à cette partie délaissée et absente de la théorie de Perls-Goodman, soit la création de structures pathologiques et la construction d'arrière-fonds malsains. Selon nous, la théorisation des situations inachevées, laissée de côté par Perls-Goodman, trouve sa contrepartie dans la théorie des trois self de Fairbairn.

Pour Fairbairn aussi bien que pour Perls-Goodman, le développement normal ne dépend pas de l'établissement de structures internes de différenciation. Si Perls-Goodman ont mis l'accent sur la pathologie de l'ajustement créateur des interruptions courantes dites de processus, Fairbairn a insisté sur la pathologie du fond ou, plus exactement selon les termes de Perls-Goodman, de l'organisme, à travers l'examen de la formation de structures de seconde nature, refoulées et maintenues là par habitude : des structures qui ne servent pas la croissance de l'organisme mais qui témoignent de l'introjection (et donc de l'absence d'assimilation) d'expériences intolérables.

Ce que Fairbairn apporte d'essentiel à Perls-Goodman, c'est de considérer que la pathologie ne concerne pas que le cycle de contact (et donc le self-PG), mais aussi la formation, au sein de l'organisme, de structures subsidiaires, endopsychiques, clivées et donc aliénées du self central. Et, plus le self central s'est aliéné des parties importantes, c'est-à-dire que plus le self libidinal et le self anti-libidinal mobilisent une part significative du self central, moins il peut entrer en contact avec son environnement, ses situations (structurales) inachevées et non conscientes venant troubler la formation des figures d'intérêt.

NOTES

[1] Ce chapitre est écrit avec l'étroite collaboration de Geneviève Derome, M.Ps., psychologue clinicienne. Il reprend la troisième partie d'un chapitre déjà paru (voir Bouchard et Derome, 1987).

[2] C'est à dessein que nous employons ici le terme «vision». Au-delà de cette épineuse question de la traduction abusivement positiviste du texte freudien (voir Bettelheim, 1982), l'œuvre entière de Freud témoigne d'une ambiguité féconde entre positions phénoménologiques-relationnelles et objectivistes-matérialistes. Ainsi, avec la dialectique du moi comme personne et comme instance, Freud n'a exclu «de son champ aucune des significations attachées aux termes de moi et de je» (Laplanche et Pontalis, 1967, p. 242). Ce n'est que par souci de simplicité et au risque d'être simpliste, que nous référons comme s'il allait de soi à cette vision positiviste du modèle classique. En outre, nous devrons limiter notre examen aux développements de la seule pensée anglo-saxonne.

[3] Il se dessine cependant une préoccupation nouvelle pour ces questions, comme en témoigne, par exemple, le fait que 6 des 15 ateliers présentés à Montréal en juin 1988 dans le cadre de la Conférence-dixième anniversaire du Gestalt Journal y touchaient, de près ou de loin.

[4] Pour un résumé de la position de Fairbairn, on peut consulter Greenberg et Mitchell (1983). Rubens (1984), Guntrip (1961) et l'ouvrage de Lebovici (1978) qui présente une traduction française de deux textes fondamentaux de Fairbairn (1954). On retrouvera aussi l'influence directe de Fairbairn chez Kernberg (1975) et Masterson (1976).

[5] Même si Fairbairn (1954, p. 148) emploie le terme «moi», nous adopterons, à la suite des suggestions de Rubens (1984), le terme «self», pour le distinguer de la connotation structurale de Freud.

[6] Pour éviter la confusion, il sera parfois nécessaire de référer au self tel que conçu par Perls-Goodman en employant l'expression self-PG, et au self tel que conçu par Fairbairn en référant au self-F.

[7] Rappelons brièvement que pour Fairbairn la mère est d'abord investie en tant qu'objet partiel : comme sein, bon ou mauvais.

[8] En effet, sans entrer dans les détails de cette position qui mériterait qu'on s'y attarde plus longuement, rappelons que Fairbairn situe le fondement de toute psychopathologie dans la période pré-œdipienne. L'état paranoïde, obsessionnel, hystérique, phobique, etc. est considéré comme une «technique» plus ou moins évoluée servant à défendre le self central des effets d'un conflit d'origine orale (dépressif ou schizoïde).

QUATRIEME PARTIE

LES MOYENS D'INTERVENTION

/

Chapitre 7
Faire contact par les mots

Le langage est l'une des fonctions du contact. Il détermine l'expérience phénoménologique tout autant qu'il en dépend (VI, VII). Il entretient avec le self, la pensée et la fonction symbolique en général, des rapports de détermination réciproque. Dans la situation globale de la psychothérapie, il occupe une place prépondérante, sans être exclusive. Si les mots peuvent porter l'expérience, ils sont au service du contact, mais s'ils servent de substituts, ils en appauvrissent la qualité. Dans ce chapitre, nous situerons d'abord la position de Perls-Goodman dans les débats concernant les rapports entre la fonction symbolique (la pensée) et le langage. La section suivante traitera du lien entre le langage, la fonction-personnalité et le développement de «l'individualité». Ensuite, nous verrons quels rôles tient l'expression verbale dans la rencontre, le contact et l'expérience phénoménologique. Enfin, certaines des perturbations du langage pertinentes au travail thérapeutique seront discutées à l'aide d'exemples concrets.

LE LANGAGE ET LA FONCTION SYMBOLIQUE

Les rapports entre le langage et la pensée font l'objet de débats importants. La question se pose à savoir : quels liens l'activité linguistique entretient avec la fonction cognitive et la fonction symbolique (celle qui permet d'émettre et de recevoir des significations)?

L'intelligence est antérieure au langage

La position de Piaget à ce sujet est connue : «Entre le langage et la pensée, il existe un cercle génétique tel que l'un des deux termes s'appuie nécessairement sur l'autre en une formation solidaire et en une perpétuelle action réciproque. Mais tous deux dépendent, en fin de compte, de l'intelligence elle-même qui, elle, est antérieure au langage et indépendante de lui» (Piaget, 1955/1964, p. 113). Et aussi : «Nous pouvons donc admettre qu'il existe une fonction symbolique plus large que le langage et englobant, outre le système des signes verbaux, celui des symboles au sens strict» (Piaget, 1955/1964, p. 104). Ainsi, d'un côté du débat, le langage ne serait qu'une forme particulière de la fonction symbolique et la pensée précède le langage, ce dernier se limite à la transformer.

Le langage précède la pensée

Pour Vygotsky au contraire, les mots empêchent la pensée de retourner «au royaume des ombres» (Vygotsky, 1934/1962). La parole intérieure est le produit de l'expérience répétée avec l'environnement, intériorisée comme dans les paroles à voix basse et, ensuite, utilisée dans un processus égocentrique ou socialisé. Dans la même perspective, Meichenbaum (1977, p. 204) propose que : «le langage égocentrique, en plus d'être caractérisé par une fonction purement expressive et une fonction de décharge, en plus d'accompagner l'activité de l'enfant, devient très facilement un moyen de penser au sens propre, i.e. il commence à remplir la fonction de formuler un plan pour la solution d'un problème qui surgit dans le cours du comportement».

Selon l'hypothèse de Sapir-Whorf (voir Whorf, 1956), notre langage influence notre manière de penser et d'agir. Notre vision du monde dépend de la structure du langage que l'on parle. Ainsi, Lakoff et Johnson (1980, p. 4) ont illustré l'idée selon laquelle la pensée est essentiellement métaphorique. Ils constatent, par exemple, que les arguments sont souvent conçus comme des guerres : «vos réclamations sont indéfendables»; «il a attaqué chaque point faible de mon argumentation»; «ses critiques ont fait mouche». Ou encore comme des bâtiments : «l'argument est chambranlant»; «j'ai démoli ses arguments»; «nous devons construire un argument fort»; «l'argument s'est effondré»; «est-ce là le fondement de votre position?» Ce qui n'empêche pas de combiner les deux métaphores : «sous mes attaques répétées, son argumentation s'est effondrée»; «le point faible de ses arguments est dans le fondement même»; « nous devons construire une argumentation qui puisse se défendre»; «votre défense me semble peu solide». La question reste ouverte, à savoir si le langage détermine radicalement la pensée en limitant l'activité mentale, ou bien si le langage ne fait que moduler l'activité mentale dont il dépend.

Mais la pensée et le mot, pris séparément, ne possèdent pas les propriétés de l'ensemble : la signification d'un mot représente un tel amalgame serré de pensée et de langage qu'il est difficile de dire si elle est un phénomène de langage ou un phénomène de la pensée. Les significations des mots évoluent, elles sont plus dynamiques que statiques; elles changent en fonction du développement de l'enfant; selon le contexte, elles se transforment; elles changent aussi avec les diverses façons dont fonctionne la pensée.

La langue et le langage ont donc été constitués en objet d'étude. Mais en psychothérapie, c'est la parole qui est le foyer de notre intérêt. Le patient ressent une certaine exigence de parler, le langage s'oppose à sa parole, mais en même temps il la porte. Et le patient qui réussit à parler vraiment met le langage au service du contact : la parole devient plus étendue dans sa portée que le langage. En cela, elle intéresse au plus haut point le psychothérapeute.

Dans ce qui suit, nous présenterons les rapports entre la parole, le langage et l'expérience phénoménologique : les autoverbalisations dans le discours silencieux (*subvocal speech*), leur expression dans la fonction-personnalité, et les liens à entretenir avec les trois personnes grammaticales Je-Tu-Cela (celle qui parle, celle à qui on parle, le sujet dont on parle).

LE LANGAGE ET LA FONCTION-PERSONNALITE

La fonction-personnalité est héritière des cycles créateurs du contact social : ce qu'on est devenu conduit à retenir et à fixer pour des contacts futurs la source, la manière, le style interpersonnel, la culture, la langue, le groupe, etc., qui ont contribué à nous transformer. On développe et on conserve des fidélités, une morale, et une manière «efficace» de manipuler les rapports interpersonnels (XIII; 6, 7, 8). De ces trois aspects de la fonction-personnalité, c'est celui relatif au style personnel qui nous intéresse dans ses rapports avec le langage.

Notre style interpersonnel est notre manière «de nous plaindre, de bousculer, de jouer à l'impuissance, d'utiliser la sournoiserie ou la franchise» (XIII; 8). Cette «rhétorique», dit Goodman, est constituée de tout ce qui nous sert à obtenir satisfaction dans les rapports interpersonnels, par la voix, la manière de s'exprimer verbalement, etc. C'est le langage qui permet d'accéder à cet aspect fondamental de la fonction-personnalité. Comme les cliniciens des relations d'objet l'ont montré, ce style interpersonnel est le fruit de ce qu'on a intériorisé (voir chapitres 5 et 6). En thérapie, par exemple, le patient est tantôt un père très critique vis-à-vis le thérapeute, et tantôt un fils humilié et en colère qui «revit» dans la personne du thérapeute, l'équivalent de son père critique.

Le langage doit tirer son pouvoir et sa vigueur de la vitalité de l'autorégulation de l'organisme : il est au service du contact s'il est une activité organique, qui dépend du self qui crée et invente sa réalité. Selon Goodman, l'abus névrotique de langage vient de ce qu'il est utilisé «au lieu de» et non «au service de» ces pouvoirs organiques (VII, 1). L'abus de langage équivaut à la formation d'une personnalité «verbalisante» constituée par un discours ennuyant, imprécis, sans affect, rempli d'un jargon inefficace, confus, inexact, sans pertinence avec le contexte actuel, etc. Le langage créateur au contraire est frais, clair et précis, articulé et en rapport avec la situation actuelle.

Dans son dernier livre, consacré au langage et à la défense de la poésie, Goodman (1971) dit ceci : «... Une part importante de notre expérience est faite de perceptions silencieuses, provenant à la fois du corps et de l'environnement, et d'actions silencieuses dans l'environnement. Par contre, le langage peut s'accrocher à presque toute expérience, incluant ce qui est perçu en silence et agi sans parole, créant un vaste domaine d'expérience verbalisée...» Dans son aspect verbal, la personnalité se manifeste donc aussi dans les paroles silencieuses des autoverbalisations (*subvocal speaking*) et dans les croyances fondamentales de chacun.

LES COMPOSANTES DU LANGAGE

En reprenant les thèmes depuis le début, nous dirons que le langage est au service du contact lorsqu'il s'intègre de façon harmonieuse aux niveaux suivants (VII, 2) pour former un tout :

a) l'aspect physique de la parole énoncée ou de son écoute ;
b) la pensée ou le contenu de ce qui est dit ;
c) les autoverbalisations issues de la répétition des situations verbales inachevées ;
d) les aperceptions silencieuses des images, des sensations, des ressentis corporels ;
e) les contenus plus archaïques, issus de la communication prépersonnelle et préverbale de la petite enfance (zéro à 24 mois), incluant les cris, la rage, la pensée magique, le narcissisme primaire, etc.

Le discours névrotique se définit donc comme une dysharmonie de ces éléments. Shapiro (1979, p. 70) donne l'exemple suivant : «Un patient composait avec la consigne de l'association libre avec une technique remarquable de contenu d'histoires. Les éléments de sa vie étaient relatés selon une structure narrative cohérente, se déroulant ici ou là, et toujours de façon intéressante. Ce n'est qu'après un an qu'il révéla le fait que, comme il parlait, il s'imaginait constamment tel un trapéziste se balançant sur la porte de mon bureau. Or, son histoire personnelle était marquée par la nécessité de calmer son père par des digressions et des acrobaties verbales, et il répétait des activités semblables durant l'analyse». L'image de l'acrobate représentait à la fois la situation inachevée et sa manière de parler (son style) alors et maintenant en thérapie.

Dans la névrose, le contenu de ce qui est dit peut être inexact ou faux. Les mots essaient de taire les sensations du corps ; l'attitude séductrice n'exprime pas le besoin primitif de dépendance ; le ton de voix est plaignard, reflétant plus la remise en scène d'une situation inachevée, alors que le discours et le contenu peuvent paraître assurés ou dominateurs.

On retrouve à nouveau ici les mots-principes de Buber : le Je-Tu et le Je-Cela. Le langage qui est au service du contact peut se comprendre à la lumière des rapports entre ces trois personnes grammaticales. Le Je est la personne qui parle, avec son corps, ses besoins courants et archaïques, qui a écouté ses autoverbalisations et leur donne une voix. Le Tu est la personne à qui l'on parle, c'est l'objet réel du besoin actuel ; c'est la figure dans laquelle le Je va se perdre, momentanément, ce n'est pas un autre, caché (i.e. celui des scènes inachevées, incomplètes et qui se répètent). Le Cela est l'objet impersonnel dont on parle ; il concerne les faits, l'actualité présente, les événements du passé, le problème intéressant dont on découvre la vérité. Tout l'enjeu de la thérapie est d'apprendre à clarifier, puis à harmoniser ces diverses composantes (la parole, la pensée, les autoverbalisations, les aperceptions silencieuses, les contenus archaïques) et à les exprimer dans le langage.

LES PERTURBATIONS DE LA PAROLE

Nous abordons maintenant les façons dont se manifestent en thérapie les perturbations de la parole. Il existe plusieurs sources à ces difficultés. D'abord, dans les interdits qui nient les expériences ou qui conduisent à leur donner d'autres noms. Par exemple, dans une famille, être en colère n'est pas toléré, alors on appelle cela être «stressé et fatigué». Ou encore, un enfant est surexcité et il est sévèrement puni : qu'apprend-il ? que sauter sur sa chaise, faire pipi, ou être excité est interdit et mauvais, ou un peu tout cela à la fois ? (voir M. Polster, 1981). Ensuite, les distorsions de la fonction du miroir maternel (ou de son substitut) sont un terrain particulièrement pathogène. Par exemple, une mère reflète à son enfant ce qu'elle ressent elle-même (je me sens impatiente, froide, etc.) et non pas ce qu'elle ressent de lui. De retour de l'école, un enfant parle qu'il s'est classé premier dans tel examen et son père lui répond distraitement que c'est très bien, ou en rappelant ses propres succès scolaires. L'expérience de l'enfant et les mots s'entrechoquent et il pourra comprendre l'un ou l'autre des messages suivants : c'est très bien, mais ce n'est pas assez; c'est très bien, mais je faisais mieux; tu réussis, mais je ne peux te le reconnaître (sous-entendu : parce que pour mes propres parents, mes succès comptaient plus que moi).

Le travail à partir de la fonction-personnalité

Parfois, on entend une personne affirmer avec force : «j'adore la littérature» ou «j'aime tellement l'opéra», etc. L'interlocuteur a parfois l'impression, en entendant un tel commentaire, que l'accent est placé sur l'activité ou sur le verbe (opéra, adorer) beaucoup plus que sur le je.

Le travail du thérapeute à partir de la fonction-personnalité peut émerger d'une considération attentive aux caractéristiques de ce je. Qui est il/elle ? S'agit-il de quelqu'un qui a introjecté le message familial selon lequel pour être aimé, ou pour être «quelqu'un», une personne doit être cultivée, et donc aimer la littérature ou connaître la teneur des livrets des principaux opéras ? En face de tels introjects, on peut comprendre qu'il soit nécessaire de maintenir le je réel en arrière-fond, ce qui constitue aussi une rétroflection : agir sur soi pour maintenir le je le plus discret. En règle générale, quelqu'un qui présente dans son discours à soi plus de noms que de verbes indique par là une fidélité excessive à un rôle, à une fonction et limite ses possibilités de nouveauté et d'action. Comparons ces phrases : «Je veux être écrivain» et «Je veux écrire»; «Je suis professeur» et «J'enseigne». Les secondes transmettent la connotation d'une action concrète; elles impliquent plus que l'enjeu narcissique est résolu.

Les interruptions par le langage

Au chapitre 5 il fut proposé que la projection, la rétroflection, l'introjection et la confluence se manifestent aussi dans le langage. Ajoutons ici quelques illustrations supplémentaires de ces interruptions au contact qui se servent du langage. Schafer (1976, pp. 132 et 143) traite la résistance comme s'il s'agissait d'une forme d'action désavouée, c'est-à-dire comme des *projections* dans le langage : «j'ai l'esprit qui court, qui me joue des tours»; «ça m'est sorti de la tête»; «ça me donne de mauvaises idées»; «ça m'a frappé»; «les mots me sortaient de la bouche»; «ma conscience me tourmente»; «j'ai peur de le laisser sortir»; «les doutes me rongent l'esprit»; «l'excitation est partie». Et que penser de ceux-ci : «la mère m'a dit» (parlant de sa mère); «le pénis» (parlant de son propre organe sexuel); «je ressens la solitude», «le rejet», «la douleur», «le découragement», au lieu de : «je me sens seul, abandonné, découragé, j'ai mal...». Pour se désensibiliser à une trop grande souffrance, on traite ainsi les mots et les émotions comme des objets. Ces désaveux recouvrent les divers «mécanismes de défense», que l'on parle de clivage, d'isolation, de projection, d'introjection, etc.

Le patient doit d'abord apprendre qu'il parle de manière à se protéger de sa situation émotive véritable, avant de retrouver la source organique de l'émotion puis de l'action. «Ça m'est sorti de la tête» pourra devenir, par exemple, «j'ai cessé d'y penser, parce que je ne sais pas quelle décision prendre, ce qui m'angoisse et me fait sentir coupable». Les désirs se cachent de diverses manières : «as-tu entendu parler du cocktail?» n'est pas la même chose que : «j'aimerais que tu sois au cocktail». Considérons aussi ceci, adressé au thérapeute : «vous n'avez pas dit grand-chose aujourd'hui», au lieu de «dites quelque chose, je me sens frustré».

D'autres interruptions prennent la forme de *rétroflections*. Ainsi, dans un groupe, Alain dit : «Je veux parler de mes sentiments, de la manière dont je me sens,... en fait je me demande si je peux être proche des autres,... j'ai bien aimé la façon dont M. (l'animateur) a offert son soutien, tout à l'heure»..., etc. Alain se parle, il se pose à lui-même des questions auxquelles il tente aussi de trouver des réponses, de telle sorte qu'il s'interrompt, s'isole et se maintient dans l'isolement. L'élément nouveau pour Alain serait de faire une demande simple, d'obtenir une certaine satisfaction, et par là de compléter un contact. Dans un autre groupe, René exprime, depuis une vingtaine de minutes, et sur un mode rationnel, les différentes manières dont il se sent isolé et coupé des autres. André l'écoute attentivement et lui dit que cette grande solitude lui est familière, car ce thème a aussi pour lui des résonnances profondes. Voyant l'émotion poindre dans le visage de René, l'animateur lui propose : «J'ai l'impression que vous réagissez aux paroles d'André; je me demande ce qui arriverait si vous lui disiez ce que vous ressentez en ce moment?» Et René de dire : «J'aime ce que j'ai entendu...» Silence. Que s'est-il passé? Cette réponse contribue à maintenir René dans son état d'isolement et à éloigner André, l'animateur et les autres. La remarque de René pourrait être comprise comme une façon d'exprimer indirectement son antipathie pour André, ou sa crainte du rapprochement, le conduisant à une anxiété homosexuelle ou d'engouffrement, etc. Peut-être s'agit-il d'une façon pour René de se maintenir dans une position d'exceptionnalité et d'hypersélectivité dans ses relations, dans une sorte d'arrogance narcissique, etc. Ce n'est que plus tard que René a pu se sentir suffisamment accepté, même dans son refus d'André, pour confirmer, avec beaucoup de honte, que sa position première était de considérer que personne dans le groupe, et en particulier André, n'était à sa hauteur. C'était là une première étape importante pour défaire son pattern d'isolement.

En revenant maintenant à une préoccupation d'ordre général, on pourrait exprimer la position de René par la caricature suivante : «dire je plutôt que tu, et éviter de dire nous». Dire : «j'aime ce que j'ai entendu» est moins menaçant que «j'aime ce que tu me dis» et encore moins que «tu me dis que nous nous sentons isolés tous les deux semblablement» et enfin «comme toi, je me sens isolé». La peur de la *confluence* du plein contact serait, selon Isadore From (1984), une manière de formuler en termes du contact et du self, une des caractéristiques essentielles des troubles narcissiques.

La qualité du langage

Le langage aide à définir ou à atténuer la qualité de l'expérience phénoménologique. Yalom (1980, p. 387) donne comme exemple un échange avec Barry, un jeune homme dans le début de la trentaine, qui n'est pas satisfait de ses rapports amoureux avec les femmes et qui se désespère de trouver une relation satisfaisante. Un point tournant de sa thérapie fut marqué par sa réalisation qu'il ne lui fallait peut-être pas tant «trouver» que «former» une relation satisfaisante.

Miriam Polster (1981, p. 26) souligne le pouvoir des métaphores personnelles par cet autre exemple : «Un homme était profondément triste parce qu'il envisageait tous les départs qu'il avait vécus. Il quittait une profession qui l'avait jadis inspiré et à laquelle il avait consacré, avec beaucoup d'idéalisme, une part importante de sa vie, et il mettait fin à un mariage de longue durée. En décrivant sa tristesse, il dit une phrase qui pour moi était magique. Il dit : «Je suppose que je n'ai plus qu'à prendre mes bagages et partir». Je lui dis : «Il me semble que vous dites que vous ne partez pas les mains vides». Cette idée ne lui était pas encore apparue, mais elle lui sembla avoir beaucoup de sens. Il prit alors conscience de ce avec quoi il partait à la fin de cette longue période de vie».

L'usage de qualificatifs et d'évaluations comparatives peut parfois tellement atténuer la portée des mots qu'ils transforment le message intéressant en une figure ennuyeuse. Ainsi : «Je me sens forte» est plus percutant que : «Ça m'arrive, des fois, de me sentir forte». Ou encore : «Je t'en veux de...», plutôt que de dire : «C'est drôle, j'agis comme si je t'en voulais un peu, mais au fond je ne suis pas sûre de t'en vouloir, etc.»

Exemple 1. *Une qualité «légèrement» désespérante*

Voici l'exemple d'un client qui atténue constamment par des qualificatifs, l'impact de ce qu'il ressent :

C 1 : «Je ressens *comme une sorte* de désespoir, d'une qualité *légèrement* désespérante... Je ne crois pas que je sache *très bien* ce qui en est. *En partie*, je ne sais même pas si c'est important, etc.».

Plus loin, le thérapeute lui reflète, correctement, l'affect implicite et lui dit :

T 1 : «Vous semblez être impatient et fasciné à la fois».

Ce qui aide le patient à exprimer son affect, mais en l'atténuant encore :

C 2 : «Oh oui! et *presque* agressif à l'idée que ça n'avance pas plus vite... Je suis en train de faire quelque chose comme ça maintenant (ralentir) et je ne me sens pas *vraiment* bien face à cela... Je me sens *un peu* confus...»

Après un moment d'arrêt, le thérapeute poursuit :

T 2 : «A quel point vous sentez-vous impliqué?»

C 3 : «Euh... *Je crois*... J'aime apprendre. Alors, *je crois* être *aussi impliqué que possible*. Dans le sens que... (confus)».

T 3 : «Pouvez-vous remarquer comment, à chaque fois que vous avez à donner une évaluation de vous-même, vous la nuancez... Par exemple, vous dites : «*légèrement désespérant*»; «*presque agressif*»; «*aussi impliqué que possible*»; *je crois*». Vous le dites d'une façon qui laisse entendre que vous pourriez être plus impliqué que vous ne l'êtes» etc.

Les énoncés comparatifs réduisent aussi le pouvoir des mots : «Je me sens *un peu* mieux maintenant» est moins intense que : «Je me sens bien maintenant»; ou bien : «Je me sens *plus près* de toi...» plutôt que : «Je me sens près de toi». Il arrive par contre que l'usage des qualificatifs soit tout à fait conscient, choisi et nécessaire (c'est la raison pour laquelle ils existent!).

Exemple 2. Etre abstrait et ne donner que les titres

Pour Jean-Luc, parler de façon abstraite de sa relation difficile avec sa femme confine, d'une certaine manière, à n'utiliser que les titres :

J.-L. : «C'est difficile entre nous; nous avons tout essayé et ça n'a pas donné grand résultat... J'ai l'impression de tourner en rond».

T. : «Avez-vous un exemple de ce qui ne va pas?»

J.-L. : «C'est dur, il n'y a rien qui marche, tout peut se mettre à ne pas fonctionner; un rien peut déclencher la chicane»...

T. : «Pourriez-vous me parler de l'une de ces chicanes?

J.-L. : «Je ne sais plus... on se dispute trop souvent», etc.

Ce dialogue reflète l'impuissance de Jean-Luc à maîtriser concrètement ce qui se passe dans la relation. Son état d'angoisse et de découragement est tel qu'en ce moment il n'arrive pas à aborder de manière concrète le problème de sa relation; celle-ci n'est plus représentée que de manière globale, la rendant encore plus difficile à résoudre.

LES NIVEAUX DE L'EXPERIENCE

Il est futile de dresser des frontières étanches entre l'affect, la pensée ou l'image, et le geste, qui appartiennent tous à l'expérience phénoménologique. Par contre, il est utile de différencier laquelle de ces facettes domine couramment la situation actuelle. On peut ainsi associer différents verbes et certaines expressions avec l'un ou l'autre des niveaux de l'expérience. Le tableau 7.1 en présente une analyse sommaire.

Dans chacune de ces interventions, le thérapeute adopte l'un ou l'autre des modes simples ou composés qui lui sert de porte d'entrée à l'expérience du patient. Ce dernier sera souvent amené à essayer d'explorer ou de comprendre sa propre expérience à partir de cette même porte d'entrée, comme dans l'exemple qui suit, dont les éléments sont extraits et adaptés d'une entrevue d'accueil menée par P. Sifneos (1980), en psychothérapie brève d'orientation analytique. On verra en quoi ce thérapeute privilégie, dans cette entrevue du moins, le mode de la compréhension cognitive[1].

Exemple 3

T. : «Et quelle est la *première chose* dont vous vous *rappelez* à votre sujet, comme jeune enfant?»

C. : «La *première chose* dont je me *souviens*? Devrais-je me rappeler des choses joyeuses ou négatives?»

T. : «Qu'est-il arrivé à l'école? *Pourquoi* auriez-vous commencé à ne pas réussir?»

C. : «J'ai posé la *question* à mes parents et à ma grand-mère, et ils ne pouvaient se souvenir de rien. Je *suppose* que cela pouvait être dû aux conflits que mes parents avaient entre eux».

Commentaire : Le pourquoi fait appel à une explication, à la compréhension qu'a le client du problème. Le «je suppose que» est la réponse de niveau cognitif correspondant.

...

T. : «Aviez-vous *peur*?»

C. : «J'*aimais* ça et j'*avais peur* à la fois».

...

T. : «Quelle a été votre *réaction* au fait de devenir une femme? Quels étaient vos *sentiments*?»

C. : «C'était un *sentiment* d'excitation. Je me souviens que c'était excitant, mais aussi je n'étais pas sûre si je le voulais ou non, ou si je me *sentais* prête ou non».

T. : «Vous est-il alors arrivé, par hasard de *penser* à la façon dont votre père se sentirait ensuite vis-à-vis de vous?»

C. : «Je suppose que j'ai dû y *penser*. Oui».

T. : «Par exemple?»

C. : «Je suppose, je *pense* que ma relation avec mon père a probablement changé après cela. Je me suis éloignée de lui».

...

De même, comme on peut en trouver des exemples au tableau 7.1, il n'est pas rare de combiner, en une seule intervention, les divers niveaux. La question demeure cependant, à savoir quel niveau domine, ou sert de porte d'entrée. Ainsi, comparons : «Je me sens tellement en colère que

TABLEAU 7.1. — Rapports entre divers verbes ou expressions et la prédominance affective, cognitive ou comportementale de l'expérience

Type d'expérience	Expression du thérapeute	Expression du patient
Prédominance affective	«Comment vous sentez-vous?» «Qu'est-ce que vous ressentez?» «Qu'est-ce que vous ressentiez?» «Vous êtes en colère» «Vous avez de la peine»	«Je me sens déprimé» «Je ressentais de la colère» «J'ai réagi violemment»
Prédominance cognitive	«Pourquoi pensez-vous que?» «Pensez-vous que?» «Croyez-vous que?» «Et de quelle manière évaluez-vous la situation?» «Vous semblez envisager ce problème pour la première fois» «Y avez-vous cru?» «Vous dites que vous êtes déprimée; je me demande ce que vous dites dans ces moments-là»	«Je crois que telle chose est arrivée parce que....» «Je suppose que» «J'envisage que» «Je me souviens de» «J'imagine qu'un jour» «J'ai l'impression» «Vous souvenez-vous de la naissance de votre petit frère?»
Prédominance comportementale	«Que faites-vous dans ces moments-là?» «Qu'ont-ils dit?» «Qu'ont-ils fait?» «Et lorsque vous êtes revenue, vous avez quitté la maison?»	«Je fais...» «Je dis...» «J'ai parlé à...» «Je cherche à...»

Type d'expérience	Expression du thérapeute	Expression du patient
Intermédiaire cognitif/ comportemental	«Vous pensez à lui dire»	«Je pense que je vais lui dire» «J'ai l'intention de»
Intermédiaire affectif/cognitif	«Vous croyez être en colère contre lui»	«Ça m'enrage rien que d'y penser»
	«Vous êtes triste quand vous pensez à cette période de votre enfance»	«J'aimerais savoir si»
	«La pensée que votre père était aussi enjoué parfois vous rassure»	«Je pense que je vais»
	«Vous croyez que votre sentiment de honte ne partira jamais»	«Je pense que je me sentais aimé dans ces moments-là»

je crois que je vais lui dire de ne plus venir à la maison», à ceci : «Je pense que j'ai assez de colère pour lui dire de ne plus venir à la maison». Dans le premier cas, on infère que la personne ressent d'assez près sa colère, ce qui la conduit à une intention d'action; dans le second, il s'agit plutôt d'une idée, à propos d'une émotion, et d'une action, et l'énergie émotive n'a pas la même fluidité, ni la même disponibilité en vue de l'action.

PARLER DES IMAGES DE SON CORPS

Plusieurs auteurs se sont intéressés à l'image du corps (Dolto, 1984; Pankow, 1977, 1983; Schilder, 1935/1968). Derome (1988) en a récemment montré la pertinence et l'usage diagnostique, pour une diversité de phénomènes cliniques. Selon Derome, l'image du corps est le noyau du sentiment d'identité et formerait une *Gestalt* dynamique qui permet la synthèse vivante du self orienté vers l'action et un but. C'est une réalité «historique», contrairement au schéma corporel qui lui est bien plus une réalité biologique constitutionnelle. Ainsi, l'image du corps se structure à partir de l'expérience et de l'intériorisation des relations préverbales, alors que le schéma corporel se structure à partir de la maturation neuro-physiologique et de l'apprentissage. L'image dynamique du corps permet à chacun de se sentir dans une «mêmeté d'être»; par la stabilité relative des frontières corporelles du soi elle facilite la recherche du contact d'un objet externe en tant qu'autre : le Je corporel peut mieux rechercher le Tu en tant que différent.

L'image corporelle est aussi dépendante du langage et de la culture. Derome (1988, tableau 1) a colligé un certain nombre d'exemples de métaphores corporelles permettant d'établir des liens entre l'image du corps, les zones érogènes, le développement et les niveaux d'organisation psychopathologique. Ainsi, au stade précoce d'angoisse de morcellement, caractéristique de la psychose, on retrouve dans le langage des expressions comme : «je me sens en mille miettes», «il me vide, me siphonne», «je t'avale pas», «je te dévore des yeux». Ces phénomènes sont d'ailleurs à mettre en rapport avec l'incorporation et l'introjection, discutés aux chapitres 5 et 6.

Le niveau plus avancé correspond aux étapes de la séparation-individuation, où l'angoisse est celle d'être abandonné par l'objet ou d'être envahi par lui (Coornerty, 1986). Les fantasmes d'intrusion s'expriment ainsi : «il semble y avoir quelqu'un là-dedans, mais je peux à peine la voir, elle est en train d'être avalée par ce monstre ici» (Coonerty, 1986, p. 510). Par exemple, un patient rêve en établissant directement un lien avec lui-même, qu'un mammifère pond un œuf. Cet œuf s'ouvre et laisse apparaître un reptile déformé, qui devient aussitôt un serpent, déformé lui aussi ; le rêve se poursuit par la ponte d'un second œuf, qui lui, donne naissance à une sorte de fœtus, déformé. Ces images du corps correspondent à la période d'éclosion (*hatching*) décrite par Mahler (1968, 1975), et reflètent ici une transformation, mais aussi une déformation, une blessure.

A la phase suivante des essais (*practicing*), qui est une période de grand narcissisme, les thèmes de l'image du corps sont associés à la contemplation : «une fille se regarde dans le miroir, comme hypnotisée», «je peux pas le voir en portrait», «se regarder en face», «il est si petit que c'est un ver comparé aux autres». Ainsi, un patient du début de la quarantaine, en santé, sportif, grand, fort et costaud mais profondément blessé narcissiquement évoquera tout au long de sa thérapie qui durera plus de quatre ans, diverses images de son «moi profond». Au début : «je ne sais pas, je suis comme un espace éclaté, une suite de planètes éloignées les unes des autres, sans point de gravité, avec plein de vides au milieu»; ou bien : «ça n'a pas de vie en-dedans, c'est comme un cristal liquide»; après 14 mois de thérapie, ses images oscillaient entre la fourmi et *superman* et il parlait en ces termes : «tout est si lourd, je suis une fourmi, une fourmi très lourde, qui a tout le poids du monde sur ses épaules»; ou bien ceci, dit avec un sourire embarrassé : «je me construis, je me muscle, je cherche un corps parfait... comme *superman* en fait»; après 30 mois de thérapie apparurent des images plus évoluées : «je suis un petit garçon triste, abandonné, terrifié, et surtout... impuissant à se faire aimer»; enfin : «au fond tout réside dans mon rapport à moi-même ; quand ce rapport est bon, je me sens mieux et mes humeurs sont moins changeantes ; alors, il m'est plus tolérable d'aborder une personne étrangère et d'être timide...» etc.

Pour illustrer la phase suivante du rapprochement, on peut donner l'exemple d'un autre patient, qui annule systématiquement sa seconde séance de thérapie après l'avoir réclamée avec insistance. Il résiste au fait de laisser le thérapeute (et quiconque) devenir important dans sa vie et discute toutes les interventions interprétatives de celui-ci. Un jour, il résume son dilemme par cette phrase, que le contexte permet à la fois d'entendre littéralement tout autant que figurativement : «aidez-moi... mais ne me touchez pas», ce dont, bien entendu il n'était pas question dans la réalité thérapeutique. Une autre dira : «dans mon rêve, j'étais dans une pièce avec plein de gens, qui faisaient chacun quelque chose, mais chacun était pris avec les autres, on se débattait dans tous les sens, mais quoique je fasse, je ne parvenais pas à me libérer» (Coonerty, 1986, p. 511).

RESUME

Dans la situation globale de la psychothérapie, le langage occupe une place prépondérante, sans être exclusive. Il détermine l'expérience phénoménologique tout autant qu'il en dépend. Le langage est l'une des fonctions du contact. Le patient en psychothérapie ressent une exigence de parler, et s'il réussit à prendre la parole, il met le langage au service du contact. Ceci se produit lorsqu'il s'intègre de façon harmonieuse aux niveaux suivants pour former un tout : a) l'aspect physique de la parole énoncée ou de son écoute; b) la pensée ou le contenu de ce qui est dit; c) les autoverbalisations issues de la répétition des situations verbales inachevées; d) les aperceptions silencieuses des images, des sensations, des ressentis corporels; e) les contenus plus archaïques, issus de la communication prépersonnelle et préverbale de la petite enfance (zéro à 24 mois).

Le discours névrotique se définit comme une dysharmonie de ces éléments, lorsque le langage est utilisé «au lieu de» et non «au service de» ce qui cherche à se dire. L'abus de langage équivaut à la formation d'une personnalité «verbalisante», constituée par un discours ennuyant, imprécis, sans affect, rempli d'un jargon inefficace, sans pertinence avec le contexte actuel. Enfin, le langage permet au thérapeute d'avoir accès aux niveaux de l'expérience phénoménologique, à la fonction-personnalité, aux diverses formes d'interruption actuelle de la fonction-je (introjection, projection, etc.) et à l'image du corps.

NOTE

[1] Les mots en italique indiquent les correspondances de niveau (affectif, cognitif, comportemental) entre l'intervention du thérapeute et la réponse du patient.

Chapitre 8
Dire les rêves

RAPPEL DE LA CONTRIBUTION DE FREUD

Elucider le sens obscur des images du rêve, trouver la clef des songes, comme on disait autrefois, est une ancienne fascination. Comme chacun le sait, l'étude des rêves[1] a fourni à Freud l'occasion d'élaborer un premier modèle du fonctionnement de la psyché (Freud, 1900/1967). Et pour montrer la continuité d'esprit entre les fondateurs de la Gestalt-thérapie et le fondateur de la psychanalyse sur ce point, on peut citer Goodman : «Quant à la structure de la pensée et de l'image, Freud nous l'a enseignée de façon indélébile dans *l'interprétation des rêves*» (Perls et al., II, 1). Il nous invite donc à relire ce Freud de la première heure, mais avec un regard phénoménologique.

C'est dans l'interprétation des rêves que Freud articule sa première topique, où il distingue l'inconscient, le préconscient et le conscient (voir chapitre 4). C'est là qu'il met à jour les modalités du processus primaire qui est le mode de l'inconscient, où l'énergie psychique passe avec facilité d'une représentation à une autre, par la condensation et le déplacement. Enfin, c'est là qu'il traite du symbolisme dans les rêves. Cette clef des songes serait donnée, selon lui, par le fait de la constance, d'un rêve à l'autre, et d'un individu à l'autre, des rapports entre le symbole (contenu manifeste) et le symbolisé (contenu latent). Cet attrait pour l'élucidation du code n'exclut pas cependant le travail d'interprétation individuelle fondé sur les associations du rêveur.

Il faut donc bien comprendre que le «travail du rêve» décrit chez Freud le processus qui transforme les idées latentes (ce qui est caché) en un contenu manifeste (ce que le rêve raconte), au moyen surtout de la condensation, du déplacement et du symbolisme. Il serait naïf de croire que le rêve (manifeste) ait l'air de vouloir dire ce qu'il semble dire. Sa signification profonde, réelle, est latente et inconsciente. Moins un rêve est transparent, en ce sens que son contenu manifeste ne donne de signe d'être relié à un désir évident, plus il a subi une déformation considérable et pour cette raison, il ne peut être jugé à première vue (Freud, 1916-1917/1983, p. 117). Nous sommes loin de l'attitude phénoménologique sur ce point. Moins un rêve est clair, plus il a subi une transformation, plus l'inconscient a exercé son œuvre. Par contraste, le travail du rêve est réduit à son minimum dans les rêves d'enfants, les contenus manifestes et les idées coïncidant presque complètement, la pensée (v.g. «j'aimerais aller sur le lac») étant transformée en expérience hallucinatoire (v.g. l'enfant rêve qu'il est sur le lac). Et il est aisé d'interpréter l'un par l'autre.

Et pour Freud, la pensée cachée, inconsciente, du rêve est une pensée «normale», qui n'est soumise à un traitement psychique «anormal» du genre de celui exercé par les processus primaires à l'œuvre dans le travail du rêve que parce qu'un désir inconscient intolérable ou inacceptable, d'origine infantile, et actuellement refoulé, lui est attaché (*L'interprétation des rêves*, p. 508).

Les relations postulées par Freud entre le contenu manifeste et les idées latentes sont multiples : a) le remplacement d'un contenu manifeste par un fragment de l'idée latente; b) le remplacement par une allusion; c) l'élément manifeste comme représentation plastique et concrète de l'élément latent; d) la relation symbolique. Le travail du psychanalyste consiste alors à interpréter, ce qui veut dire traduire, tenter de défaire la déformation et remplacer le contenu manifeste (peu intéressant en soi) par les idées latentes qui lui sont attachées : ce qui est caché et seul digne d'intérêt.

La méthode de Freud

Mais ce travail d'interprétation est incertain et selon Freud, il découle en partie de notre manque de connaissance et du fait que les symboles du rêve possèdent plusieurs significations. On ne peut espérer parvenir à une interprétation correcte qu'en évaluant à chaque occasion le contexte particulier, «comme dans l'écriture chinoise» (*L'interprétation des rêves*, 303). Ce qui implique, en termes de méthode, de considérer les relations entre chaque élément du rêve et son substrat inconscient en invitant le rêveur à associer sur chaque élément, l'un à la suite de l'autre. La contribution du rêveur comme sujet créateur de son propre rêve est aussi sollicitée par Freud : «In the process of transforming a thought into a visual image, a peculiar faculty is revealed by dreamers, and an analyst is rarely equal to following it with his guesses. It will therefore give him real satisfaction if the intuitive perception of the dreamer — the creator of these representations — is able to explain their meaning» (*The Interpretation of Dreams*, note infra-paginale, p. 396, de l'édition anglaise seulement). Mais plus loin, il revient à un critère extérieur au sujet, celui de la validité conceptuelle : «Nous pourrions nous justifier aussi en alléguant la solution des symptômes hystériques, dont l'exactitude est prouvée par l'apparition et la disparition des symptômes à la place indiquée...» (Freud, 1900/1967, p. 448).

En psychothérapie phénoménologique-existentielle, on retient de la contribution de Freud sur les rêves, les éléments suivants. D'abord, la structure des rapports entre la pensée et l'image; le rêve parle en images, qui elles renvoient à des pensées (désirs) désavouées, qu'il s'agira de faire revivre et de mettre en mots. Cette structure est définie par le mode du processus primaire, surtout la condensation et le déplacement, qu'un thérapeute existentiel saura mettre à profit. De même, le symbolisme individuel (et non universel) des rêves est d'un grand intérêt. Enfin, Freud suggérait de demander au rêveur d'associer à partir de chaque élément du rêve. La méthode «classique» d'aborder les rêves en Gestalt-thérapie s'inspire de celle de Freud, avec toutefois des différences importantes.

DIFFERENCES FONDAMENTALES

Si Perls-Goodman reconnaissent explicitement leur dette à Freud relativement aux aspects mentionnés plus haut, il existe par contre au moins trois différences fondamentales entre la vision freudienne et la vision existentielle du rêve.

Déchiffrer ou faire vivre

Le but n'est pas d'interpréter le rêve, mais de le considérer comme l'occasion d'une expression et d'une découverte à la zone de contact.

Plutôt que de chercher à déchiffrer en discutant, le thérapeute existentiel verra dans le rêve l'occasion d'une expérience nouvelle, une manière de faire vivre. Pour illustrer cette distinction, voici un extrait d'une lettre d'une thérapeute d'orientation psychodynamique intéressée par l'approche gestaltiste du rêve : «L'autre jour, pendant une entrevue où une patiente rapporte un rêve [elle découvre un diamant — en fait elle le trouve —, un beau diamant très gros, rond et lourd, elle le ramasse et le garde pour elle], je me suis dit qu'au lieu de demander la sempiternelle association sur le diamant, je lui demanderais d'être le diamant et de le faire parler. Quelle surprise d'entendre cette patiente, déprimée profonde (34 ans, un enfant, un mari qui a mal au dos, elle qui a peur de vieillir, des migraines et pas de jouissance), quelle surprise d'entendre cette patiente me dire avec une réelle présence : «Je suis brillante, j'ai de la valeur, je suis durable».

Toute interprétation symbolique se concentre sur la structure du contenu

Deuxièmement, si la distinction construite par Freud entre le contenu manifeste et les idées latentes est remarquable au plan théorique, son travail concret d'exploration et de compréhension n'a pas pu procéder autrement qu'en observant le contenu manifeste. Comme le rappellent Perls-Goodman : *toute interprétation symbolique se concentre sur la structure du contenu* (Perls *et al.*, II, 1). En conséquence, si Freud prétend accéder à l'idée latente par le biais du contenu manifeste, en pratique il procède à partir d'une inférence, dans la mesure où il ne peut avoir accès qu'à ce que le rêveur dit, à moins d'être absolument confiant d'avoir trouvé la clef universelle de la symbolique des songes.

Il se dégage par contraste de l'entreprise gestaltiste un projet de compréhension et d'intervention phénoménologique du rêve : «Nous nous proposons de considérer l'expérience actuelle comme un critère autonome donné; c'est-à-dire de prendre la structure dynamique non pas comme l'indice d'un ‹inconscient› inconnu ou un symptôme, mais comme la chose importante» (Perls *et al.*, II, 1).

Pour ce faire, il faut voir les éléments du rêve non comme un message codé d'un désir inconscient, mais comme une apparence à dévoiler. Cela n'est possible que si on cesse d'assumer l'existence de significations cachées et différentes derrière le sens qui se dévoile à nous directement à partir des contenus rêvés (voir Boss, 1977, p. 25). Pour reprendre un exemple discuté au chapitre 7, un patient qui fut un enfant affligé d'une forte symptomatologie obsessionnelle dans son enfance, rêve qu'un mammifère pond un œuf. Cet œuf s'ouvre et apparaît un reptile déformé, qui devient aussitôt un serpent, déformé lui aussi; le rêve se poursuit par la ponte d'un second œuf, qui lui, donne naissance à une sorte de fœtus, déformé. Doit-on immédiatement penser à une équivalence entre le serpent déformé et le phallus déformé, castré? Peut-on aussi penser que ce patient exprime en images ce qu'il imagine avoir été, pour sa mère, le sentiment de donner naissance à un tel être difforme (son self)? Peut-on y entendre une allusion transférentielle? Annonce-t-il ainsi le début de son deuil de l'image idéale de lui-même? etc. Nous avons besoin de la suite des élaborations du rêveur, et du contexte, pour éviter d'avancer à tâtons. Le rêve n'offre pas en soi, sa propre signification. Le thérapeute existentiel ne croit pas posséder le code qui lui permettrait de déchiffrer le sens des rêves. Il cherche à le construire avec son patient. Le discours et les écrits de bien des analystes laissent par contre entendre qu'ils croient en détenir le secret.

«Faire» ou «avoir» un rêve

Troisièmement, l'analyste, de manière cohérente avec la théorie freudienne de la conscience, considère que le rêve provient des couches profondes de la personnalité, de l'inconscient, encourageant par là indirectement le désaveu par projection (c'est mon inconscient, ce n'est pas moi).

En thérapie existentielle, on porte à l'attention du patient qu'il crée lui-même ses rêves, comme Freud l'admettait dans la citation donnée plus haut. C'est lui, et non pas son inconscient, qui les fait : affirmer «avoir» un rêve peut encourager la projection et l'analyse détachée. Dire au patient qu'il a «fait» un rêve peut contribuer à développer une attitude qui en facilite l'intégration. Par exemple, si le patient raconte son rêve ainsi : «J'étais au milieu d'un lac tranquille, puis tout à coup la chaloupe prenait l'eau; j'ai essayé de nager mais j'étais épuisé...», on pourra lui suggérer qu'il en considère le récit, comme s'il le rêvait plutôt en ce moment : «Je suis au milieu d'un lac tranquille... la chaloupe prend l'eau... je coule... j'essaye de nager... je suis épuisé... pourquoi vous ne venez pas à ma rescousse (pleurs)...». De cette manière, on espère dévoiler la structure du contenu dans son contexte actuel, et que les phénomènes donneront leur propre leçon, dans le champ de la relation patient-thérapeute.

LA CONCEPTION GESTALTISTE DU REVE

En Gestalt-thérapie, le rêve occupe une place importante. Perls (1969) a développé une méthode pour le travailler comme une expérience actuelle de projection; Polster et Polster (1974/1983) y voient des métaphores pour favoriser de nouveaux contacts; enfin, From (1978a; 1984) le considère comme une rétroflection, élaborée pour être dite au thérapeute, et qui contient la perception que se fait le patient de l'état de leur relation immédiate.

CHAQUE ELEMENT DU REVE EST UNE PROJECTION

Perls (1969) a emprunté à Otto Rank l'idée que les éléments du rêve sont des projections des parties désavouées du self. Chaque élément, objet, animal, personne, paysage, couleur, etc., peut être considéré comme une projection. Polster et Polster (1974, p. 267) citent l'exemple suivant de Perls (1969) : «Un patient rêve qu'il quitte mon bureau et se rend à *Central Park*. Il traverse un petit pont, vers le parc. Alors je lui demande : «Maintenant devenez le petit pont». Sa réponse indignée fut la suivante : «Quoi? et laisser tout le monde me chier et me cracher dessus?». L'image du pont contient ici un sentiment pénible d'humiliation, désavoué par le self.

Le désaveu par la projection est le contraire de l'identification : une personne rêve d'une mine enfouie dans le sol, désavouant la frustration qu'elle redoute en elle-même. En s'identifiant à la mine, elle pourra peut-être la retrouver («je suis une mine, je pourrais vous sauter en pleine figure»). Une autre, qui rêve à des robes luxuriantes, travaillées et originales, s'étonne de s'entendre dire, en s'identifiant à l'une de ces robes «Je suis belle et raffinée», ce qui la rapproche de sa peur des conséquences de la compétition avec les autres femmes (et avec sa mère?).

LE REVE COMME METAPHORE PERSONNELLE

La deuxième approche est celle de Polster et Polster (1974/1983, pp. 272-283). Pour eux, les rêves sont plus que des projections. Ils font remarquer comment Perls utilise lui-même cet aspect ouvert et créateur du rêve comme métaphore (celui de Jean, voir Perls, 1969), lorsqu'il porte attention tantôt à un élément qu'il traite comme une projection, tantôt à l'émergence d'un sentiment, tantôt à un ressenti corporel, puis aux possibilités de créer un nouveau rapport avec la mère de la rêveuse. Selon eux (Polster et Polster, 1974, p. 269) : «Le rêve est une scène sur laquelle on peut activer le contact pour dépeindre l'existence actuelle du rêveur». Ils fusionnent donc l'idée de la projection et celle du contact, de façon cohérente avec la théorie du self.

Polster et Polster (1974, p. 267), influencés par l'idée jungienne des métaphores personnelles, et par l'idée d'envisager de façon directe chaque élément du rêve, montrent l'avantage de créer une interaction phénoménologique entre les aspects du self contenus/projetés, et les aspects qui proviennent des qualités que l'élément lui-même inspire, de façon métaphorique. Reprenant l'exemple du petit pont cité par Perls (1969), on peut bien sûr s'arrêter au premier sens, sur le refus de se faire cracher dessus, mais cela a l'inconvénient de délaisser d'autres sens, plus positifs, que l'imagerie d'un pont évoque tout aussi bien : avoir une direction, être gracile, élégant, etc.

Cette façon de voir le travail du rêve correspond très bien au style d'intervention qui caractérise Polster et Polster : sensibles aux ressources, aux éléments positifs et uniques contenus dans chaque situation, chez chaque personne, dans la meilleure tradition de la psychologie humaniste américaine. D'autres y voient un risque d'une certaine naiveté quant aux forces agressives et destructrices contenues dans la pathologie, avec lesquelles il faut aussi être en contact, pour permettre au patient d'intégrer ces aspects de son self. Car en effet, si l'on prend la piste de l'humiliation, cela devrait inévitablement nous conduire aux blessures narcissiques, et à la rage.

LA METHODE «CLASSIQUE» POUR FAIRE DE LA GESTALT-THERAPIE A PARTIR D'UN REVE

Nous avons exposé deux des trois approches gestaltistes du rêve. Les exigences de la pratique conduisent le thérapeute à chercher à mobiliser sa sensibilité pour offrir une réponse pertinente et sans cesse renouvelée à la dynamique de l'interaction actuelle. Aucune technique ne peut prétendre remplacer le besoin d'une présence. Néanmoins, nous croyons utile de décrire dans ce qui suit les éléments de la méthode typique de faire de la Gestalt-thérapie à partir d'un rêve.

Voici le rêve d'une femme de 37 ans, sans enfant, qui se dit prête à renoncer à la maternité, mais qui ajoute que cette pensée la rend tellement triste, qu'elle en est bouleversée. Son ambivalence l'envahit : «J'ai rêvé d'un parc où il y avait deux gros écureuils et un chaton, petit et hideux, qui essayait de boire aux mamelles des écureuils. Ceux-ci ne s'intéressaient pas au petit chat. Mais je voyais le lait qui sortait des mamelles de l'écureuil et qui se perdait». Voyons maintenant les étapes types de la méthode :

a) La première étape consiste à permettre au rêveur de s'orienter face au travail. Plusieurs patients sont, par exemple, surpris de l'idée qu'ils puissent se retrouver dans chaque élément du rêve. C'est une découverte qu'ils pourront faire progressivement. Pour aider à ce que cette expérience soit vécue comme une expérience actuelle, on peut suggérer au patient de dire son rêve comme s'il le rêvait à nouveau, en ce moment. Ainsi : «Je suis dans un parc. Je vois deux gros écureuils, etc.».

b) Il s'agit ensuite de faire apparaître à nouveau chaque élément et de l'explorer par identification. Mais plutôt que d'encourager le patient à associer sur le rêve, à propos des éléments, un peu comme suit : «un écureuil, je me demande à quoi ça me fait penser, c'est petit, c'est rapide, quand j'en vois un dans un parc, etc.»; on pense qu'il est préférable que le patient *devienne* l'élément; ainsi : «Je suis un écureuil; une maman écureuil, avec de grosses mamelles, je suis inquiète, etc.». Ensuite, il faut voir que chaque élément compte : le parc, les deux écureuils, le chaton, la laideur du chaton, les mamelles, l'indifférence et même, et peut-être surtout, le lait qui est perdu, pour lequel on peut imaginer l'élaboration suivante : «Je suis le lait qui donne la vie, mais il n'y a personne pour me boire».

Le choix des éléments avec lesquels travailler importe : Perls utilise souvent celui qui évoque le plus d'énergie; Simkin, pour sa part, intuitionne l'élément absent, par exemple, dans un rêve où le rêveur pilote seul un avion, il manquera un copilote. Ces principes sont utiles, mais il semble tout aussi important de laisser le patient choisir et exercer sa fonction-je, quitte à laisser certains patients choisir des éléments secondaires, moins «chauds», nourrissant leur résistance, qui elle, pourra toujours être ramenée en surface (c'est-à-dire «interprétée»).

c) Plus tard, il est possible de suggérer d'exercer un dialogue entre deux parties particulièrement significatives, comme entre un des écureuils et le chaton :

– Chaton : «Je veux ton lait, j'ai faim; pourquoi ne t'intéresses-tu pas à moi?»

– Ecureuil : «Je ne peux pas te nourrir».

– Chaton : Silence. Puis des pleurs et de la rage : «Je te déteste; ton lait n'est pas bon». Puis s'adressant à sa mère : tu ne m'as pas aimée; tu étais trop prise à t'occuper de papa (l'autre écureuil?) qui était toujours malade; c'est lui le seul amour de ta vie... Pleurs. Je ne veux pas donner ce que je n'ai pas reçu (i.e., je ne veux pas avoir d'enfant, car c'est moi encore le chaton privé d'amour).

Le rêveur peut parfois tenter de mimer l'un et l'autre élément, en tentant de faire ressentir les différences entre les deux. Par exemple, le chat est souple et rapide ; l'écureuil est bien campé sur ses pattes et il est aussi rapide, etc. De quelle façon le patient ressent-il son soutien vertébral ? Comment distribue-t-il sa sensibilité, entre les côtés gauche et droit de son corps ? etc.

d) Enfin, une autre possibilité s'offre au rêveur d'imaginer une nouvelle version de son rêve : le chaton trouvera-t-il le lait ? A quelles conditions ? etc.

Plusieurs ont fait remarquer que cette approche du rêve s'apparente à la méthode du psychodrame de Moreno. Une différence essentielle subsiste toutefois, car en Gestalt-thérapie, le but recherché est d'améliorer la qualité de l'expérience phénoménologique à la zone de contact, alors que le psychodrame met surtout l'accent sur l'extériorisation, l'expression, et la mise en acte, qui ne sont que la forme extérieure de l'expérience.

Le rêve du champ de mines

Nous présentons maintenant une adaptation d'un travail fait à partir d'un autre rêve, dans un groupe, qui illustre bien la «méthode classique» exposée plus haut, et les tentatives de traiter chaque élément comme une projection. Nous remarquerons aussi que la thérapeute est surtout sensible au sens donné par le registre contemporain ; qu'elle traite l'allusion au registre du passé (la colère contre la mère) en le ramenant à une expérimentation, dans l'ici-et-maintenant ; et enfin, qu'elle ignore complètement le registre de leur relation immédiate.

La rêveuse, Carole, est une travailleuse sociale de 26 ans, célibataire, sans enfant. La thérapeute est une femme d'un âge respectable. Voici le rêve : «J'ai rêvé à une de mes patientes, que je n'ai pas vue depuis un an (une de mes premières patientes). Elle est très impulsive et agressive. Elle dit : «J'ai une bombe, je l'ai avalée. Je m'approche pour l'embrasser et lui dire au revoir. Je sens un danger. Je me retrouve au milieu d'un champ de mines. Je porte un casque et je conduis une jeep. Puis je vois une femme à moitié nue, sans tête. Je la regarde et je m'en vais. Je reviens à ma patiente, mais là tous les gens sont morts». La rêveuse ajoute ceci : «Il y a deux images qui me reviennent en ce moment, quand je veux me rapprocher de quelqu'un : j'embrasse la personne, et je vois la femme sans tête».

T 1 : «O.K. Voulez-vous devenir cette patiente de 16 ans».

P 1 : «C'est affreux... Je me sens seule... en colère» (d'une voix retenue).

T 2 : «Vous avalez votre colère».

P 2 : «Hmh! Hmh!»

T 3 : «Devenez l'armure : la tête casquée».

P 3 : «J'ai une tête très solide. Il n'y a rien qui peut la transpercer».

T 4 : «Et si vous êtes la femme qui n'a pas de tête?»

P 4 : «Je ne veux pas être cette femme».

T 5 : «O.K. Devenez le champ de mines».

P 5 : «Faites attention : je pourrais vous exploser à la figure».

T 6 : «Qui cherchez-vous à tuer avec la mine?»

P 6 : ... (après un assez long silence) «Ma mère, je crois».

T 7 : «Pourriez-vous établir un dialogue entre vous et votre mère?»

P 7 : «O.K. Maman, je suis fâchée avec toi» (d'une voix retenue).

T 8 : «Je n'entends pas votre colère. Il semble que vous soyiez encore en train d'avaler la bombe».

P 8 : (Acquiesce du menton)

T 9 : «Il m'est venu une idée. J'ai l'impression que vous lui parlez maintenant de la même manière qu'elle s'y prenait pour vous adresser la parole : elle se retenait?»

P 9 : «Hmh. Hmh...»

T 10 : «Devenez votre mère, maintenant».

P 10 :... (après un certain temps) «Je n'y arrive pas».

T 11 : «J'ai une autre suggestion, pour vous aider à perdre la tête : tournez votre tête, prenez une respiration, puis en vous retournant rapidement vers elle (votre mère), alors dites lui quelque chose, rapidement».

P 11 : (Tente l'expérience et dit :) «Va chier». (Etonnée, émue et excitée).

T 12 : (après un moment de silence) «En vous identifiant à votre mère, vous l'amenez constamment avec vous. Comment êtes-vous différente d'elle? Pouvez-vous vous moquer d'elle?»

P 12 : (Tire la langue et dit, amusée :) «Je n'ai pas l'habitude de faire cela».

T 13 : «Comment vous sentez-vous?»

P 13 : «Excitée».

T 14 : «Vous n'avez pas à perdre votre tête, vous pouvez l'utiliser, et développer votre perspective propre. On a vu comment, par contre, vous la retenez, cette tête, comme votre mère... On peut interrompre ici ?»
P 14 : «Oui. Merci».
T 15 : «Merci à vous».

Commentaire

Ce travail illustre plusieurs aspects de la méthode «classique» qui consiste principalement à tenter de dissoudre les projections. On voit comment virtuellement chaque élément est utilisé, en succession. Mais on peut s'interroger sur la valeur à long terme d'un tel échange, qui en est resté aux étapes de pré-contact et de contact, atteignant pour un bref moment le niveau du plein contact (en P 11 et P 12). De plus, les émotions ont été exprimées sur le mode du registre contemporain et partiellement, sur celui de l'histoire passée, la thérapeute préférant plonger la patiente dans une «expérience de Gestalt avec les rêves», plutôt que de choisir d'être présente à la vivacité de leur rencontre immédiate (Buber). Compte tenu du contexte restreint (c'est un groupe de formation), nous croyons que le travail a pu se rendre aussi loin que possible. Mais sur le registre de la relation immédiate, d'autres avenues auraient pu être explorées.

Ainsi, on pourra être frappé par l'importance de la thématique du rapprochement et de l'intimité qui conduisent au danger. On peut se demander de quelle manière cette situation inachevée se joue, dans cet échange, dans le contact patient-thérapeute. On pourrait considérer divers commentaires comme des allusions transférentielles, par l'âge choisi (16 ans), par l'apparente complicité de la patiente qui se conforme aux suggestions, et le risque de répétition que cela implique. D'autres encore seront touchés par l'impression de solitude et de désolation qui règne dans le rêve, etc. En gardant cette perspective à l'esprit, on constate que la thérapeute redirige l'intensité de la charge d'agressivité/désolation contenue dans le rêve vers le personnage de la mère, en en faisant une expérimentation aux fins de démonstration. On pourrait spéculer sur le fait que l'évitement du registre de leur relation est une manière, pour la thérapeute, de se protéger de cette charge.

Ces niveaux d'échange thérapeute/mère-fille pourraient être explorés de façon intense, soutenue et répétée, sur de longues périodes (plusieurs mois), dans leurs diverses facettes : fille (16 ans)-mère, fille (5 ans)-mère ; fille en tant que sa mère (voir en P 1, P 7, etc.) ; la thérapeute assimilée à la mère; la thérapeute traitée par la patiente de la même manière que la mère traitait la fille (voir la remarque en T 9); la thérapeute qui se distancie et se défend contre l'agressivité de la patiente, comme la mère le faisait, etc.

En somme, comme le rappelle From, au moins certains rêves ont avantage à être entendus comme s'adressant au registre de la relation immédiate; ils sont faits pour être dits au thérapeute, si ce dernier veut bien se rendre présent. C'est ce que nous abordons maintenant.

CERTAINS REVES SONT FAITS POUR ETRE DITS AU THERAPEUTE

La méthode de travail du rêve proposée par Perls est une variante de la méthode de Freud, en ce sens que chaque élément sert de base aux élaborations suggérées au rêveur. La pratique psychodynamique plus récente par contre, diffère de l'approche freudienne originale, et considère que de façon informelle, le rêveur cherchera à résoudre, dans le reste de la séance, même en parlant apparemment d'autre chose, l'énigme posée par le rêve. La méthode de From est à rapprocher de cette dernière tendance, avec toutefois, des différences importantes.

Pour Isadore From (1978a; 1984), un rêve est souvent un message d'auto-régulation du self qu'il faut comprendre dans le contexte du champ relationnel patient-thérapeute comme une rétroflection, créée pour être dite au thérapeute. Dans ce contexte, on peut faire remarquer que Freud (1905/1975) avait noté que «le transfert est représenté, dans le second rêve de Dora, par plusieurs allusions claires» (p. 89). From ajoute que le fait de dire le rêve (*the telling of the dream*) est l'occasion de défaire la rétroflection. De façon particulière, un rêve produit avant ou après une séance est souvent une façon pour le patient d'annoncer au thérapeute ce qu'il ressent dans leur relation : un obstacle, un attachement, un désir, qu'il est angoissant ou risqué d'exprimer. Voyons un premier exemple d'un tel rêve.

Les araignées dans le sable

C'est un homme dans le début de la quarantaine, marié, avec deux enfants. Très replié sur soi, de personnalité schizoïde, il est déprimé et suicidaire; il ne travaille plus depuis un an, au moment de la première consultation.

A la séance qui précède le rêve (séance #43), pour la première fois il a parlé du mur, en fait de la forteresse qu'il a construit entre lui-même et les autres, et de son angoisse profonde d'y être enfermé, seul. Sa mère était la seule personne assez proche de lui, pour qu'il puisse la sentir, même depuis l'intérieur de sa forteresse. Ce n'est pas qu'elle était si proche, mais elle était là, il y avait quelqu'un. Quant à sa femme, il la voit comme moins grande et moins forte que sa mère ne l'était; elle ne peut pas le comprendre, il se sent seul, avec elle, même quand elle est blottie contre lui. En ce qui concerne la relation immédiate avec le thérapeute, elle commence à poindre, par la reconnaissance de l'importance de l'aspect positif du transfert, à savoir que le thérapeute lui, semble le comprendre, et qu'à chaque séance où il n'y a pas momentanément de mur, le patient se sent moins angoissé et moins déprimé, parce qu'il sent quelqu'un. En termes des figures archaïques, le thérapeute commence à exister, à l'intérieur du mur, comme la mère, comme présence qui comprend.

A la séance suivante, le patient dit ceci : «c'est drôle, j'ai rêvé l'autre jour (la nuit qui a suivi la séance); d'habitude je ne rêve pas. Rires. C'est bizarre. J'ai rêvé que je me promenais sur une plage, puis qu'après ça il y avait un tunnel noir, puis une autre plage, de même, puis un autre tunnel. Sur la plage, c'était clair, plein de lumière. A terre, dans le sable, je voyais très clairement des contours en forme d'ovale. Puis, à côté de moi, il y avait un inconnu qui me disait as-tu vu ça, c'est des araignées, qui se sont enterrées dans le sable. Regarde au centre, il y a comme une tête. Puis là bâtard, je les voyais, pis je les évitais. Pis il y en avait d'autres».

Silence. Puis le thérapeute demande : «Qu'est-ce qui vous vient à l'esprit par rapport à votre rêve ?»

P. : «Je ne sais pas. J'avais peur et ça me faisait du bien en même temps de voir qu'il y avait quelqu'un». Silence, dans l'expectative.

T. : «La dernière fois on avait parlé du mur, de votre mère, de votre femme, puis de comment vous vous sentiez souvent seul et incompris, sauf par moments. Je me demande si votre rêve, que vous avez fait après la dernière séance, n'est pas une façon de parler de la même chose encore et peut-être de vouloir dire comment vous me voyez dans tout ça».

P. : Un léger sourire apparaît. «C'est drôle, j'y avais un peu pensé. J'ai l'impression que c'est vous là dedans, puis des fois je me sens comme dans un tunnel, puis après il y a de la lumière».

L'hypothèse de From a le grand mérite de ramener au cœur du travail thérapeutique le niveau du registre de la relation immédiate, là où se jouent les enjeux du transfert-contre-transfert. Certains rêves constituent ainsi une «répétition générale» de ce qui sera rejoué dans la séance, si le thérapeute encourage ce travail; ce sera alors l'occasion d'exprimer ce qui n'a pu l'être, ce qui est incomplet pour le patient. Le contenu de ce qui a été interrompu et rétrofléchi dans les séances précédentes se retrouve alors souvent dans le rêve.

Il n'est pas essentiel d'avoir accès au rêve en entier, dans la mesure où l'expression active, la manière de dire, à partir du rêve, contient toute la richesse de l'expérience de contact. Enfin, From (1978a; 1984) souligne l'avantage de travailler un rêve, dans la mesure où le self y organise la thérapie de façon complexe et pertinente, alors que si on demande au patient ce sur quoi il veut travailler, ce qu'il dit penser être prêt à aborder n'est pas toujours des plus importants (c'est le cas des thérapies sans fin, qui reviennent sans cesse sur le «problème du jour»). Voici un exemple d'une tentative de mettre à profit l'hypothèse de From.

Le rêve des deux quakers

Denis est un artisan-potier très cultivé de 42 ans, divorcé et sans enfant, qui se présente pour une psychothérapie, à la suite d'échecs répétés dans ses relations amoureuses. Il est très réticent à entrer en thérapie et l'une des premières choses qu'il affirme concerne ses doutes quant aux possibilités de changement, car dit-il, ce qu'il a est de nature «caractérielle» et ça, ça ne se change pas. Denis est homosexuel. Ses fantasmes sont, depuis l'âge de 13 ans, presque exclusivement de nature homosexuelle et il a des partenaires réguliers depuis l'âge de 20 ans. Plusieurs personnes dans son entourage immédiat ignorent cet aspect important de sa vie. Il fut marié pour une courte période, au début de la vingtaine. Ce mariage fut un échec presque complet, principalement en raison du fait, selon lui, qu'il évitait virtuellement tout contact sexuel avec son épouse.

Celle-ci, qui au début ne soupçonnait pas la vie homosexuelle de son mari, l'apprit éventuellement de la bouche même de Denis. La séparation et le divorce s'en sont suivis. Depuis cet échec amoureux, Denis a vécu seul en appartement, nostalgique de l'idée d'un jour pouvoir élever une famille.

A la séance qui précède le récit du rêve (la trentième), devant la lenteur des progrès de la démarche, il avait manifesté un désir soudain de changer d'orientation sexuelle, s'exprimant ainsi : «Les homosexuels ont des personnalités névrotiques, ils ne s'engagent pas, ça fait plusieurs fois que je vis ça, je suis tanné, il n'y a rien à faire; je suis sûr que je pourrais envisager de vivre autrement et avoir un vrai rapport amoureux avec une femme». On peut voir qu'il projette ainsi sur les autres, et sur quelque caractéristique liée à la «nature» homosexuelle, ses propres difficultés avec l'intimité. Mais en réalité, il a récemment été rejeté par un partenaire, avec lequel il avait prématurément développé des sentiments amoureux et un grand attachement, qui n'étaient que la caricature de ces sentiments profonds, selon un patron typique.

Au début de la séance suivante, il annonce qu'il a appris, par une lecture récente, que si certains homosexuels peuvent à la rigueur apprendre les techniques de l'amour physique avec une femme, et réussir avec elles des performances sexuelles, leurs croyances et leurs attitudes de base demeurent par contre, fondamentalement homosexuelles. Selon les auteurs du livre, il vaut peut-être mieux alors envisager d'autres solutions, d'ordre social et communautaire avec la population «gaie». Il dit s'être parfaitement reconnu dans cette description. Et à toutes fins utiles, il met donc de côté, pour l'instant, la possibilité de changer d'orientation sexuelle.

Il présente ensuite le rêve suivant[2] qu'il a fait la veille : «C'est une grande chambre vide, dans la région de Concord : ma mère est née à Concord; il y a une fenêtre et un paysage maritime au loin; sur le mur, il y a deux personnages qui sont deux hommes très proches qui parlent, qui placotent : ce sont deux quakers; ils sont dans un cadre très joli, très esthétique; ils ont de grands yeux, et puis quelqu'un vient tout à coup placer dans la pièce quelques tables; deux ou trois tables que je n'aime pas tellement» (rires). «C'est tout».

Le patient a déjà travaillé un rêve à deux reprises. Comme il est familier avec la méthode, le thérapeute attend simplement de voir ce que le patient en fera. Il dit : «Je suis la chambre, je suis vide, j'attends qu'on me remplisse, je suis grande». Puis, il procède avec un autre : «Je suis la fenêtre et le paysage, c'est calme, c'est loin, c'est maritime». Après un court silence, il précise qu'il se sent bloqué, qu'il ne voit pas tellement à quoi les choses avancent.

L'élément des quakers est une allusion évidente au rapport au thérapeute et c'est précisément l'élément qu'il évite. Le thérapeute rappelle la possibilité de s'identifier à un autre élément. Le rêveur affirme qu'il n'y a rien que des objets, des tables dans le reste du rêve. Puis il lance soudain : d'ailleurs, dit-il, les tables ressemblent à votre bureau, à la table ici à gauche (une table de bois avec des pieds en métal couleur plaquéargent). Il poursuit en disant ne pas tellement aimer ce style et laisse entendre que les tables dans le rêve détonnent avec le reste de l'ameublement contenu dans la chambre, surtout avec le cadre autour des quakers, qui est vieillot, sympathique. «D'ailleurs, les quakers sont de profil. C'est un peu comme nous, ils placotent. Après une pause, il ajoute : je vois que c'est une analogie avec ce qui se passe ici».

Le thérapeute fait alors l'intervention suivante : «Je crois en effet, comme vous, que les deux quakers de votre rêve, ont quelque chose à voir avec nous deux, ici. Et on a vu qu'il serait aussi question d'un contraste entre le style vieillot et sympathique, le cadre des quakers, que vous préférez, et les tables aux pattes de métal, comme celle-ci, que vous n'aimez pas. On peut penser que si vous preniez la parole comme un des deux quakers, ce serait pour me dire des choses pas faciles à dire».

Après un bref temps d'arrêt, il acquiesce du menton. Assis, un peu comme dans le cadre du rêve, il devient alors l'un des quakers : «Je suis un marchand, je cherche à faire des bonnes affaires, à faire des profits, je suis quaker, je suis là pour le commerce et c'est les affaires qui m'intéressent».

Thérapeute : «Et qu'est-ce que vous faites comme quaker?»

Patient : «Je placote, j'ai une langue, ma langue est faible et se protège».

Ça me fait penser qu'au fond c'est comme dans le film *Face à Face*, de Bergman, où la psychiatre tente de faire parler son patient et on voit qu'elle lui tire la langue et sous la langue il y a plein de mots d'écrits et elle tire à nouveau et encore et encore sans fin; je suis un peu comme ça, je suis une langue qu'on peut tirer sans fin et qui est au fond inépuisable; au fond je suis un peu roublard».

Les allusions à la relation immédiate avec le thérapeute sont nombreuses. Il dit qu'il est faible et roublard; que *la* psychiatre du film *Face à Face* perd un peu son temps, en essayant de faire parler son patient. Qu'elle se fait avoir. Affirme-t-il que le thérapeute se fait avoir, et qu'il essaie trop ou mal, de le faire parler, et qu'il devrait mieux porter attention à sa roublardise? Cette perception est confirmée dans le déroulement de la séance jusqu'à maintenant. Il doute que le thérapeute puisse éviter ses pièges; et alors il ne fera pas une bonne affaire (il le paie, mais s'il réussit à le piéger, il ne changera pas).

La prochaine étape est celle où il deviendrait l'autre quaker, qui est en face de lui. Il pourrait s'asseoir à la place du thérapeute, étant donné le rapport entre la situation physique de l'entrevue et le rêve. «Veut-il s'identifier au second quaker?». Le patient hésite, vraisemblablement devant la possibilité d'avoir à s'asseoir à la place du thérapeute (le second quaker est en ce moment faussement identifié avec la personne du thérapeute, mais il ne faut pas perdre l'élément de projection). Alors, pour éviter que les rôles ne soient complètement inversés, le thérapeute lui rappelle que la troisième chaise est disponible.

Il accepte, et commence en disant : «Je suis quaker; j'ai une langue et je placote avec le premier quaker. Je suis une langue qui a du venin, qui a comme un hameçon au bout et qui sort et qui essaie d'accrocher les autres; j'ai l'idée que je deviens cette langue. Oui, je suis une langue très longue qui s'enroule autour du cou (il mime le geste), et qui s'approche et puis étouffe l'autre, les autres». En terminant, il se lève et regagne son siège. Il ne reste qu'environ dix minutes à la séance.

Le thérapeute commente alors sur la disproportion dans les positions des deux langues, dans la mesure où la première est en position de faiblesse, mais seulement apparente; en effet, face à elle, la psychiatre et par allusion le thérapeute ne peuvent arriver à le faire parler. Personne n'a de contrôle réel sur lui, il reste omnipuissant finalement. A l'écoute de ces remarques, il devient très animé, ce qui porte à croire qu'il y reconnaît quelque pertinence.

Par rapport au second quaker et à son pouvoir apparent d'étouffer avec sa longue langue, le thérapeute lui demande en quoi il est une langue forte et non roublarde, mais qui peut avoir des hameçons, etc. Il répond qu'il est une langue qui a peut-être plus d'expérience que la sienne (le patient, qui a 42 ans, a au moins cinq ans de plus que le thérapeute). Le thérapeute commente alors que la différence d'âge, qui reflète une différence d'expérience, lui inspire des doutes profonds en raison de sa roublardise. Et que c'est ce dont le rêve lui avait indiqué qu'il était nécessaire de parler, pour mieux établir sa confiance, avant de sentir qu'il est possible d'aller plus loin.

Commentaire

Ce travail d'un rêve n'a pas été présenté pour illustrer un accomplissement précis, ni un progrès décisif, tel qu'il serait reflété par la complétion de *Gestalten*. Cette illustration cherche plutôt à montrer la pertinence de l'hypothèse d'Isadore From et la richesse incomparable de certains rêves (de tous les rêves, disent plusieurs), comme tremplins du travail sur la relation immédiate. Ce travail montre comment on peut traiter un rêve comme une rétroflection, prête à être défaite, en ce sens que le rêveur est prêt à la dire au thérapeute, et il montre aussi comment le contenu de la rétroflection exprime une perception, organisée en images, de l'état actuel de la relation thérapeutique.

En retournant aux enjeux mêmes de cette séance, ce qui frappe c'est l'écart entre la richesse du matériel et le peu de travail qui a pu s'accomplir. Cela tient au moins à trois raisons. D'abord, le thérapeute semble avoir été pris au dépourvu par l'intensité et la soudaineté de l'échange très sexualisé et agressif; comme c'est précisément une crainte exprimée par le patient (il est roublard, le thérapeute se fera-t-il jouer?), la difficulté n'en est qu'aggravée. Ensuite, il apparaît qu'à ce moment précis de la thérapie, le patient et le thérapeute n'ont pas développé une alliance de travail suffisamment robuste, ce qui aurait facilité le travail du rêve or, c'est précisément le message du rêve d'exprimer les doutes du patient à cet égard. Enfin, il est fréquent qu'un rêve ne puisse être «vidé» en une seule séance, chaque élément pouvant condenser plusieurs contenus, le rêve lui-même contenant une multitude d'interactions et de renvois entre les éléments.

RESUME

Trouver la clef des songes a toujours fasciné l'humanité. Freud a offert une contribution essentielle dans notre quête pour élucider le sens obscur des images du rêve. Perls-Goodman nous invitent à relire ce Freud de la première heure, qui nous a enseigné, la structure de la pensée et de l'image. Le «travail du rêve» décrit chez Freud le processus qui transforme les idées latentes (ce qui est caché) en un contenu manifeste (ce que le rêve raconte), au moyen surtout de la condensation, du déplacement et du symbolisme. Pour Freud, le rêve (manifeste) ne veut pas dire ce qu'il semble dire, sa signification réelle est latente, profonde et inconsciente. La pensée cachée, inconsciente, est une pensée «normale», qui n'est soumise au travail du rêve que parce qu'un désir inconscient, intolérable ou inacceptable est activement refoulé.

Il existe au moins trois différences importantes entre la vision freudienne et la vision phénoménologique-existentielle du rêve. Premièrement, en thérapie existentielle, le but n'est pas d'interpréter le rêve, mais de le considérer comme l'occasion d'une expression et d'une découverte à la zone de contact, une manière de faire vivre. Deuxièmement, toute interprétation symbolique, même faite par un psychanalyste, s'appuie sur la structure du contenu, ce qui rend caduque sur le plan pratique, la distinction, remarquable par ailleurs sur le plan théorique, introduite par Freud entre le contenu manifeste et le contenu latent. Troisièmement, puisque le freudien considère que le rêve provient des couches profondes de la personnalité, ceci tend à encourager le désaveu par la projection : c'est mon inconscient qui me fait rêver ceci, ce n'est pas moi (je); en thérapie existentielle, on porte à l'attention du patient qu'il crée lui-même ses rêves.

En Gestalt-thérapie, le rêve occupe une place importante, et on peut y distinguer trois manières d'aborder le rêve. Perls a développé une méthode pour le travailler comme une expérience actuelle de projection, adaptant la méthode de l'association sur chaque élément du rêve léguée par Freud. Polster et Polster y voient surtout des métaphores personnelles pour favoriser de nouveaux contacts. Enfin, From le considère comme une rétroflection, élaborée pour être dite au thérapeute, et qui contient la perception que se fait le patient de l'état de leur relation immédiate.

NOTES

[1] La question se pose, à savoir si les rêves qui sont rapportés en psychothérapie ont un caractère particulier, par rapport aux autres, dont la plupart sont banals, à première vue. Nous devons laisser la discussion ouverte sur ce point, étant convenu que les rêves dont il sera question ici sont exprimés dans un contexte précis.

[2] Pour la bonne compréhension de ce qui suit, il faut préciser que le patient et le thérapeute sont assis face à face, avec une troisième chaise, en retrait, à la droite du patient.

# Chapitre 9
Transfert et rencontre :
le passé au présent

Il existe de nombreuses situations à travers lesquelles le contact peut apparaître. Au chapitre 2, nous avons distingué trois registres où se présentent les situations historiques, les situations actuelles et les situations de la relation thérapeutique immédiate. La relation thérapeutique immédiate englobe aussi bien les troubles du contact (le transfert) que les moments, plus rares, de rencontre. On a vu aussi que le thérapeute d'approche phénoménologique-existentielle cultive, dans le registre de la relation immédiate, les possibilités de rencontre. C'est Buber qui a le mieux exprimé l'essence de la rencontre par l'usage des mots-principes (Je-Tu, Je-Cela), que l'on retrouve chez Perls-Goodman (voir X, 4; XII, 3; XIII, 2), pour qui la rencontre apparaît à la zone de contact entre le patient et le thérapeute.

L'importance relative accordée au travail dans chacun des trois registres, historique, actuel ou relationnel, diffère passablement selon les diverses tendances de la psychothérapie et selon les thérapeutes. L'approche phénoménologique-existentielle et la Gestalt-thérapie n'échappent pas à cette règle. Selon nous, le travail au sein de la relation est essentiel au progrès dans le champ thérapeutique plus large. Nous verrons que par le transfert, les relations passées sont réactivées et viennent, dans l'ici-et-maintenant, troubler le contact patient thérapeute. Le transfert rend présent le passé, c'est là son intérêt et sa puissance.

Mais comme les Gestalt-thérapeutes se sont peu attardés à développer leur pensée face à cette réalité importante, nous devrons d'abord évaluer certaines des principales positions offertes, tant en psychanalyse qu'en thérapie phénoménologique-existentielle, avant de proposer une vision qui se veut plus intégrative face aux problèmes qui se posent dans la relation immédiate.

Dans les discussions sur la relation thérapeutique, on oppose d'ailleurs souvent la relation réelle au transfert, la rencontre à l'irréalité de la distorsion, ou parfois encore, l'artificialité du transfert au poids de la présence réelle de la rencontre. Il nous semble beaucoup plus fructueux de reconnaître que l'intrication du transfert et de la rencontre est telle qu'il vaut mieux les considérer un peu à la manière des faces d'une même pièce de monnaie. Ainsi le «transfert» est une réalité psychique qui demeure d'une certaine manière insaisissable, tout comme la rencontre «réelle», qui fuit devant nos tentatives de la définir.

Dans ce chapitre, nous tenterons de montrer l'avantage d'être gestaltiste, et d'approche phénoménologique-existentielle, pour intervenir de façon pertinente au niveau de la relation immédiate patient-thérapeute, si l'on reconnaît le transfert à son mérite. Nous ne dirons pas, à la manière des psychanalystes, qu'en ce qui concerne la relation thérapeutique, le transfert détermine le tout. Nous tenterons plutôt de montrer que la rencontre du couple Je-Tu est l'idéal de l'intention consciente et de l'intention non consciente des deux participants, qu'elle est sans cesse recherchée mais jamais atteinte de manière définitive. Son obstacle principal est la distorsion transférentielle, entendue comme une perte de la fonction-je dans le contact patient-thérapeute. Et quand la rencontre est systématiquement possible, les obstacles étant levés, la thérapie est rendue à terme.

Isadore From (1984) rappelle aux thérapeutes, qui auraient tendance à l'oublier, que c'est Freud qui a découvert le phénomène du transfert. Cette découverte a rendu possible la psychothérapie et sans elle, la Gestalt-thérapie n'existerait pas. En thérapie phénoménologique-existentielle, le ici-et-maintenant du contact permet au thérapeute comme au patient de moins mettre l'accent sur l'aspect «passé», ancien, du phénomène du transfert, sans l'éliminer. Le face à face est l'occasion d'étudier les distorsions dans le contact et il sert à minimiser l'importance du transfert. Le transfert est donc une distorsion actuelle du contact patient-thérapeute selon lequel on fait, sur une base irrationnelle, l'expérience du présent comme si c'était le passé.

LA VISION PSYCHANALYTIQUE DE LA RELATION THERAPEUTIQUE

L'expérience clinique nous a, comme bien d'autres, convaincus que le transfert, sous une forme ou l'autre, est toujours présent et actif dans la situation thérapeutique. L'existence du phénomène ne porte pas tellement à controverse dans la communauté des psychothérapeutes. Les divergences résident plutôt dans l'attitude des thérapeutes face au transfert : ils peuvent choisir de l'ignorer systématiquement, ou préférer le reconnaître au passage, sans intervenir directement, ou encore ils peuvent choisir de le travailler seulement en cas de panne, ou bien sur une base régulière et systématique. C'est de cette dernière attitude dont nous souhaitons parler ici.

De plus, nous croyons que ces phénomènes de transfert présentent une telle complexité que tantôt ce que les uns appellent rencontre, les autres le nomment transfert, alors que ces deux termes renvoient, et non à tort, à des réalités radicalement différentes. Pour illustrer combien est grande cette intrication des phénomènes de la relation thérapeutique, nous évoquerons une des thèses du psychanalyste Bird (1972), qui dans l'un des textes de base de la vision psychanalytique contemporaine du transfert, présente un point de vue étonnamment proche de la théorie du self et du contact.

Le transfert est une fonction du moi : il est l'expression du self dans la relation

Dans ses remarques, Bird (1972) tente de démontrer combien il est juste de dire que le transfert, dans toutes ses manifestations, est une fonction particulière du moi. Il est, dit-il, très difficile d'échapper à l'idée selon laquelle le transfert doit être considéré comme l'une des structures principales du moi, un appareil très spécial, très puissant et possiblement très fondamental du moi. Le plus notable est la proximité de son rapport avec les pulsions. Cette proximité, qui serait presque l'équivalent d'une alliance avec les pulsions, permet, quoique de manière paradoxale, de penser au transfert comme étant l'outil (*device*) antirefoulement premier du moi. Une telle action antirefoulante, si bien illustrée par l'utilité du transfert dans l'analyse, peut-être vue comme la capacité générale du moi d'évoquer, de maintenir et d'utiliser le «passé-dans-le-présent». Il est aussi possible, poursuit-il, que ce soit cette force antirefoulante qui active d'autres parties du moi, en particulier celles qui sont libres de conflit (*ego's conflict-free givens*), ses capacités de différenciation, de synthèse et de création.

Cette action antirefoulante du transfert évoquée par Bird comme une fonction du moi nous semble très apparentée, en particulier dans ses capacités de synthèse créatrice, à la conception gestaltiste du self, du contact et de l'adaptation créatrice, en alliance avec les besoins (fonction-ça). Et la capacité anti-refoulante, n'est-ce pas la conscience qui se déploie et crée les synthèses, c'est-à-dire le self lui-même? D'autre part, il est évident que le self ne peut être présent que dans la nouveauté alors que le transfert est défini comme une répétition. Rappelons d'abord l'essentiel de la pensée freudienne du transfert.

Freud et le transfert

Freud a lui-même peu écrit sur le transfert et lorsqu'il l'a fait, c'était surtout avant 1917. A ce sujet, on fait référence aux *Etudes sur l'Hystérie* (1895), à *Dora* (1905), à *La Dynamique du Transfert* (1912), aux *Observations sur l'Amour de Transfert* (1915), au chapitre sur le transfert dans les conférences d'*Introduction à la Psychanalyse* (1917), et à l'article sur *Analyse terminée et analyse interminable* (1937). Il introduit de façon nette le transfert dans le post-scriptum de l'analyse de *Dora* (1905, pp. 83-91) où il remarque d'abord que les sentiments transférentiels existent, qu'ils sont très puissants et aussi, qu'ils peuvent constituer un obstacle sérieux, peut-être insurmontable. Mais comme le souligne Bird (1972), Freud, dans un saut créatif remarquable, découvre que le transfert contient aussi la clef de l'analyse, et qu'en prenant en compte de manière adéquate le transfert du patient, une force nouvelle, essentielle, une heuristique immensément efficace s'ajoutait à la méthode.

Pendant l'analyse, il ne se forme pas de nouveaux symptômes, les pouvoirs de la névrose étant occupés à créer une autre édition de la même maladie. Cette nouvelle édition consiste en une classe particulière de structures mentales, pour la plupart inconscientes, ayant la caractéristique particulière d'être capable de remplacer des personnes de l'histoire passée par la personne de l'analyste et de cette manière, capable d'appliquer toutes les composantes de la névrose originale à la personne de l'analyste, *en ce moment présent*. C'est là selon Bird (1972), et nous ne pouvons qu'être en accord, l'un des énoncés les plus pénétrants que Freud ait jamais formulés. Pour From (1984), cette remarque rend possible le travail du psychothérapeute, qui alors peut voir se déployer et s'agir sous ses yeux, avec lui, les difficultés de contact du patient. En ce sens, c'est un travail «à la surface».

L'élément transférentiel de la relation immédiate a donc un double aspect, contradictoire car, d'une part, on constate que c'est une *actualisation*, puissante, c'est l'expérience vécue comme un ici-et-maintenant, une occasion privilégiée de saisir «à chaud» les éléments de la situation inachevée et, d'autre part, cette actualisation est une *répétition* par un mécanisme quelconque (déplacement d'une relation d'objet à une autre, projection sur le thérapeute), de cette situation inachevée.

Une définition opérationnelle du transfert

Ayant évoqué l'esprit de la pensée psychanalytique sur le transfert, nous croyons utile d'emprunter ici à Paolino (1981, p. 92) une définition plus opérationnelle de ces phénomènes.

Le transfert peut être défini comme tout phénomène, sporadique ou non, qui correspond aux cinq critères suivants :
a) il s'agit d'une relation interpersonnelle ;
b) une relation largement déterminée par les relations antérieures avec des personnes signifiantes, en particulier les relations infantiles primitives ;
c) cette relation consiste en une répétition (largement inconsciente ou préconsciente) de conflits intrapsychiques anciens, et de relations pathogènes ; le transfert est une réexpérimentation sans remémoration ;
d) la réaction transférentielle est relativement anachronique et peu appropriée à la situation dans laquelle elle se produit ;
e) enfin, elle consiste en un déplacement.

Cette répétition transférentielle a un caractère privilégié, elle est une occasion, mais comme le patient ne peut pas se souvenir de ce qui est refoulé, il le répète, comme expérience vécue dans le présent (Freud, 1920/1981). Ainsi, pour Freud l'idéal de la cure consiste en une remémoration complète, ou à défaut, les «constructions» de l'analyste peuvent venir combler les lacunes dans la remémoration du passé infantile.

Pour Bird (1972), l'impact de la découverte du transfert, cette fonction antirefoulante par excellence, est encore plus grand et plus significatif que ce qu'on a l'habitude de reconnaître, et certainement plus grand que celui de l'introduction de l'association libre, qui est un changement de moindre importance, bien qu'il ait reçu plus de crédit.

LA VISION EXISTENTIELLE DE LA RELATION THERAPEUTIQUE

On a vu au chapitre 1 que la méthode phénoménologique cherche à reconstituer le monde intérieur de l'expérience du sujet (Ellenberger, 1958, p. 116). Il s'agit de faire parler le monde subjectif du patient. Cette tradition phénoménologique et existentielle a contribué à constituer une vision très différente de la relation thérapeutique : on parlera de rencontre.

L'alternative à la conception psychanalytique classique du transfert est de définir l'humain comme un être essentiellement relationnel : «la sphère de l'entre-deux... une catégorie première de la réalité humaine...» (Buber, 1957, p. 203), tandis que Heidegger affirme que «L'être-avec est une caractéristique existentielle du *Dasein* (Heidegger, 1964, p. 156)». Parcourant les écrits de Binswanger, Boss, Buber et Heidegger, Phillips (1980) décrit la vision de la rencontre existentielle à partir de trois caractéristiques. Selon lui, la rencontre est :

a) une relation réelle et non artificielle ;
b) une manière de révéler et de comprendre ;
c) curative en soi.

La relation thérapeutique est une relation humaine, différente certes, mais non moins réelle. Elle n'est pas faite d'un rapport entre un scientiste-professionnel et un objet-patient, ni d'une relation artificielle entre le patient et une figure transférentielle : elle est une rencontre réelle entre deux compagnons humains.

Ensuite, la rencontre est un préalable essentiel pour atteindre une compréhension de l'existence du patient : l'histoire interne du patient ne peut être révélée et comprise sans le développement d'un rapport réel. La rencontre est une forme de présence à l'autre, dans un présent réel, c'est-à-dire un présent qui se détache, temporellement, du passé et qui contient, en soi, les possibilités du futur : ce sont là les termes d'une réinterprétation existentielle du transfert (Binswanger, 1954, voir Phillips, 1980, p. 139).

Enfin, la rencontre contient un pouvoir curatif, non seulement en raison de la valeur même de communiquer ses difficultés et de constater que l'on est entendu et compris, mais surtout parce qu'elle offre la possibilité d'interagir d'une manière différente, de créer de nouvelles expériences relationnelles, au-delà de la répétition des rapports anciens et conflictuels.

QUELQUES CONSEQUENCES EN THERAPIE

Avant de transposer ces enseignements à la pratique gestaltiste et à la théorie du self, il faut d'abord en dégager les conséquences générales pour la psychothérapie. Elles sont énumérées dans ce qui suit, en reprenant cette fois le langage de Buber (1957; chapitre 2) :

1. Il est impossible d'énoncer de manière totale et définitive une approche du dialogue et de la rencontre en psychothérapie : la nature même du mot-principe Je-Tu est en dehors de la sphère du totalement intelligible.

2. Il est possible de cerner diverses techniques relationnelles : a) apprendre à sauvegarder le transfert par la règle d'abstinence; b) adopter une attitude de reflet; c) interpréter les résistances au bon moment; d) adopter une attitude empathique d'ouverture et de respect inconditionnel, etc. Mais jamais aucune technique ne permettra en soi, d'atteindre la rencontre, le Je-Tu, car le Tu vient au thérapeute (et au patient) par la grâce. C'est le thérapeute (et le patient) qui va vers le Tu (c'est actif), mais le Tu vient à la rencontre du thérapeute (c'est passif), ou alors il ne vient pas. Chaque thérapeute sait pertinemment qu'il existe des patients avec lesquels «ça ne marche pas», et qu'il y a des moments où inexplicablement selon le monde de la technique, et du Je-Cela, la rencontre qui devrait se produire n'arrive pas. Si je me fixe comme but d'atteindre le moment du Je-Tu, je suis déjà dans l'attitude polaire du Je-Cela.

3. Le thérapeute est au service du dialogue, il en a la sauvegarde; ce qui n'est pas une position de sécurité ou de certitude. La théorie est un support, mais ne peut se substituer à la rencontre. La réalité décisive, c'est le thérapeute et non la méthode. Selon Buber (1957, p. 94) : «Le psychothérapeute fait face à la situation, non comme le prêtre, qui est armé des possessions sacrées de la grâce divine et de la parole, mais comme une simple personne équipée seulement de la tradition de sa discipline et la théorie de son école. Il est alors tout à fait compréhensible qu'il cherche à objectiver l'abîme qui vient à lui et qu'il vise à convertir le déchaînement du rien d'autre que du processus en une chose qui peut être contrôlée».

Il n'existe donc pas de règles préétablies pour mener une séance : le thérapeute ne peut s'appuyer sur la certitude d'un système qui inclut une série d'énoncés absolus, mais il est certain de rencontrer ce qui n'a pas été dévoilé, là où la connaissance exprimée n'a pas encore germé (Buber, 1957, p. 184). Le thérapeute doit donc se déplacer sur l'arête étroite entre l'objectivité et la subjectivité, en empruntant à l'une et à l'autre attitude.

4. Le mot-principe Je-Tu implique la présence de la personne globale. Si chaque thérapeute peut développer des hypothèses, analyser et diagnostiquer la problématique, trouver des causes et des relations fonctionnelles, cette tendance à «démasquer», qui appartient au monde du Cela, conduit à une erreur fondamentale. Selon les termes de Buber (1957, p. 226) : «... lorsqu'un élément autrefois peu ou pas remarqué de l'existence psychique de l'un est maintenant découvert ou clarifié, il y a une nette tendance à identifier cet élément avec la structure totale de l'homme, au lieu de l'insérer au sein de la structure».

Ainsi, pour Buber (1957, p. 227) il ne s'agit pas tellement de chercher à voir au travers d'une personne, mais de lui permettre d'être perçue de manière de plus en plus complète dans son ouverture et dans sa façon de se tenir dissimulée, et dans la relation de ces deux attitudes. La personne entière, dans le Je-Tu, est à la fois ouverte et cachée : c'est notre condition humaine.

5. Dans la perspective du thérapeute, les transferts du patient doivent être abordés dans le mode unifié du dialogue : de temps à autre, ou systématiquement, selon la centralité qu'il accorde au transfert, le thérapeute doit inévitablement s'objecter et s'opposer d'une quelconque façon (en interprétant, en soulignant les incongruences, en tentant de dissoudre la fantaisie transférentielle, etc.) à la manière d'être du patient : il est alors dans le pôle du Je-Cela; mais à la fois s'il accepte la personne, la porteuse et l'auteur de ces déplacements il favorise la réapparition du Je-Tu.

6. Dans la perspective du patient, les transferts sont des expériences réellement vécues et authentiques sous ce rapport. Cependant, dans ces expériences, Tu est un Autre que celui qui est là, et le patient n'atteint pas la qualité de présence et de mutualité du Je-Tu authentique. Son je est tourné vers le passé (v.g. il déplace sa crainte de l'autorité paternelle), ou vers un présent qui n'est pas ici (v.g. il déplace sa frustration envers son conjoint). C'est un je séparé en ce moment, qui n'est pas en relation immédiate, qui n'est pas dans la relation. C'est un je qui vit dans l'irréel, car le Tu auquel il réfère (parent, conjoint, patron, etc.) ne lui fait pas face concrètement. Ce Tu est un Cela, un objet fait du passé.

LE CONTREPOINT DES PERSPECTIVES DYNAMIQUE ET EXISTENTIELLE

Après avoir exposé chacun des deux principaux points de vue en cause, celui de la dynamique du transfert, et celui de la quête de la rencontre, nous pouvons maintenant continuer à préciser le type d'approche existentielle que nous privilégions ici et qui propose que le thérapeute se situe dans cet espace intermédiaire, formé par les deux pôles que sont le transfert et la rencontre. Essentiellement, nous voulons montrer que la rencontre est le lieu d'échanges le plus puissant et aussi le plus difficile, qu'elle se doit d'être asymétrique plutôt que réciproque, et que ce que les psychanalystes appellent relation non transférentielle, ou relation réelle, ne peut être confondu avec ce que nous appelons rencontre ou contact. Cela nous permettra au passage de nous démarquer des pratiques de plusieurs thérapeutes gestaltistes et humanistes.

Le registre de la relation immédiate est le plus puissant

Le transfert se joue sur le registre de la relation immédiate entre les deux participants. C'est là où se créent les expériences les plus puissantes. C'est aussi le lieu des distorsions et des aberrations les plus fortes, car c'est le niveau de contact le plus menaçant, donc celui que les deux participants auront tendance à éviter le plus (Bird, 1972; From, 1984; Gill, 1979; 1982). Et rien n'est moins bien connu que la manière dont un thérapeute compose avec le transfert dans sa pratique quotidienne (Gill, 1982). Et puisque le concept du transfert de chaque thérapeute dépend, de manière variable mais significative, de ses propres expériences intérieures, le transfert doit inévitablement vouloir dire des choses différentes selon les thérapeutes.

Le détournement par la chaise vide

A preuve de ces distorsions puissamment motivées, From (1984) rappelle l'invention et l'utilisation par ceux dont il dit qu'ils «font de la Gestalt» (et non de la Gestalt-thérapie), de techniques comme celle de la chaise vide ou du coussin. L'usage de ces techniques a l'inconvénient de détourner l'attention des complexités intéressantes et essentielles de la relation immédiate, vers un univers de dramatisation, de mises en actes, de jeux de rôles et de comme si, sans que cette expérience réduite de contact ne soit toujours reconnue comme telle. Nous en avons vu divers exemples dans les chapitres précédents (Marie, chapitre 2; le rêve du champ de mines, chapitre 8). La mise en acte par les «techniques de la gestalt» (v.g. Levitsky & Perls, 1969/1980; voir aussi chapitre 10) situerait le travail, sur le registre de la situation courante, ou sur la situation passée au détriment de celui de la relation immédiate (voir aussi cette même critique par Dolliver *et al.*, 1980).

Comme palliatif minimum à cette réduction inopportune des pouvoirs du contact de la relation immédiate, From propose qu'à tout le moins les thérapeutes gestaltistes, qui tiennent encore à utiliser ces techniques, prennent soin de dire au patient de leur parler à eux, thérapeutes, de leur expérience actuelle qui consiste à prétendre, par exemple, que sa mère ou son instance exigeante ou perfectionniste est assise sur une chaise parfaitement vide par ailleurs! Cette recommandation a pour intention de préserver quelque chose de la vérité du contact patient-thérapeute qui, selon From, constitue un des foyers essentiels de la psychothérapie gestaltiste.

Les techniques de la Gestalt-thérapie sont nombreuses et variées. Elles peuvent faciliter une meilleure prise de conscience de certaines interruptions simulées par le cadre de l'expérimentation proposée. Cependant, l'intérêt premier du gestalt-thérapeute qui adopte la perspective du self est de se rendre présent à l'évolution spontanée des contacts et des retraits, et en particulier en ce qui concerne les distorsions transférentielles. Enfin, From est d'avis que l'on peut sans doute mieux pratiquer la Gestalt-thérapie sans l'aide de ces techniques, qui ne permettent au mieux au patient qu'à prendre conscience de ses interruptions sans pour autant lui en faciliter l'assimilation.

Une rencontre asymétrique plutôt que réciproque

Si nous admettons la valeur thérapeutique de la rencontre, il reste encore à savoir avec quel degré de réciprocité le thérapeute doit se rendre présent dans cette rencontre. A ce propos, Buber fait une distinction entre l'inclusion asymétrique et l'inclusion réciproque dans la rencontre.

Pour plusieurs, s'impliquer dans le Je-Tu de la rencontre veut dire que le thérapeute doit exprimer ses propres sentiments et en explorer le sens avec le patient. Ce serait le choix pour une relation réciproque. Ainsi, Greenberg (1983, p. 141) note : «le thérapeute doit exprimer tous ses sentiments, en affirmant non seulement, par exemple, «je suis en colère», mais aussi : «je crains de vous antagoniser en vous le disant». Ou encore : «j'avais hâte de vous rencontrer et de découvrir ce que vous voulez; ou bien : mon cœur bat vite en vous disant cela, mais je veux vous dire que je sens que je m'éloigne de vous lorsque vous êtes comme ça.» Comme autre exemple d'inclusion réciproque et de valorisation de la transparence du thérapeute, on peut citer cet extrait de E. et M. Polster, selon qui le thérapeute : «peut tenir la main du patient qui pleure, refuser de répondre à des questions qui le font sentir utilisé, prêter de l'argent à celui qui en a besoin, exprimer sa colère et sa solidarité lorsqu'on a fait du tort à son patient, raconter une histoire drôle lorsqu'il est diverti, ou dire au patient qu'il/elle est beau/belle lorsqu'il le perçoit en tel moment précis. Le thérapeute peut aussi laisser ses sentiments se développer en fantasmes qui confrontent le patient, ou qui jettent un nouvel éclairage sur l'un de ses traits caractéristiques» (Polster & Polster, 1974, pp. 18-19; 1983, p. 35)[1].

Une telle transparence ne nous paraît habituellement pas nécessaire ou utile. Plus encore, nous croyons qu'elle comporte des inconvénients importants. Nous y préférons, du moins pour les cas de névrose bien structurée (voir chapitre 6), une attitude plus réservée qui découle d'une relation asymétrique. Winnicott (1960/1969, p. 232) exprime ainsi sa conception du problème : «Il est certain que le patient est confronté avec l'attitude professionnelle de l'analyste et non avec l'homme ou la femme inconstant que nous pouvons être dans la vie privée... Ce que je veux dire, c'est que l'analyste à l'œuvre se trouve dans un état particulier, c'est-à-dire que son attitude est professionnelle. Le travail est accompli dans la situation professionnelle... L'attitude professionnelle est comparable au symbolisme en ce sens qu'elle suppose une distance entre l'analyste et le patient. Le symbole est dans la distance entre l'objet subjectif et l'objet qui est perçu objectivement».

Ainsi, en reprenant l'exemple de Greenberg, nous croyons vraisemblablement plus utile de chercher à comprendre avec le patient le sens de cette attitude qui réussit à faire en sorte que le thérapeute veut s'éloigner de lui, et d'en explorer les liens avec l'histoire personnelle, ses relations courantes, incluant celle qui se joue en ce moment entre les deux participants. Alors, on souhaitera que le thérapeute puisse mettre sa prise de conscience de son désir de s'éloigner au service non pas d'une authenticité partagée dans une réciprocité symétrique, ce que sont, au mieux, les relations de la vie quotidienne, mais au service de la thérapie et du patient, c'est-à-dire selon une relation asymétrique[2]. De cette façon, ce qui n'était pas conscient commence à le devenir, par la mise en scène des personnages significatifs provenant de la vie du patient (v.g. «vous me faites penser à mon père», etc.), ce qui crée un processus dynamique d'interactions accessibles, pouvant être travaillées à la frontière-contact. A propos de l'analyse Baranger et Baranger (1985, p. 1554) expriment une position très proche de la nôtre :

> «... c'est dans la nature de la *Gestalt* analytique de se laisser envahir (quoique pas totalement) par toutes les autres *Gestalten* («naturelles» et externes) de couple. Et c'est là un signe de son bon fonctionnement. Pour un couple ordinaire, perdre sa configuration et devenir perméable à une autre, étrangère, est pathologique. Par contre, dans la situation analytique, le risque encouru est celui de l'évolution vers une cristallisation qui ferait que le couple analytique ressemble à un couple naturel. Si l'analyste, par exemple, est toujours «le bon père» de l'analysant, celui-ci pourra obtenir des résultats thérapeutiques positifs, mais la cure analytique, elle, aura échoué radicalement» (p. 1554).

Cela implique que le thérapeute cherchera à être présent à cette distorsion non consciente, qu'il s'en imbibera et qu'il tentera de formuler ce qu'il perçoit, à la fois comme sujet/participant et comme observateur intéressé à mieux comprendre. Mais bien sûr, les sentiments négatifs ou de mise à distance que les patients nous communiquent sont parfois difficiles à soutenir, mais ils reflètent la manière dont le patient entre ou non en contact. Et c'est cela qui doit lui être communiqué, non pour en juger, mais pour le reconnaître et le mettre en lumière.

Donc, passer de l'inclusion asymétrique à l'inclusion réciproque revient à modifier le contrat habituel entre le patient et le thérapeute, et contribue à créer une mutualité très proche des relations amicales ou amoureuses du quotidien. Mais en cela, on ne parle plus dès lors de psychothérapie, et l'élément réel de la relation envahit tout le champ, réduisant de beaucoup la spécificité de la situation thérapeutique elle-même.

Car, en psychothérapie le patient s'investit dans son propre apprentissage, tandis que le thérapeute a volontairement mis de côté ses besoins personnels, et qu'il se place, dans les conditions définies par le «contrat», au service de l'autre dans ses apprentissages. Cette attitude n'exclut pas que des moments de mutualité puissent se produire, mais elle suppose à la base, que la relation ne soit pas de cette nature. En cela, on peut dire que les patients ne sont pas particulièrement intéressés à savoir qui nous sommes, ou ce qui nous arrive, etc. Ils le sentiront bien assez de toute manière. Et s'ils demandent, d'un regard inquiet, vous êtes malade aujourd'hui? Et qu'en effet vous avez la grippe, pourquoi ne pas simplement acquiescer et retourner le patient à ce qui est beaucoup plus important pour lui, à savoir ce qu'il ressent / et ce qu'il ressentait quand telle ou telle figure importante était malade. Quelles sont/étaient ses émotions retenues, sa détresse et sa haine quand son père est tombé malade de tuberculose, ses craintes/son souhait actuels face au thérapeute; ou se prépare-t-il à être manipulé par vous, comme avec sa mère hypocondriaque, et de qu'elle manière, etc. En fait les patients sont en général beaucoup plus intéressés à interagir avec le thérapeute comme avec un interlocuteur qui entre en scène à partir de leurs scénarios propres, de leurs situations inachevées. Ce sont celles-ci que le thérapeute doit chercher à reconnaître et à éclaircir avec le patient.

Exemple 1 : Le besoin de transformer le thérapeute en objet contrôlant

Un patient, en voulant régler sa note de frais mensuels signe, à la fin de la dernière séance du mois, tel que convenu, un chèque, mais qui ne couvre que trois des quatre séances. Il se lève et donne le chèque, en demandant de vérifier si le compte est juste, car, dit-il, au moment de faire le chèque, il n'avait pas son agenda. Les deux sont alors debout, prêts à ouvrir la porte, la séance est, en principe, terminée. Le thérapeute, qui a son carnet de rendez-vous sous les yeux vérifie et constate : «je crois que c'est plutôt quatre séances, parce que selon nos ententes, il faut compter le 23 (où le patient ne s'est pas présenté)». Le patient de répondre, irrité : «Bon, je vous apporterai le chèque la prochaine fois». Il quitte, apparemment furieux. Plus tard, le thérapeute remarque que le chèque n'était pas signé. Que s'est-il passé ?

De telles interactions sont habituelles avec ce patient. Ici la forme en est différente, ce qui a pris le thérapeute par surprise. A titre d'hypothèse, il semble que le thérapeute se soit à nouveau fait transformer en objet contrôlant, rigide, qui est le tenant et le gardien des règles. Le patient a pu créer/répéter une situation où il pouvait se révolter contre un tel objet sadique-contrôlant, où lui tient, dans cette relation d'objet, le rôle de l'apparente victime humiliée de ce bourreau puissant qui exhibe si facilement son pouvoir. Donc, si à un niveau il affirme simplement vouloir savoir s'il doit payer trois ou quatre séances, son chèque est fait au montant de trois séances, indiquant qu'à un autre niveau, beaucoup plus investi, il a besoin de recréer cette relation où il pourra être humilié/soumis. Ce qui n'exclut pas la position inverse, où il reprend le contrôle en ne signant pas le chèque, en réservant la désagréable constatation de ce fait pour plus tard : «je ne vous donnerai pas mon argent, c'est moi qui vous contrôle».

Rétrospectivement, il semble qu'il ait été préférable d'aborder le sujet au début de la séance précédente, au moment où il est possible de l'explorer plutôt que d'être ainsi plongé dans une séquence de réactions-contre-réactions. Le thérapeute aurait pu aborder la question ainsi : «j'ai vérifié les comptes, et je crois que vous me devez quatre séances, incluant celle du 23 où vous n'êtes pas venu. En plus, j'ai remarqué que le chèque n'était pas signé. Nous pourrions examiner ensemble aujourd'hui ce que vous pensez de tout ceci». Et alors on a toute la séance pour élucider les enjeux, à la fois dans le registre de la relation immédiate et dans celui des relations anciennes.

Quoi qu'il en soit, nous pouvons constater par un tel exemple, assez banal par ailleurs, combien la «réalité» apparente de la relation immédiate n'intéresse pas tellement les patients, qui, inévitablement et de façon très puissante, voient en ce Tu qui est en face d'eux, un Autre, qui est le fruit d'une extériorisation de leur monde intérieur. L'expérience phénoménologique a donc un caractère historique. Elle est construite, c'est-à-dire scénarisée par le patient, et de même en est-il de la relation thérapeutique. Ce qui veut dire que la nature de cette relation ne sera pas seulement due à l'histoire actuelle et «réelle» de ce rapport avec ce thérapeute, un rapport qu'il faudrait tenter de corriger. Non, c'est la distorsion de ce champ qu'il faut corriger.

Distinction entre la rencontre et la relation réelle

Et la rencontre que produit le contact patient-thérapeute n'est pas la relation réelle, car elle est le fruit d'un travail sur la distorsion courante, c'est-à-dire le transfert. Dans une perspective dynamique, de favoriser la rencontre comme véhicule de changement comporte deux inconvénients. En premier lieu, elle est vue comme un obstacle au transfert, en ce qu'elle est, dans le meilleur des cas, «trop bonne», le thérapeute, en étant fiable, empathique, généreux, à l'écoute, rationnel, etc., offre, de par l'impact direct que cette relation réelle a sur le patient, une autre route, qui n'est pas celle du changement de la situation transférentielle inachevée, mais plutôt d'une superposition à celle-ci. Mais d'un point de vue existentiel, on dira que l'expérience nouvelle d'un meilleur contact avec le patient découle nécessairement d'un travail de meilleur prise de conscience et d'assimilation, sur la situation inachevée. Il s'agit donc de bien autre chose que d'une simple superposition. C'est-à-dire que le travail au sein du registre de la relation immédiate ne peut se faire à l'exclusion d'une considération des autre registres.

Deuxièmement, le transfert étant une répétition, qui va et vient, inévitablement, à divers moments de la thérapie, la rencontre sur le plan de la relation réelle offre alors trop souvent l'occasion au patient d'utiliser et de «transformer» le thérapeute (Levenson, 1972), et de lui faire prendre, de façon non consciente, un rôle dans la situation inachevée dont le contexte est habituellement une relation d'objet entre un soi (je) et un autre (tu) (voir Fairbairn, chapitre 6).

C'est contre cela que Freud a voulu nous mettre en garde en montrant comment la mise en acte de la névrose, par le transfert, s'oppose à la remémoration, à partir de l'actualité du transfert, de la situation inachevée. En Gestalt-thérapie, le but est aussi de travailler la situation inachevée, de la résoudre à partir de l'actualité du transfert. Il ne s'agit alors pas tant de retrouver un contenu, les souvenirs des traumas, ou les vicissitudes de l'Œdipe, mais plutôt de prendre conscience de la forme des interruptions actuelles/passées et extra-thérapeutiques. En conclusion, la notion de relation réelle véhiculée en psychothérapie dynamique ne correspond pas à la rencontre véhiculée en psychothérapie existentielle. Celle-ci concerne le travail de prise de conscience des distorsions au contact qui se fait à la zone de contact patient-thérapeute. C'est notre manière de travailler le transfert.

Par contre, une relation réelle, d'honnêteté, de fiabilité, d'intégrité, etc., devrait faire partie de l'arrière-fond et ne venir en figure pour occuper l'espace que de manière secondaire. Malheureusement, comme nous l'avons discuté à la section précédente, plusieurs thérapeutes en ont fait le cœur même de leur rapport à leurs patients, s'étonnant par la suite de l'absence de progrès et de la récurrence des difficultés, laissées intactes. En résumé, les aspects de la relation réelle ou l'authenticité de l'inclusion réciproque ne peuvent et ne devraient pas être exclus de la relation. Mais aussi valables que soient les acquis de cette relation réelle pour le patient, ils comportent l'inconvénient qu'ils retardent l'examen des difficultés dans les capacités de contact et de retrait.

Le cas de Mary K

Nous allons maintenant tenter d'illustrer ce propos par un exemple, tiré d'un film d'une démonstration de «Gestalt-thérapie» par F. Perls. Nous avions présenté ce film dans un séminaire et la discussion qui a suivi le visionnement a, croyons-nous, servi à mettre en lumière certaines des implications cliniques concrètes du transfert et du contact. C'est le cas de Mary K. où Perls et Mary peuvent être vus travaillant ensemble, dans un petit groupe, durant plus de vingt minutes. Mary se dit bloquée, sur le plan de l'expression affective. On la voit éventuellement qui, ayant tenté d'éclaircir son rapport difficile à sa mère, en arrive, en jouant le rôle de celle-ci, à dire à Mary-fille : «je suis fière de toi». Puis elle pleure, retrouvant ce qu'elle cherche apparemment : la reconnaissance et le manque d'affection de sa mère. Perls lui suggère éventuellement d'élargir cette expérience et d'exprimer les sentiments qu'elle porte en elle envers, peut-être quelqu'un du groupe, ou lui-même? Non, ce n'est pas possible, répond Mary : «On ne devrait pas exprimer ses sentiments» (un introject). «Oui, mais vous en exprimez beaucoup en ce moment», rétorque Perls. A la suite de quoi Mary se tourne vers lui et pleure abondamment dans ses bras. Celui-ci la console et l'interaction se termine peu après.

La discussion qui a suivi le visionnement de ce film a posé le problème à savoir si cette expression d'affection n'était pas une mise en acte d'une autre scène, non dite, d'une situation inachevée, c'est-à-dire d'une autre relation d'objet. On fait remarquer d'abord que Mary, tout au long de l'interaction, se conforme très bien aux instructions de Perls, qu'elle est «la bonne cliente». Se peut-il que sa problématique de séduction et de conformisme, implicites, ne soient que le reflet d'une autre scène, œdipienne, à savoir que face à la mère peu réconfortante, froide et distante, la fille s'assure de séduire et d'obtenir Perls-le père? Se peut-il que Perls se soit prêté à ce jeu pour satisfaire ses propres besoins de gratification narcissique?

Dans la mesure où cette intuition des participants qui visionnèrent le film est juste, cela impliquerait que l'expérience de rencontre entre Perls et Mary ait été la manifestation de la répétition d'une aliénation plutôt que l'expression d'une réalité authentique. L'issue étant d'arriver à éclaircir cette possible confusion, à la verbaliser éventuellement, comme seul véhicule valide du changement. Ici le problème crucial serait de savoir si l'agir relationnel est vraiment une répétition des dilemmes de Mary, une expression de la résistance à se souvenir.

En Gestalt-thérapie, le but est d'assister le patient pour qu'il puisse utiliser et exprimer ses potentialités de contact, en étant différent, cela en commencant avec le thérapeute. Dans le cas de Mary K., ce qui semble différent et nouveau, c'est de constater un début d'intégration: la mère la reconnaît, elle se reconnaît, elle peut exprimer sa détresse, son besoin d'affection à Perls, qui, implicitement, la reconnaît; elle peut ensuite exprimer son affection, partager avec lui et les autres membres du groupe. Elle est plus animée, émotive, chaleureuse, etc. Voilà ce qui était en figure et pour autant qu'on puisse en juger, cet aspect de retenue excessive, de rétroflection et d'introjection autour du fait d'exprimer et de recevoir de l'affection a servi à un contact. Ce serait là la base de la rencontre réelle, non répétitive, authentique, dans le rapport entre Perls et Mary à ce moment. Cette expérience serait curative, en soi, même si elle se trouve déployée sur une base limitée, car elle permet à Mary de faire l'expérience de quelque chose de nouveau en elle: son besoin d'être reconnue, sa capacité d'exprimer avec une pleine force ses sentiments, qu'elle interrompait systématiquement jusqu'alors.

Enfin, il reste à considérer la dimension possible de séduction et de conformisme «hystérique». Admettant que ce conflit soit pertinent à Mary, Perls pourrait lui dire éventuellement, s'il a gardé assez de réserve lui-même, et si ses enjeux narcissiques et libidinaux ne viennent pas envahir l'espace de la relation, qu'il observe qu'elle acquiesce aisément à toutes ses suggestions, qu'elle l'encense, etc. Que vit-elle par rapport à cela? A-t-elle pu remarquer cela elle aussi? Après plusieurs heures d'un travail attentif et respectueux à cette zone de contact, ce qui était en arrière-fond, non conscient et aliéné, peut alors surgir en une nouvelle figure. Alors, on peut imaginer Perls dire : «En quoi suis-je comme quelqu'un d'autre dans votre vie, de qui vous souhaitiez obtenir, ou obteniez l'affection, l'assentiment. Tel ou tel homme, puis (éventuellement) votre père; dans quelles circonstances? Etc. Quand vous sentiez que votre mère vous tenait à l'écart? Et aussi, en quoi est-ce semblable, ici-et-maintenant; et dans ce groupe; est-ce un peu le même genre d'enjeu que vous avez vécu, l'autre jour, quand vous êtes venue dans mes bras? Et à la fin : car en effet, je ne suis pas votre père, ni votre mère; mon nom est Fritz Perls».

CRITIQUE DES VISIONS HUMANISTES DE LA RELATION THERAPEUTIQUE

La Gestalt-thérapie ne dispose pas de conception systématique et uniforme de la relation thérapeutique, les écrits à ce sujet sont limités à quelques paragraphes épars, jetés comme en passant. C'est pourquoi, dans ce chapitre, nous voulons exposer les principes d'une approche phénoménologique-existentielle de la relation thérapeutique qui soit cohérente avec la théorie du self. Plusieurs de ces éléments se trouvent chez P. Goodman, F. Perls, L. Perls, I. From ainsi que E. et M. Polster. Mais il faut d'abord reconnaître l'existence de tendances distinctes au sein de l'école gestaltiste, par exemple, entre la Côte Est (v.g. I. From et L. Perls), plus proche de la psychanalyse, tendance à laquelle nous nous rattachons, et la Côte Ouest (v.g. Perls, J. Simkin, G. Yontef), ou encore l'école de Cleveland (v.g. J. Zinker), plus apparentée à la psychologie humaniste américaine (Rogers, May, Maslow, Bugental, etc.). Nous présenterons d'abord ces tendances principales qui nous paraissent incomplètes, avant de proposer celle que nous privilégions.

La position de F. Perls

Frederick Perls a souvent parlé de la nécessité du Je-Tu, et de la rencontre en Gestalt-thérapie. Il a même défini la Gestalt-thérapie comme une thérapie du «Je-Tu, Ici-et-Maintenant». Quant aux réactions transférentielles, il avait ceci à recommander : «Vous devez prendre grand soin d'enseigner à vos patients à différencier la réalité et leurs fantasmes, en particulier l'illusion du transfert — où ils vous voient comme un père ou comme quelqu'un qui peut offrir les friandises. Amenez les à regarder encore et encore, pour qu'ils voient la différence entre le père et vous, jusqu'à ce qu'ils se réveillent et reviennent à eux» (Perls, 1970, p. 29).

Cette attitude consiste ni plus ni moins qu'à attaquer systématiquement et vigoureusement l'aspect irréel de l'expérience transférentielle. Et comme le posent Gelso et Carter (1985, p. 215) où donc se retrouvent ces réactions refusées? Inévitablement, elles reviennent, mais comme elles n'ont pas été acceptées comme telles, c'est peut-être sous une forme plus indirecte, par des allusions qu'elles se manifesteront désormais. Il faut poser la question à savoir quel bénéfice le patient peut-il tirer de s'entendre dire, avec véhémence : «Mais je ne suis pas votre père»! Un examen attentif de la manière de procéder de F. Perls dans les diverses démonstrations (voir l'exemple de Mary K. plus haut) révèle que, dans de tels contextes à tout le moins, son rapport est fait de confrontation, de séparation, de techniques souvent appliquées avec brio, de travail sur les «figures», le «fond», la «projection», la «rétroflection», etc. Selon le langage de Buber, et en accord avec la critique de From (1984), on peut dire que Perls était plongé dans ces moments, principalement dans l'univers du Je-Cela, de la «Gestalt», peut-être au détriment du Je-Tu, ce qui n'empêche pas que plusieurs témoignages émouvants existent de l'impact majeur qu'une rencontre avec F. Perls pouvait créer (v.g. Perls, 1973, pp. 207-208).

L'attitude de Polster et Polster

Pour Polster et Polster (1974/1983, p. 23), l'idée du transfert constitue une contribution valide. Il est vrai que les gens déplacent dans le moment présent des réactions apprises, par exemple, dans leurs rapports avec leurs parents. Mais ce n'est tout simplement plus ce qui les intéresse. Pour eux, il est nécessaire de mobiliser les forces puissantes de l'action et du sentiment actuels. Pour eux, et en cela ils révèlent à notre avis une perception inexacte de la pensée psychanalytique, les interprétations transférentielles ont tendance à créer une déflection chez le patient, qui reçoit une explication de son expérience actuelle, en tant que répétition d'un passé, plutôt qu'un encouragement à faire contact, précisément à partir de ce qui est présent, en tant que présent. Clairement chez les Polster, les «échos» transférentiels servent, comme d'autres données de base, à mieux cerner le contexte à partir duquel le contact sera possible. Pour ce faire, le thérapeute est amené à s'utiliser pleinement comme personne réelle et à part entière, ce qui peut impliquer d'agir dans la relation, d'utiliser le transfert, selon les termes de Bergeret (1986, p. 308).

Il semble que F. Perls, aussi bien que Polster et Polster, refusent de traiter la relation vécue sur un mode transférentiel en tant que précisément cela : une répétition et un déplacement d'un mode relationnel à un autre. Les attentes transférentielles ne sont donc pas, paradoxalement, traitées par eux de manière phénoménologique. Or, la marge entre le refus de l'expérience transférentielle en tant que telle (F. Perls) d'abord, et son acceptation en tant que potentiel de contact (Polster) est si étroite que l'une et l'autre attitude conduisent selon nous au même obstacle, à savoir que l'expérience «irréelle» du patient n'est pas vraiment prise comme une évidence, un donné de base de toute psychothérapie. C'est comme si ces auteurs, et avec eux toute la psychologie humaniste, refusaient de reconnaître que dans la perspective du patient, les transferts sont des expériences réellement vécues et authentiques sous ce rapport. Et que dans ces expériences, Tu est un Autre que celui qui est là, et que pour cette raison le patient n'atteint pas la qualité de présence et de mutualité du Je-Tu authentique. La tendance qui se dégage de l'*Institut de Gestalt de New York* offre par contre un meilleur potentiel d'intégration entre rencontre et transfert.

La position de l'Institut de Gestalt de New York

Laura Perls et Isadore From accordent une place sensiblement plus grande aux phénomènes du transfert. Même s'ils n'ont que peu publié sur le sujet, il est possible de s'inspirer de leurs enseignements cliniques pour exprimer leur point de vue.

Laura Perls a toujours insisté sur la nécessité d'un réel dialogue, dans la plus pure tradition phénoménologique-existentielle, comme en témoigne la déclaration suivante : «il est malheureux que ce qui est devenu très largement connu et pratiqué comme ‹Gestalt-thérapie› soit limité seulement à la méthode utilisée par mon défunt mari dans ses ateliers de démonstration et dans ses films, au cours des trois ou quatre dernières années de sa vie... Un gestalt-thérapeute n'utilise pas de techniques; il s'applique lui-même dans et à la situation avec ce qu'il a accumulé et intégré d'habiletés professionnelles et d'expériences de vie (Perls L., 1976, pp. 222-223).

Ce que nous appelons l'Ecole de New York est quelque peu une fiction, l'individualisme de ces formateurs étant plus fort que le besoin de créer de réelles institutions. Néanmoins, nous nous risquons à formuler huit propositions qui résumeraient assez bien le point de vue qu'incarnent Laura Perls et Isadore From (1978a; 1984) :

1. En continuité avec la tradition phénoménologique-existentielle, la relation thérapeutique en TG est définie par la recherche constante d'une rencontre.

2. Dans le mode du Je-Tu, le thérapeute par sa personne entière, se rend présent au patient, il est avec, il s'implique, il écoute.

3. Dans le mode du Je-Cela, le thérapeute avec son expérience, sa méthode, sa théorie, observe les dysfonctionnements à la zone de contact. Il offre ses observations, il confronte, il souligne les incongruences, il agit, etc.

4. Les distorsions transférentielles sont inévitables et omniprésentes. Lorsqu'elles surviennent, elles sont reconnues et traitées comme telles. En TG, le transfert se définit comme la présence de dysfonctionnements et de distorsions qui apparaissent à la zone de contact entre le patient et le thérapeute : c'est «vivre le présent comme si c'était le passé», mais c'est le vivre «ici-et-maintenant».

5. Un des objectifs de la psychothérapie est de reconnaître ces expériences transférentielles et d'en favoriser la dissolution dans et par le contact. Il s'agit donc de procéder à une élucidation au fur et à mesure, ce qui rejoint Freud (1905, pp. 83-91). Mais si l'analyste classique interprète cette expérience actuelle en termes du passé (Strachey, 1934/1970; voir Gill plus bas), le gestalt-thérapeute met l'accent sur la distorsion transférentielle actuelle, en cherchant à permettre au patient de prendre conscience de la manière dont il fait/crée cette distorsion. On insiste donc plus sur le processus (le comment) et moins sur le contenu (le pourquoi, construit ou reconstruit). Donc, en Gestalt-thérapie, il y a une nette tendance à contenir le transfert : par le face à face et par son élucidation au fur et à mesure, comme il se révèle dans le contact immédiat. L'art du thérapeute est de savoir à quel moment, à partir de quel matériel, de qu'elle manière favoriser cette dissolution, et jusqu'où il est préférable de «laisser courir».

6. La rencontre du patient et du thérapeute est l'occasion d'expérimenter de nouveaux modes relationnels, qui constitue un champ possible de changement : un travail d'expérimentation au sein de la relation; mais une expérimentation qui doit être spontanée, car si on cherche à atteindre le moment du Je-Tu, on est plutôt dans l'attitude de polarité du Je-Cela.

7. La théorie du self suppose que le patient ne peut se nourrir du seul contact avec le thérapeute, car ce contact demeure somme toute limité, aussi riche soit-il; pour changer, le patient doit risquer de faire contact avec les personnes dans son environnement.

8. L'ingrédient thérapeutique actif en TG est donné par le self qui crée et invente ses propres solutions; c'est le but et le moyen du changement;

le travail d'expérimentation au sein de la relation thérapeutique constitue une occasion, parmi d'autres, de changer. C'est une occasion unique, particulièrement puissante, car elle met en jeu, ici-et-maintenant, les participants de la rencontre.

Il reste à préciser la manière dont on peut mettre à profit les élaborations du patient pour mettre en lumière les distorsions du contact.

GILL : LE TRANSFERT ET L'ICI-ET-MAINTENANT

On a vu comment Isadore From réserve une place unique aux rêves dans le travail de la relation thérapeutique (voir chapitre 8). Il propose de traiter le rêve comme une rétroflection conçue pour être dite au thérapeute, et constituant l'expression de la perception actuelle que le patient se fait de la relation thérapeutique. C'est cette même intuition qu'exploite et généralise Gill (1979, 1982), qui tente de mettre à contribution toutes les élaborations du patient et non seulement les rêves comme points d'ancrage de l'expérience actuelle de la relation.

Son travail (Gill 1979; 1982) consiste en un examen critique et soigné de l'évolution des vues de Freud sur les liens entre les problèmes du transfert et de la résistance, et les indications d'interpréter ou non. L'intérêt de sa démarche vient de ce qu'elle nous aide à mettre en valeur, à des fins curatives, l'expérience que le patient se fait de sa relation avec le thérapeute, et ses résistances à en faire part de manière directe.

Sa vision de l'analyse du transfert peut se résumer ainsi :

1. L'analyse du transfert n'est pas poursuivie de façon aussi systématique ou exhaustive que souhaitable.

2. Il n'y a pas assez d'attention accordée au transfert, et à l'intérieur du travail d'analyse du transfert, il n'y a pas assez d'attention accordée aux déterminations actuelles, par rapport aux déterminations génétiques.

3. Cela vient principalement du fait que le travail sur le transfert implique le thérapeute et le patient dans des interactions parmi les plus chargées d'affect, et donc parmi les plus troublantes. Par exemple, pour le patient, il faut qu'il reconnaisse qu'il ressent des pulsions érotiques ou hostiles envers la personne même à qui il les révèle. Du point de vue du thérapeute, le patient va lui attribuer à lui les attitudes mêmes qui lui sont les plus inconfortables.

4. Il existe une interrelation inévitable entre les déterminants actuels et transférentiels : la situation actuelle est réelle, car le thérapeute est un

participant actif de l'intervention. Cette situation ne peut jamais être appelée à disparaître.

5. La résistance aux phénomènes transférentiels existe dès les débuts; en conséquence les associations et les élaborations du patient contiennent généralement des implications transférentielles. Ce qui ne conduit pas à négliger les aspects de la situation courante.

6. On peut donc formuler l'hypothèse que les associations et les élaborations du patient sont des adaptations transférentielles à la situation actuelle, comprises à la lumière du passé. Donc, le présent fournit des indices à des élaborations transférentielles, un peu comme le rêve est amené à s'élaborer à partir des indices de la veille. Il existe donc une part de créativité, dans le sens d'une adaptation à la situation actuelle, ce qui n'est pas sans rappeler Winnicott (1960) pour qui il faut imaginer le faux-self pareil à une *nurse* qui amène le vrai-self en psychothérapie, comme par la main.

7. L'interprétation du transfert permet à la fois une prise de conscience (*insight*) tout en favorisant l'émergence d'une expérience nouvelle, avec la personne même envers qui le patient s'attendait à une attitude et à un comportement différents.

8. Il s'agit de distinguer deux niveaux de conscience en rapport avec les phénomènes de transfert : a) la résistance à la prise de conscience du transfert; b) la résistance face à la résolution du transfert.

9. Il faut rendre explicite quelque chose qui est implicite à cause de la résistance. Il faut analyser les résistances au transfert.

Interventions transférentielles et extra-transférentielles

Pour atteindre ces objectifs, on peut distinguer divers types d'interventions transférentielles et extra-transférentielles. Dans la catégorie des *interventions transférentielles*, Gill distingue d'abord celles qui s'adressent à la *résistance de la prise de conscience du transfert*. Par exemple : «Ce que vous m'avez dit à propos de votre femme, le fait que vous aviez l'impression que vous avez toutes les responsabilités, à cause de la réparation de la voiture, et que cela vous choquait, c'est peut-être aussi une allusion à quelque chose de semblable qui, croyez-vous, se passe entre nous, mais que vous hésitez à mentionner». Gill précise toutefois d'éviter de dire des choses comme : «Ce que vous voulez vraiment dire, c'est...», mais plutôt, de préférence : «Il y a une raison qui fait que vous vous attardez sur ce sujet; peut-être est-ce parce que cela a à voir avec la relation avec moi, ici». Ou bien : «Une des implications de ce que vous dites, en ce qui a trait à notre relation, serait que...». Ou encore : «Le thème de cette séance me semble être que vous vous sentez critiqué par quelqu'un et j'ai l'impression que vous vous sentez critiqué par moi, mais je ne vois pas ce que j'ai dit ou fait que vous auriez pu avoir senti comme une critique. Vous sentez-vous critiqué par moi ? Si oui, qu'est-ce qui, pensez-vous, vous a conduit à vous sentir ainsi ?» Et même ceci serait acceptable : «Je soupçonne que ce dont vous parlez ce matin est en continuité avec ce qui est arrivé (v.g. une annulation de la part du thérapeute), mais je ne suis pas capable d'établir un lien précis. En voyez-vous un ?» En résumé, ces interventions cherchent à communiquer au patient que le thérapeute est prêt à entendre que lui soient dites, directement, des choses chargées d'affect, et qui les concernent tous les deux dans leur relation immédiate. C'est, selon Gill, la première étape du travail sur la relation.

Exemple 1. Le passager mis à la porte de l'autobus

Ainsi un thérapeute en formation qui venait de se familiariser avec les possibilités intéressantes de la contribution de Gill nous faisait parvenir ce mot : «... les discussions sur la relation transférentielle et sur son omniprésence dans la relation d'aide, ont concrètement modifié ma pratique. Les dernières semaines, j'avais l'impression de pouvoir écouter à deux niveaux le discours des patients, un niveau où ils me parlent de leur réalité et un autre où ils font référence à notre réalité thérapeutique, dans l'ici-et-maintenant. Je dois avouer que cette écoute fut une révélation. Je ne peux résister à la tentation de vous donner un exemple. Lors de la *dernière séance* que je devais avoir avec ce jeune homme dont j'ai parlé... le début de la rencontre a porté sur un incident venant juste d'arriver. Il avait pris l'autobus, le chauffeur était injuste avec une des passagères et comme le patient le lui faisait remarquer il s'était fait vertement rabrouer par le chauffeur. En plus, comme il voulait remonter dans le bus pour répondre à la dernière remarque du chauffeur, celui-ci lui avait fermé les portes au nez... impossible de remonter à bord. Se sentant impuissant le patient a déplacé le rétroviseur du bus qui partait. En écoutant ce court récit, je me disais que c'était trop beau pour être vrai. Pourtant le patient a bien compris mon interprétation (i.e. il se sent mis à la porte de l'autobus-thérapie par moi-le-chauffeur) et elle nous a permis de parler de sa frustration et de son impuissance, ressenties fortement lors de cette dernière rencontre».

Exemple 2. Le père parle de son fils pour parler à son thérapeute

Pour donner un autre exemple, après une semaine de vacances du thérapeute, un patient récemment divorcé commence la séance ainsi :

«Ce fut une semaine très dure avec mon fils. Une semaine de tristesse. Je trouve difficile de ne le voir qu'aux deux semaines[3]. Parce que d'abord c'est la fête, mais après il faut que je le réprimande, comme quand il refuse de manger et qu'il a fait son capricieux. Ça a tout gâché. Je l'ai réprimandé. Il m'a fait me sentir coupable... Je lui ai demandé s'il croyait que ses notes sont mauvaises en classe parce que je suis parti. Il a dit que non, que c'est parce que c'est son professeur qui est fou. D'autres fois, il me dit qu'il ne le sait pas, ou qu'il n'y a pas de problème. Je l'écoute, je lui parle, il dit qu'il ne sait pas, mais je sens bien qu'il est triste et qu'il trouve ça dur. Je ne peux tout de même pas l'engueuler comme ça, il faut se réapprivoiser à chaque fois.» Il est certain que les problèmes que ce père ressent avec son fils sont bien réels et qu'ils méritent d'être écoutés comme tels, sur le registre de la situation contemporaine et non transférentielle. Mais ce n'est peut-être pas un hasard s'il commence la séance ainsi, suite à l'absence du thérapeute. Entendu comme une allusion à la relation immédiate, on peut reprendre ce début de séance et se demander ce qu'il cherche à dire au thérapeute : qu'il s'est senti triste en son absence, que cela a été difficile, que de le revoir après deux semaines (c'est le cas cette semaine là) lui inspire une joie [c'est la fête], mais aussi de la colère [il lui faut le réprimander]. L'identification se déplaçant ensuite entre le père (thérapeute) et le fils (patient), il poursuit en laissant entendre que lui-même, comme son fils, se sent au fond triste et qu'il trouve ça dur, tandis que lui-même, comme père, c'est-à-dire [le thérapeute] l'écoute et sent bien ce qui se passe, mais qu'il ne sait pas toujours quoi dire, vu qu'il faut se réapprivoiser à chaque fois. Bien entendu, les messages sont multiples et demandent à être explorés de manière ouverte, en sollicitant la participation active et critique du patient, dont on ne souhaite pas qu'il introjecte ces interprétations. L'attitude prudente de Gill à cet égard nous apparaît exemplaire, en ce qu'elle permet aussi de risquer des ouvertures sur le plan de la relation immédiate.

Ensuite, on retrouve les interventions transférentielles concernant la *résolution du transfert*. Ou bien elles concernent le transfert ici-et-maintenant, ou elles concernent le registre du passé (interprétations génétiques). Les premières soulignent, par exemple, qu'une attitude donnée n'est pas aussi clairement déterminée par les aspects de la situation actuelle que le patient le prétend. Par exemple : «Vous croyez que je suis mal à l'aise face au désir homosexuel que vous ressentez vis-à-vis moi et dont vous m'avez parlé à la dernière séance; et vous percevez que je révèle mon malaise par les questions que je vous ai posées à propos de votre relation sexuelle avec votre femme. Mais vous reconnaissez aussi que vous avez parlé de cet épisode avec elle en omettant de dire plusieurs choses sur votre sexualité; se peut-il que vous ayiez voulu me conduire à vous poser des questions à ce sujet?»

Les *interprétations génétiques transférentielles* sont les plus connues de la tradition psychanalytique et concernent une similitude entre l'attitude transférentielle et le passé. Par exemple : «Votre croyance que je suis très critique de vous est très semblable à l'attitude que vous croyez que votre père avait vis-à-vis de vous». C'est l'abus de telles interventions que les thérapeutes existentiels ont, correctement, dénoncé, car elles risquent de minimiser le poids de la relation actuelle, sans cesse ramenée au passé. Néanmoins, de telles interventions ont une place essentielle dans le répertoire du thérapeute existentiel.

Les *interventions extra-transférentielles* ne font pas référence à la relation entre le patient et le thérapeute. Il y a les *interprétations contemporaines*, c'est-à-dire celles dirigées seulement sur une situation contemporaine et extra-transférentielle, par exemple : «Quand votre conjoint vous a dit ça, vous avez dû vous sentir jalouse, même si apparemment vous ne vous en êtes pas clairement rendue compte sur le coup». Enfin, on retrouve les *interprétations génétiques*, dirigées seulement sur une situation passée et non transférentielle : «Vous avez dû sentir que votre mère ne vous aimait plus, à cause de ce nouveau bébé dans la maison».

Les trois dernières catégories (les deux catégories extra-transférentielles, et les interprétations génétiques transférentielles) sont plus courantes et communes à toutes les thérapies. L'originalité de la contribution de Gill tient surtout à sa description des interventions qui concernent la résistance à la prise de conscience du transfert et l'identification des aspects génétiques de la relation courante. En se fondant sur la «surface», c'est-à-dire sur ce qui vient tout juste d'être dit, il propose une stratégie d'écoute qui facilite l'intégration par la fonction-je des avatars de la relation thérapeutique. C'est donc un travail à la zone de contact patient-thérapeute que nous propose Gill. En cela il rejoint tout-à-fait les préoccupations de la théorie du self.

RETOUR SUR L'INTERACTION DES TROIS REGISTRES

Après avoir porté toute notre attention au problème des vicissitudes de la relation thérapeutique, il est nécessaire de faire un certain retour pour nous permettre de regarder la situation thérapeutique plus globale qui implique, comme nous l'avons souvent rappelé (voir chapitre 2), trois registres en interaction : le registre de la situation contemporaine non transférentielle, celui de l'histoire passée et celui de la relation immédiate. L'attitude la plus fructueuse conduit le thérapeute à déplacer librement et de manière ininterrompue son attention entre le passé, le présent et la relation. Il existe une mutualité et une réciprocité constante entre ces trois régions/registres. Peu importe l'ordre, chacune constitue une approche possible à chacune des deux autres et chacune met en lumière les deux autres. L'ici-et-maintenant de l'expérience actuelle est, bien sûr, le point d'entrée le plus valable, mais tout autant pour accéder au présent de la situation contemporaine extra-thérapeutique que du transfert ou du passé.

Selon Rangell (1981), l'accent récent placé par Gill sur l'ici-et-maintenant de la relation est bienvenu, mais il comporte aussi des risques d'excès. Le psychothérapeute doit, selon lui, adopter une posture équidistante entre l'intrapsychique et l'interpersonnel, le monde intérieur et le monde extérieur, le passé et le présent, l'immédiat de la relation et les relations/situations inachevées, infantiles ou plus récentes. Le meilleur résultat que l'on puisse attendre d'une séance, selon Rangell, c'est de réussir cette combinaison unique de prise de conscience, affective et cognitive, obtenue par la fusion du passé et du transfert, dans l'expérience ici-et-maintenant de la relation immédiate. Enfin, il fait remarquer que la position de Gill n'est que la version la plus récente de la controverse qui oppose en psychanalyse, comme ailleurs, l'expérience (Jung, Ferenczi, Rank, Alexander, Reik, Loewald) à la prise de conscience (*insight* : Freud, Fenichel, Strachey) comme ingrédient thérapeutique essentiel.

La perspective de la théorie du self est claire sur ce point : l'expérience précède l'*insight*, car la «structure des *insights*» est la fonction-personnalité et son action survient au post-contact (chapitre 3). L'expérience est le déploiement du contact : du pré-contact, au contact, au plein contact. Mais un long travail d'une certaine prise de conscience (*awareness*) des interruptions du contact (pertes de la fonction-je) précède l'expérience du plein contact et la rend possible. Les deux ingrédients actifs sont donc l'expérience nouvelle (le contact) et le retour sur la signification de cette expérience, pour en assurer la transparence, par l'exercice de la fonction personnalité (chapitre 3).

Les moments de rencontre s'échappent de la matrice du transfert

Sur le plan clinique, les moments de rencontre apparaissent aussi fugaces que de fragiles bulles à la surface d'une rivière, et font place au flot plus habituel et conservateur de la répétition transférentielle. Néanmoins, cela ne nous semble pas contradictoire de considérer la rencontre comme réelle, curative en soi et révélatrice, d'une part, et de s'attarder à reconnaître et à travailler l'expérience de distorsion transférentielle qui précède ou succède à la rencontre, d'autre part. L'analyse, le travail sur le mode du Je-Cela, est nécessaire et assure que les prochains moments de rencontre, sur le mode du Je-Tu, puissent mûrir. Nous allons tenter de l'illustrer par un exemple.

Il s'agit d'un homme, au début de la quarantaine, marié depuis 18 ans, père de 2 enfants, 7 et 5 ans, ébéniste de métier. Il est référé par un psychiatre, pour une «thérapie existentielle» à long terme, à la suite d'un diagnostic de trouble affectif majeur, selon le langage du DSM-III. Le psychiatre consultant le décrit comme très dépressif, en prenant comme exemple que le patient lui dit qu'il a souvent la pensée bien arrêtée et claire de se tirer une décharge de fusil dans la tête, que c'est souvent la seule solution qu'il trouve à son désespoir.

Au cours des premiers entretiens, il est angoissé et désespéré, mais il a le regard encore vif. Il se plaint d'un malaise vague, difficile à définir et ne sait trop quel rôle lui sera donné, ni quel rôle prendre ou quel rôle nous donner. Très méfiant, il est cependant tellement désespéré qu'il s'est résigné à consulter. Selon lui, ses problèmes actuels ont commencé il y a environ un an, période à laquelle il a décidé de ne plus travailler. A ce moment là, il cesse de prendre des contrats comme ébéniste indépendant. Il ne pouvait plus soutenir le rythme infernal de travail qu'il s'imposait, entre 10 et 15 heures par jour, sans cesse préoccupé par le meuble à finir ou encore par le plan du meuble à venir. Très en demande et perfectionniste, une commande n'attendait pas l'autre, sans interruption, sans vacances, sans répit. «Je me suis demandé, s'il n'y avait pas autre chose dans la vie, que ça,» dit-il. Etant un homme de décisions claires (il n'aime pas la grisaille), il s'est dit qu'il devrait cesser de prendre des contrats, «pour y voir plus clair et se donner enfin le temps de faire autre chose». Cependant, on a l'impression qu'il en était rendu à l'extrême limite, qu'il n'avait plus le choix. Mais avec le temps, son angoisse et sa dépression latente ne font qu'empirer. De plus en plus désœuvré, inutile et n'arrivant pas à prendre goût à ce qu'il faisait, il raconte comment il en est arrivé à vouloir en finir, à se tirer une balle dans la tête, s'il n'arrivait pas à trouver un sens à cette souffrance et surtout à se sentir moins en retrait de tout ce qui est humain. La simple idée de reprendre le travail sans que rien ne soit changé le plonge d'ailleurs dans de l'angoisse profonde. Il a besoin d'aide. Mais l'intimité que la thérapie comporte contribue aussi à le rendre méfiant, ce qui est des plus angoissants. Sa dépression s'est manifestée, au cours des séances, comme la conséquence de l'isolement presque total dans lequel il se maintient depuis son enfance, à la suite d'un repli shizoïde massif (voir chapitre 6). La thérapie est maintenant en cours depuis plus de deux ans, à un rythme de deux séances par semaine.

Nous sommes à trois séances avant les vacances d'été. A la séance précédente, il avait «risqué» de traverser sa muraille habituelle, en confiant qu'il avait réussi à faire un peu confiance au thérapeute. Il le percevait comme une personne qui «a de la sensibilité». Ceci étant dit avec un sens du risque, une grande intensité mêlée à de la timidité, dans le contexte d'un fantasme conscient de ce que représente une relation idéale, à savoir une situation où il pourrait laisser tomber ses radars, sa «machine à juger les gens», s'appuyer sur quelqu'un, s'endormir, et, au réveil, constater que la personne se serait aussi bien occupée de lui et de ses intérêts que lui-même ne l'aurait fait. Il reliait ces progrès dans sa capacité de s'ouvrir et de faire confiance également au fait qu'il commençait à constater une évolution parallèle dans sa capacité de faire confiance à sa femme. Traduite dans la terminologie des relations d'objet, cela laisserait entendre qu'il n'associe plus automatiquement sa femme (ou le thérapeute) à un objet anti-libidinal et persécuteur, ni à un objet libidinal-idéal, mais plus à un objet réel (voir chapitre 6).

La séance suivante est celle qui nous intéresse particulièrement. Le patient reconnaît tout d'abord qu'il se sent plus distant aujourd'hui avec tout le monde et avec le thérapeute. Il se sent sur la pente d'une régression à sa position plus habituelle de repli désespéré sous des apparences d'indifférence. Puis il «risque», de façon inattendue, autre chose. Il dit : «Je voudrais vous demander, et j'y ai souvent pensé ces derniers mois, en me disant toutefois que je ne devrais pas le demander, je voudrais vous demander ce que vous pensez de moi, de mon problème. Vous savez, que je mets des barrières tout le temps, etc.».

Le thérapeute, d'abord surpris, lui demande de préciser la question, avant de réaliser soudainement les possibilités de l'immédiateté et de l'intensité de ce qui est demandé. Il se sent alors comme entraîné dans un de ces moments où on dit que la parole devient magique, malgré son apparente banalité. Il répond alors au patient, le plus simplement et le plus directement possible, quelque chose comme : «Vous m'apparaissez souvent distant, mais aussi comme hypersensible au rapprochement et à la séparation; comme vous le disiez la dernière fois, par exemple, dans votre souhait de pouvoir vous abandonner dans les bras d'une autre personne qui puisse aussi bien prendre soin de vous que vous ne l'auriez fait vous-même. Mais vous êtes puriste sur ce point, car quand vous prenez le risque de faire confiance et que les choses ne se passent pas tout à fait comme vous l'espériez, et cela se produit avec moi aussi, alors vous coupez le lien et vous vous éloignez (le patient est plus rouge, il est animé, il sourit). Il me semble que c'est alors qu'apparaissent vos barrières, qui pourraient décourager les autres, et moi aussi par exemple, à entrer en contact avec vous (le patient sourit). Par ailleurs, il existe des ouvertures. J'expérimente avec vous un couloir, des portes dans la muraille, de réelles possibilités d'échange, comme en ce moment même, qui reviennent et qui sont stables, et que je vois depuis le début... Voilà ce qui me vient en réponse à votre question... Je vois que vous souriez...

Le patient : «J'ai l'habitude de me poser des questions et d'y répondre tout seul. Je juge, j'analyse et je classifie les gens, en termes d'être digne de confiance ou non, tellement que je prévois tout à l'avance et que je ne me fie à personne... [D'un ton plus grave] : et vous, je vous ai classé ok, de parole... mais c'est pas pareil de vous le dire... (sourire). En fait votre réponse, ça me confirme dans mes affaires, ça m'aide à croire que c'est vrai que j'y vois plus clair».

Que ce moment de rencontre soit à nouveau happé par les forces conservatrices de la répétition transférentielle, et qu'à la prochaine séance nous soyons en face d'un patient encore plus replié, retranché derrière ses clivages, sa muraille, sa froideur et sa distance, cela ne change rien à la valeur intrinsèque de ce court moment qui valide le patient dans ses capacités de faire contact. Si le repli schizoïde revient en masse la prochaine fois, ce qui est prévisible, d'autant plus que nous sommes à la veille des vacances, il faudra alors s'adresser à *ce* repli, à cette défense abordée dans le contexte d'une figure plus large, qui est celle de l'apparition d'un mouvement entre l'approche et l'évitement. Qu'il ait pu tenter une telle ouverture justement du fait que le risque de l'intimité était temporisé par la venue imminente de la mise à distance due aux vacances pourra éventuellement être «interprété». Que cette intensité soit la seule qu'il ait pu tolérer n'enlève rien au fait que son risque et son ouverture, ainsi que celle du thérapeute, lui ont permis de s'expérimenter en face d'un autre humain, qu'ils s'entrevoient et se reconnaissent, dans la vérité simple d'un Je et d'un Tu.

Nous n'affirmons pas que le thérapeute doive rechercher activement ces moments, car une telle attitude procéderait du mode du rapport à des choses, c'est-à-dire du mode du Je-Cela, qui ne ferait qu'éloigner la rencontre. Non, comme le rappelle Buber, le Je-Tu vient par la grâce. Par la suite, ces moments s'en vont, pour faire place à d'autre matériel, à du Cela, qui servira à paver le chemin pour la prochaine rencontre.

RESUME

Le travail sur la relation thérapeutique constitue un levier puissant du changement, peut-être son levier principal. Mais ce registre, s'il constitue une condition nécessaire, ne constitue pas une condition suffisante à la bonne marche de la thérapie. L'examen du transfert et des vicissitudes de la relation immédiate ne suffit pas, en soi, pour donner accès aux événements pertinents à la problématique courante, ni à ceux de l'histoire passée et des situations inachevées. Enfin, comme le fait remarquer Rangell (1981), s'il est vrai que le transfert nous présente des résistances contre sa découverte, lorsque nous réussissons à lever ces résistances, nous avons habituellement accès non aux détails de l'expérience transférentielle (i.e. de ce que le patient vit par rapport à nous), mais bien plutôt à des contenus nouveaux et chargés d'affects, de l'histoire, ou de la situation contemporaine, qui jusque-là étaient laissés à l'arrière-fond. Bref, le registre de la relation immédiate facilite l'approche à certains aspects importants de la névrose, mais il ne peut se substituer aux deux autres registres.

NOTES

[1] Traduction libre. La référence de 1983 renvoit à la traduction de Katzeff.
[2] Pour les mêmes raisons, le vouvoiement nous semble en général préférable au tutoiement. La distance apparente, sur le plan «réel», permet, et cela paradoxalement, de se rapprocher des enjeux intérieurs, du fait précisément que le patient n'a pas à trop se préoccuper de ce Tu réel en face de lui. Ce qui laisse le champ libre à l'exploration de tous les Tu imaginaires mis en scène dans le transfert.
[3] Il ne le voit qu'une fin de semaine sur deux, la mère ayant la garde principale.

Chapitre 10
Questions et réponses relatives à la théorie du self

Lorsqu'il est question de Gestalt-thérapie les auteurs, et non parmi les moindres, la présentent surtout comme une technologie particulière pour mobiliser l'affect. Ainsi, pour Marmor (1975, p. 562), la Gestalt-thérapie est un système qui cherche délibérément à mettre en veilleuse la conscience cognitive, au profit de l'honnêteté émotionnelle et de l'expressivité sans compromis. Yalom (1980, p. 308), pour sa part, dit ceci : «Fritz Perls, plus qu'aucun autre, doit recevoir le crédit d'avoir développé une approche conçue pour augmenter la prise de conscience par l'individu, de ses affects». Ces descriptions ne sont pas fausses, mais elles sont sélectives. Nous abordons plus loin, sous forme de questions et réponses, certains problèmes fréquemment soulevés relativement à la Gestalt-thérapie, ce qui, nous l'espérons, contribuera à donner une image plus juste de notre perspective théorique et clinique. Le lecteur intéressé à des présentations en français de la Gestalt-thérapie pourra aussi consulter les ouvrages de Ginger (1987) et Petit (1984).

Nous avons eu le privilège d'enseigner la Gestalt-thérapie dans un contexte universitaire et dans des établissements indépendants auprès de divers professionnels, mais surtout des psychologues cliniciens en formation. L'orientation théorique variée de ces élèves nous a conduit à discuter avec eux des mérites et des inconvénients de l'approche. Leur esprit critique a ainsi alimenté de nombreuses discussions. Ce qui suit n'est qu'un reflet partiel de ces échanges.

Q.1. Comment est-il possible de travailler de façon thérapeutique sur le présent, si des liens d'ordre affectif entre certaines émotions et certains événements marquants du passé ne sont pas rétablis? A première vue, la règle absolue de l'ici-et-maintenant apparaît comme une limite pour le patient qui est chargé d'un passé difficile et qui vient en thérapie pour s'en libérer. La démarche peut être déroutante pour un client «non averti» en ce sens qu'il est confronté à ce qu'il est présentement, alors que ses attentes pourraient être différentes : v.g. recevoir des conseils, être écouté dans son histoire.

R.1. Selon nous, il semble en effet essentiel d'établir ces liens entre la situation courante, la relation immédiate et la situation passée. C'est pourquoi nous avons tenu à présenter ces trois registres lors de l'introduction de la notion de contact. Une bonne psychothérapie permet au patient de circuler librement d'un registre à l'autre, là où le besoin est le plus urgent. Cependant, la perspective phénoménologique-existentielle de la théorie du self insiste pour rappeler que le travail qui porte sur les événements marquants du passé se présente aujourd'hui comme un souvenir, c'est-à-dire comme un présent. Par exemple, un patient ressent aujourd'hui, amplifiées par la régression inévitable qui accompagne une psychothérapie intensive, face à une séparation (dans sa vie amoureuse, ou à la veille des vacances du thérapeute), les mêmes émotions de détresse et de rage que lorsqu'il s'est senti abandonné à l'âge de 5 ans. C'est cette situation inachevée qui vient, aujourd'hui encore, troubler la situation courante et la relation thérapeutique. Un psychothérapeute doit être attentif aux renvois continus et multiples entre ces trois registres. S'il est vrai que plusieurs Gestalt-thérapeutes ne «travaillent pas le transfert», leur pratique a peu en commun avec la nôtre, comme nous avons tenté de le clarifier au chapitre 9.

Par ailleurs, la plupart des patients arrivent avec un passé lourd et difficile à soutenir. C'est leur point de départ et c'est là qu'on peut faire un premier contact, une première rencontre. Il faut les écouter attentivement parler de ce passé, tout en notant au passage leur manière d'en parler en ce moment : le *comment* tout autant que le *quoi*. De là, on tentera d'être attentif au processus d'interruption du contact, qui inévitablement se reproduit là, devant nos yeux, avec nous. C'est le grand mérite de Freud de nous avoir montré cette voie. Un thérapeute humaniste la traite cependant de manière différente d'un thérapeute freudien. Ce dernier traque l'inconscient, qui risque toujours d'être ailleurs, nous traquons la «surface», c'est-à-dire la zone de contact et ses dysfonctionnements.

Q.2. La notion de contact n'est pas très opérationnelle, surtout si on la compare avec la notion de *focusing* de Gendlin.

R.2. Il est vrai que Gendlin a présenté une description détaillée et pertinente de la phénoménologie du sujet qui découvre sa réalité immédiate intérieure. Garneau et Larivey (1979) ont, d'ailleurs montré de façon intéressante les liens étroits entre le cycle du contact et les étapes décrites par Gendlin. Par contre, la notion de contact est beaucoup plus englobante et difficile à définir, parce qu'elle recouvre des réalités en changement continu, simples ou complexes, intérieures ou extérieures, psychiques et somatiques, etc. A vouloir opérationnaliser, ce qu'on gagne en précision et en clarté d'exposition, on le perd en envergure. Ainsi, le travail pertinent de Truax et Carkhuff ne pourra remplacer le souffle inspiré de Rogers.

Q.3. La latitude qu'on donne au client de choisir la figure qui va émerger, de nuancer et même de rejeter les interprétations du thérapeute, cela ne facilite-t-il pas la tâche aux résistances?

R.3. Cette latitude n'est pas également donnée par tous les thérapeutes gestaltistes. Quant à nous, nous choisissons d'en donner davantage maintenant qu'au début de notre pratique. En cela l'attitude de discrétion, de repli relatif que nous prenons maintenant s'apparente plus à l'attitude du psychodynamicien. Cette «liberté» que nous tentons de laisser au patient pour construire les prochaines figures de contact assure que ce qui se vit vient bel et bien du patient, de son besoin actuel. Mais bien entendu, comme l'indique la question, nous rencontrerons assez tôt une résistance. Et c'est bien cela que nous voulons : car ainsi la manière d'interrompre le contact sera aussi présente, sous nos yeux; alors pourrons nous nous adresser à cette résistance (le processus et non seulement le contenu : *the resisting*) en connaissance de cause. Rank rappelait d'ailleurs que toute contre-volonté contient et camoufle une urgence, elle-même à la source de la volonté créatrice. De plus, le travail sur les résistances succède à des moments de contact, eux-mêmes suivis de l'apparition de nouvelles résistances, etc. En cela il y a bien un envers de la puissance des techniques de la Gestalt-thérapie, soit la nécessité de respecter le rythme de son patient et sa capacité d'assimilation. Comme le dit

Isadore From (1980)[1], ce que nous recherchons, c'est le contact et non l'impact.

De même, pour ce qui est de la relation entre le patient et le thérapeute, il nous semble important de la structurer le moins possible, en dehors de certaines conditions de base qui définissent le contrat initial : le patient et le thérapeute se voient tant de fois semaine, à telle heure, à tel tarif, payé à tel moment; le patient s'engage à communiquer au thérapeute, autant que possible, ce qui lui vient à l'esprit et à coopérer au travail commun; le thérapeute pour sa part, s'engage à garder le secret, à essayer de comprendre le patient, à lui faire partager, avec le plus d'intégrité possible, ses perceptions là, maintenant et à s'abstenir d'interventions dans la vie «réelle»; tous les deux sont des participants et des observateurs, mais ils se rencontrent pour parler du patient, ou des réactions du thérapeute à l'endroit de ce que le patient veut bien partager/éviter de partager et qui le concerne.

L'étroite parenté entre ces règles techniques et celles que l'on retrouve en psychothérapie analytique et même en psychanalyse, ne devrait pas étonner. Dans cet ouvrage nous avons voulu replacer la Gestalt-thérapie dans le contexte d'une certaine psychanalyse humaniste, dont les mérites ont été négligés par le courant de la psychologie humaniste, emportant avec lui le transfert, le passé et les structures stables de la personnalité et du caractère. Nous proposons, à la suite de From (1984), un retour à ces racines de la théorie du self.

Q.4. L'analyse des résistances en termes de processus ne semble pas permettre de «dresser un tableau clinique» qui puisse nous renseigner sur la structure de la personnalité du patient.

R.4. Cette question est difficile. Elle renvoie aux grands débats qui ont opposé la tradition psychanalytique et la tradition phénoménologique-existentielle, c'est-à-dire l'herméneutique et la phénoménologie (voir Bouchard et Guérette, 1987). L'*herméneutique*, qui réfère à la compréhension d'une vérité qui n'est pas évidente en soi, au dévoilement, à la construction d'une vérité cachée, non évidente, et qui reconnaît que les significations que peut prendre une réalité clinique donnée sont quasi inépuisables et dépendent autant du thérapeute, du discours que du patient; tandis que la *phénoménologie* cherche à retrouver l'apparence et l'évidence, ce qui parle et se dévoile de soi-même, si on veut bien cesser de vouloir l'interroger à partir de nos *a priori*.

De plus, pour la psychanalyse, le sujet ne s'appartient pas, car son inconscient agit en et à travers lui; l'approche phénoménologique-existentielle insiste quant à elle sur le fait que le sujet conscient, s'il n'est pas transparent à lui-même, peut dans une large mesure le devenir, en exerçant son *awareness* (voir chapitre 4).

Dans cet ouvrage, nous avons tenté de démontrer qu'un gestalt-thérapeute s'absorbe dans le processus des figures de contact et de retrait, et en cela, il aborde la psychopathologie en termes de processus vécu, comme observateur-participant avec le patient. Mais, ainsi que nous l'avons vu au chapitre 6, les troubles qui apparaissent dans le fond, ou dans la structure de la personnalité doivent être entendus et reconnus. La psychopathologie existe, comme chaque thérapeute le constate bien assez tôt, et malheur à ceux qui en ignorent les enseignements! Cependant, l'humaniste cherchera toujours des moyens d'entrer en interaction avec le Je de son patient, afin d'en mobiliser les ressources à propos de Cela, qui est, par exemple, sa défense maniaque contre la dépression, ses robustes mises à distance de l'autre dans une position shizoïde-défensive qui ne camoufle que l'intense ambivalence face au rapprochement, cette interminable succession de mises en valeur de soi qui n'exprime au fond que la détresse narcissique, etc. D'où notre appel, au chapitre 6, pour une reprise du dialogue avec la «nouvelle» psychanalyse. Et si l'on ne peut ignorer les structures stables de la psychopathologie, le fait de savoir que, par exemple, un client établit des rapports sur un mode pré-génital ne suffit jamais.

Par ailleurs, des efforts récents ont été entrepris pour établir une psychopathologie qui soit formulée en termes du cycle de contact et de ses interruptions (Delacroix, 1987, 1988; Delisle, 1988; From, 1984; Robine, 1988). Pour ne donner qu'un exemple, From (1984) propose de considérer les troubles narcissiques comme un évitement de la confluence saine, au moment du plein contact (voir chapitre 3). Bien entendu, un tel énoncé n'a de sens que pour celui ou celle qui se sont familiarisés avec la théorie du self. Nos efforts sont allés dans une autre direction, qui est celle de mettre à profit la distinction fondamentale entre le self et l'organisme, et de considérer la psychopathologie comme découlant tantôt de troubles dans la formation des figures et des fonds, et tantôt de troubles de l'organisme clivé par la formation de structures stables, de seconde nature (voir chapitres 5 et 6).

Q.5. En Gestalt-thérapie, il semble que l'*insight* et l'introspection soient délaissés. Ainsi, la notion de fonction-personnalité du self ne fait pas ressortir ces découvertes sur soi-même que sont les insights, comme un matériel de première importance.

R.5. En effet, la prise de conscience (*insight*) n'est pas le véhicule premier du changement. C'est plutôt l'expérimentation d'une situation nouvelle, d'un rapport nouveau à l'autre, qui coïncide avec le passage du pré-contact, au contact, au plein contact et enfin au post-contact (voir figure 3.1). La fonction-personnalité est l'exercice du langage après le vécu, au post-contact. C'est une connaissance achevée et transparente, qui affirme un Je-Cela, *après* avoir été dans le Je-Tu.

Par ailleurs, il arrive souvent que le patient, seul ou avec l'aide du thérapeute, prenne conscience, dans la répétition peu fructueuse de certains patrons relationnels, de certains aspects jusque là «ignorés» par lui. Par exemple, un patient découvre combien il se maintenait dans des rapports amoureux difficiles à la fois par culpabilité «inconsciente» et par une sorte d'addiction masochiste à la souffrance. Cette réalisation graduelle mais de plus en plus nette, contient une nouvelle figure, un nouveau contact, ce qui peut constituer une expérience troublante, surtout si le patron de souffrance et d'exigence constante se répétait avec le thérapeute et que celui-ci a eu la clairvoyance de ne pas tomber lui-même dans l'aggravation de la difficulté, se contentant de souligner la possibilité de cette répétition dans la relation patient-thérapeute. On peut donc dire, d'une part, qu'ici la prise de conscience a servi de catalyseur au contact, justement à la phase de contact. Mais, d'autre part, cela conduit à faciliter le passage à autre chose, plutôt que de répéter la situation inachevée, et ainsi créer une situation nouvelle. En cela le thérapeute d'approche phénoménologique-existentielle accorde la priorité à la création de nouvelles situations, c'est-à-dire au contact, plutôt qu'à la prise de conscience.

Enfin, il faut bien voir que le travail à la zone de contact est avant tout un travail qui cherche à mobiliser les capacités de prise de conscience du patient, dans le sens de l'*awareness*, et que la manière d'aborder ce travail est unique en Gestalt-thérapie (voir chapitres 2, 5 et 9).

Q.6. Pour qu'une psychothérapie de ce type soit profitable, ne faut-il pas que le patient soit déjà en contact minimum avec lui-même? Qu'il ait au départ une compréhension de base de soi? Cette psychothérapie, parce qu'elle est centrée sur la vision de la santé, n'est-elle pas plus indiquée pour les personnes souffrant de névrose ou à celles en recherche de leur identité?

R.6. Cette question est souvent posée, dans la mesure où on associe la Gestalt-thérapie au counseling plutôt qu'à la psychothérapie. Dans la mesure où on la considère dans la lignée de la psychologie humaniste, une telle perception est justifiée. Par contre, si on pratique la Gestalt comme une psychothérapie, et qu'on se rattache plutôt au courant de la psychanalyse humaniste comme nous le faisons dans cet ouvrage, la perspective de la théorie du self s'adresse bel et bien à la clientèle habituellement desservie par les psychothérapies. Mais il est certain que plus un patient est capable de mise en contact avec lui-même, plus il profitera d'une psychothérapie, peu importe le type (voir Lecomte & Castonguay, 1987, pour une série de textes consacrés à cette question complexe du rapprochement et de l'intégration en psychothérapie).

Q.7. Pour certains, il semble que dans la perspective du self, le corps est négligé.

R.7. Lorsque nous discutons avec des collègues qui sont de l'approche de l'analyse bio-énergétique, dans la tradition post-reichienne de Lowen, par exemple, nous constatons combien notre approche du corps est discrète, rudimentaire, malgré l'héritage de Reich qui nous est parvenu à travers Perls, qui l'a eu comme analyste. Par contre, en discutant avec des collègues psychodynamiciens, nous avons parfois l'impression qu'ils prennent comme véhicule presque exclusif le langage, le rêve, le fantasme, etc. et que nous nous situons quelque part entre ces deux pôles. Il faut rappeler que dans la perspective de la théorie du self, le corps est secondaire, et que le contact est premier.

C'est pourquoi il nous arrive de moins en moins d'interrompre le patient dans son discours verbal pour lui demander, par exemple, de porter attention au fait qu'il serre ses mains autour de ses bras, comme s'il voulait prendre ou être pris (une rétroflection). De telles remarques risquent souvent d'interrompre un processus qui mérite qu'on le laisse suivre son propre cours, ce qui n'empêche pas de noter au passage les contradictions dans les messages verbaux et non verbaux. C'est Tobin (1982) qui, à la suite de Dolliver *et al.* (1980), a souligné comment, par exemple, avec certains patients une telle attention apportée au non verbal peut être vécue comme une blessure narcissique supplémentaire et prématurée : un patient narcissique par exemple a besoin que le thérapeute confirme sa grandiosité avant de pouvoir tolérer le deuil que requiert le fait de confronter ses images idéales de soi. Alors peu importe, dans ce contexte, la manière dont *ce* patient joue avec ses mains. Par contre, avec des patients obsessionnels, de tels allers et retours entre le verbal et le non verbal, menés avec respect, sont des plus salutaires.

Mais par ailleurs, le parent pauvre de l'approche semble être davantage la spiritualité que le corps. L'absence d'ouverture aux dimensions spirituelles de l'existence, entendues au sens de ce qui se pose comme problème lorsque la raison a épuisé ses ressources, laisse les thérapeutes et leurs patients bien seuls face à ces questions qui pourtant interrogent chacun qui veut l'entendre.

Q.8. Quelles sont les limites de l'approche au niveau de la clientèle? Cas limites, psychotiques, etc. Comment traiter un psychotique alors que pour lui la réalité a une toute autre résonnance que la nôtre?

R.8. La psychanalyse a dû faire des aménagements techniques importants avec la clientèle psychotique, au point où on les considère généralement comme non analysables, ou du moins qu'on ne peut pas faire avec eux de véritable analyse, mais plutôt une reconstruction. Vu le manque relatif de structure, le fait que le thérapeute soit derrière le divan, qu'il laisse aller dans une large part la parole en espérant que le sujet retrouve l'apparente incohérence des processus primaires, etc., on a vite constaté que la régression de ces patients est telle qu'il est inutile et anti-thérapeutique de la favoriser d'avantage, car la technique classique ne fait que nourrir l'angoisse de morcellement déjà si présente. Au contraire, il a fallu apprendre à être présent, concret, structuré, charnel et corporel, etc.

La Gestalt-thérapie, s'étant très tôt ralliée au pôle du réel plutôt qu'à celui du fantasme, avait déjà réalisé certains de ces aménagements techniques. Les séances y apparaissent comme typiquement plus structurées. On utilise le face à face, et le contact est une recherche d'une relation réelle, non tranférentielle. Avec des schizophrènes, par exemple, l'approche a été employée, avec des aménagements, avec un certain mérite clinique (voir entre autres Delacroix, 1987; Gagnon, 1981; Serok, 1982; Stratford et Brallier, 1979). Pour ce qui est des troubles du narcissisme, Tobin (1982) a bien décrit les modifications qu'il a du apporter à sa technique d'intervention pour tenir compte des déficits importants que ces patients présentent dans leurs relations à leur soi-objets (*self-object*). Enfin quelques auteurs ont commencé à exposer leurs conceptions de l'adaptation de la théorie et de la technique aux états limites (Bauer, 1976; Bauer et Mordaressi, 1977, 1980; Delacroix, 1988; Greenberg, 1988; Jacobs, 1988; Rodgers & Ridker, 1981; voir aussi le chapitre 6).

Q.9. On a l'impression que les gestalt-thérapeutes sont plus directifs que les rogériens, et même que les behavioristes.

R.9. Nous avons des débuts de réponse à ces questions. On peut étudier, par exemple, les processus inférentiels communiqués par les thérapeutes à leurs patients (v.g. Bouchard, Brueckmann & Lecomte, 1987). Par processus inférentiel, nous entendons l'ensemble des opérations cognitives syntaxiques et sémantiques, qui permettent à un thérapeute de tirer une conséquence par induction à partir de matériel présenté par son patient (observation), ou par déduction, à partir de son expérience ou un cadre théorique précis (principe). Avec cette référence à l'esprit, il est possible de construire une grille d'analyse des inférences communiquées en psychothérapie, fondées sur l'existence d'un continuum inférentiel, depuis les communications non inférentielles, à la simple recherche d'information en passant par le fait d'émettre une opinion, jusqu'à l'élaboration d'un lien interprétatif exprimé sous la forme d'une opinion directe. En comparant (voir Bouchard, Lecomte, Charbonneau & Lalonde, 1987) les styles inférentiels de thérapeutes experts d'approche gestaltiste, behavioriste et de psychothérapie brève d'orientation analytique, nous avons pu constater que chacune des écoles utilisait l'ensemble des possibilités du continuum. Par exemple, les behavioristes émettent tout autant d'opinions interprétatives directes que leurs collègues psychodynamiciens. Mais il existe un ensemble de possibilités de travail au niveau de la prise de conscience (*awareness*) que seuls les gestaltistes utilisent de manière régulière et consistante. Cette catégorie, intitulée travail au niveau de la prise de conscience, constitue en quelque sorte la signature, la marque distinctive de la gestalt-thérapie, sur le plan de la technique. Elle comprend cinq sous-catégories, dont nous présentons maintenant une brève description, de la plus inférentielle à la moins inférentielle.

Première catégorie : le thérapeute *formule une suggestion* (ou plus rarement, une question), dans le but d'inciter le patient à exprimer verbalement ou non verbalement un élément de son expérience, afin d'en accroître la «prégnance», l'acuité. Cela peut être réalisé à travers une mise en scène formelle ou non.

Deuxième catégorie : le thérapeute *cherche à faire répéter*. Ces interventions incitent le patient à répéter ce qu'il vient tout juste de dire, dans le but de favoriser une prise de conscience accrue de son expérience immédiate.

Troisième catégorie : le thérapeute *pose une question sur l'expérience immédiate*. Ici le thérapeute vise encore l'expérience immédiate du patient, ou un élément de celle-ci, sous forme de question ou de phrase interrogative. L'effet n'est pas tant d'obtenir, pour le thérapeute, de l'information en réponse à la question, qu'un impact sur le plan de la réponse d'exploration ou de compréhension de soi du patient.

Quatrième catégorie : le thérapeute *invite à l'exploration*. Le thérapeute formule une invitation ouverte au patient afin de l'encourager à explorer, à parler de ses pensées, de ses sentiments, de ses gestes, de ses perceptions, etc. L'attention doit être dirigée vers les besoins du patient, sinon, il s'agit plutôt d'une recherche d'information.

Cinquième catégorie : le thérapeute *donne une directive*. Ici le thérapeute donne une directive très concrète dont l'effet attendu est d'intensifier chez le patient une prise de conscience de son expérience actuelle.

En d'autres termes, la technique spécifique de la psychothérapie gestaltiste se retrouve dans l'utilisation de ces diverses stratégies d'intervention qui toutes visent un certain travail d'*awareness*, lequel cependant, comporte le risque d'être un détournement vers la technique, d'un travail beaucoup plus difficile mais fructueux, qui lui s'adresse à la zone de contact entre le patient et le thérapeute (voir chapitre 9).

NOTE

[1] Lors d'un atelier donné à Montréal en janvier 1980.

Bibliographie

BALINT M. (1959), *Thrills and Regressions*, London, Hogarth Press.
BALINT M. (1968/1977), *Le défaut fondamental*, Paris, Payot.
BARANGER M. & BARANGER W. (1969/1985), «La Situation Analytique Comme Champ Dynamique», *Revue française de Psychanalyse*, 6, 1543-1571, traduit de l'espagnol.
BARLOW A.R. (1981), «Gestalt - Antecedent influence or historical accident?», *The Gestalt Journal*, 4, 35-54.
BAUER R. (1976), «A gestalt approach to internal objects», *Psychotherapy : Theory, Research and Practice*, 13, 232-235.
BAUER R. & MORDARESSI T. (1977), «Strategies of therapeutic contacts : Working with children with severe object relationship disturbance», *American Journal of Psychotherapy*, 31, 605-617.
BAUER R. & MORDARESSI T. (1980), «An ego disturbance model of MBD : experiential implications», *Journal of Clinical Child Psychology*.
BEAUFRET J. (1971), *Introduction aux Philosophies de l'Existence*, Paris, Denoël-Gonthier.
BERGERET J. (1986), *Psychologie Pathologique*, Paris, Masson, 4ᵉ éd.
BION W.R. (1965), *Recherches sur les Petits Groupes*, Paris, Presses Universitaires de France.
BIRD B. (1972), «Notes on Transference : Universal Phenomenon and Hardest Part of Analysis», *Journal of the American Psychoanalytic Association*, 20, 267-301.
BOSS M. (1977), *I Dreamt Last Night*, New York, Gardner Press.
BOUCHARD M.A. & DEROME G. (1987), «La Gestalt thérapie et les autres écoles : complémentarités cliniques et perspectives de développement», in LECOMTE C. & CASTONGUAY L.G. (Eds), *Rapprochement et Intégration en Psychothérapie : Psychanalyse, Behaviorisme et Humanisme*, Chicoutimi, Gaétan Morin, pp. 123-156.
BOUCHARD M.A., BRUECKMANN G., & LECOMTE C. (1987), «Développement d'une grille d'analyse des inférences communiquées en psychothérapie», *Revue de Psychologie Appliquée*, 37, 215-233.
BOUCHARD M.A. & GUERETTE L. (1987), *Fondements Epistémologiques de la Pratique en Psychiatrie et en Psychologie : une Introduction*, notes de cours, Université de Montréal, octobre 1987.

BOUCHARD M.A., LECOMTE C., CHARBONNEAU H. & LALONDE F. (1987), «Inferential communications of expert psychoanalytically oriented, gestalt and behavior therapists», *Canadian Journal of Behavioral Sciences, 19*, 275-286.
BOWERS K.S. (1987), «Revisioning the Unconscious», *Canadian Psychology, 28*, 93-104.
BUBER M. (1957), *Je et Tu*, Paris, Aubier.
BUGENTAL J.F.T. (1965/1981), *The Search for Authenticity : An Existential-Analytic Approach to Psychotherapy*, New York, Irvington, Edition augmentée.
COONERTY S. (1986), «An Exploration of Separation-Individuation Themes in the Borderline Personality Disorder», *Journal of Personality Assessment, 50*, 501-511.
DAVIDOVE D.M. (1980), «Theories of Introjection and their Relation to William James'Concept of Belief», Thèse de doctorat inédite, Université de New York.
DAVIDOVE D.M. (1985), «The contribution of Paul Goodman», *The Gestalt Journal, 8*, 72-77.
DELACROIX J.M. (1987), *Ces Dieux qui Pleurent : ou la Gestalt-thérapie des Psychotiques*, document de l'Institut de Gestalt de Grenoble.
DELACROIX J.M. (1988), «Le Tonneau des Danaïdes ou la contribution de la théorie Gestalt du Self à la psychothérapie auprès de cas limites». Atelier donné dans le cadre de la Conférence-dixième anniversaire du Gestalt Journal sur la théorie et la pratique de la Gestalt-thérapie, Montréal, juin 1988.
DELISLE G. (1988), *Balises II : Une Perspective Gestaltiste des Troubles de la Personnalité*, Montréal, Document du Centre d'Intervention Gestaltiste le Reflet.
DEROME G. (1988), *L'Image du Corps : Usage Diagnostique et Phénomènes Cliniques*, document de travail inédit : Clinique Psychosomatique Cherrier, Montréal, mars 1988.
DOLLIVER, R.H. (1981), «Some limitations in Perl's Gestalt therapy», *Psychotherapy : Theory, Research & Practice, 18*, 38-45.
DOLLIVER R.H., WILLIAMS E., & GOLD D.C. (1980), «The art of Gestalt therapy or : What are you doing with your feet now?», *Psychotherapy : Theory, research & practice, 17*, 136-142.
DOLTO F. (1984), *L'Image Inconsciente du Corps*, Paris, Seuil.
DURAND G. (1968), *L'Imagination Symbolique*, Paris, Presses Universitaires de France.
ELLIS A. (1962), *Reason and Emotion in Psychotherapy*, New York, Stuart.
ELLIS A. (1973), *Humoristic Psychotherapy : the Rational-Emotive Approach*, New York, Julian Press.
ELLENBERGER H.F. (1958), «A Clinical Introduction to Psychiatric Phenomenology and Existential Analysis», in MAY R. (Ed.), *Existence*, New York, Basic Books, pp. 92-126.
FAIRBAIRN W.R.D. (1954), *An Object Relations Theory of the Personality*, New York, Basic Books.
FLEMING J. (1975), «Some observations on object constancy in the psychoanalysis of adults», *Journal of the American Psychoanalytic Association, 23*, 743-759.
FREUD S., BREUER J. (1895/1967), *Etudes sur l'Hystérie*, Paris, Presses Universitaires de France, trad. A. Berman.
FREUD S. (1900/1967), *L'Interprétation des Rêves*, Paris, Presses Universitaires de France, trad. I. Meyerson, révisée par D. Berger.
FREUD S. (1900/1965), *The Interpretation of Dreams*, New York, Avon-Discus, trad. de J. Strachey, réimpression du volume *IV*, de la Standard Edition.
FREUD S. (1905/1975), «Fragment d'une analyse d'hystérie (Dora)», in *Cinq Psychanalyses*, Paris, Presses Universitaires de France, trad. M. Bonaparte et R. Loewenstein, rév. par A. Berman, pp. 1-91.
FREUD S. (1912/1970), «La dynamique du transfert», in *La Technique Analytique*, Paris, Presses Universitaires de France, pp. 50-60, trad. A. Berman.
FREUD S. (1915/1970), «Observations sur l'amour de transfert», in *La Technique Analytique*, Paris, Presses Universitaires de France, pp. 116-130, trad. A. Berman.
FREUD S. (1916-1917/1983), «Leçon numéro 7 : Contenu manifeste et idées latentes du rêve», in *Introduction à la Psychanalyse*, Paris, Payot, réed. 1983, trad. S. Jankélévitch.
FREUD S. (1916-1917/1982), *Introductory Lectures on Psychoanalysis*, Markham, Penguin Books Canada, Pelican Freud Library, réimpression des volumes XV et XVI de la Standard Edition, trad. J. Strachey.

FREUD S. (1920/1981), «Au-delà du principe de plaisir», in *Essais de Psychanalyse*, Paris, Payot, nouvelle traduction de J. Laplanche et J.-B. Pontalis.
FREUD S. (1923/1981), «Le moi et le ça», in *Essais de Psychanalyse*, Paris, Payot, nouvelle traduction de J. Laplanche.
FREUD S. (1937/1978), «Constructions dans l'Analyse», *Psychanalyse à l'Université*, tome 3, n° 11.
FREUD S. (1937/1979), «Analyse terminée et analyse interminable», *Revue Française de Psychanalyse*, *XI*, pp. 3-38, trad. A. Berman.
FRIEDMAN L. (1982), «The Humanistic Trend in Recent Psychoanalytic Theory», *Psychoanalytic Quarterly, 51*, pp. 353-371.
FROM I. (1978a), «Dreams : contact and contact boundaries», *Voices, 14*, (1) :14-22.
FROM I. (1978b), «An oral history of Gestalt therapy, part 2 : A conversation with Isadore From» (conducted by Edward Rosenfeld), *The Gestalt Journal, 1*, (2) :8-27.
FROM I. (1984), «Reflections on Gestalt therapy after thirty-two years of practice : A requiem for gestalt», *The Gestalt Journal, 7*, (1) :4-12.
GAGNON J.H. (1981), «Gestalt therapy with the schizophrenic patient», *The Gestalt Journal, 4*, (1) :29-46.
GARNEAU J. & LARIVEY M. (1979), *L'Auto-Développement : Psychothérapie dans la vie quotidienne*, Montréal, Ressources en Développement.
GILL M.M. (1979), «The Analysis of Transference», *Journal of the American Psychoanalytic Asociation, 27*, Supplement, 263-288.
GILL M.M. (1982), *Analysis of Transference* (vol. 1), New York, International University Press.
GINGER S. (1987), *La Gestalt. Une thérapie du contact*, Paris, Hommes et Groupes Editeurs.
GOLDSTEIN K. (1939/1963), *The Organism*, Boston, American Book Company.
GOLDSTEIN K. (1942), *After-effects of brain injuries in war*, New York, Grune & Stratton.
GOODMAN P. (1971), *Speaking and Language. Defence of Poetry*, New York, Random House.
GREENBERG E. (1988), *Healing the Borderline : 10 Simple (not easy) Steps*. Atelier donné dans le cadre de la Conférence-dixième anniversaire du Gestalt Journal sur la théorie et la pratique de la Gestalt-thérapie, Montréal, juin 1988.
GREENBERG J.R., & MITCHELL S.A. (1983), *Object Relations in Psychoanalytic Theory*, Cambridge, Harvard University Press.
GREENBERG L. (1983), «The Relationship in Gestalt-Therapy», in M.J. LAMBERT (Ed.), *Psychotherapy and Patient Relationship*, Illinois, Dorsey Press, pp. 126-153.
GUNTRIP H. (1973), *Psychoanalytic Theory, Therapy, and the Self*, New York, Basic Books.
HALL C.S. & LINDSEY G. (1978), *Theories of Personality*, New York, Wiley, 3e éd.
HARMON R.L. (1984), «Gestalt therapy research», *The Gestalt Journal, 7*, 61-69.
HEIDEGGER M. (1964), *L'Etre et le Temps*, Paris, Gallimard, trad. R. Boehm et A. de Waehlens.
HEIMANN P. (1952/1980), «Certaines fonctions de l'introjection et de la projection dans la première enfance», in M. KLEIN, P. HEIMANN, S. ISAACS & J. RIVIERE, *Développements de la Psychanalyse* (4e éd.), Paris, P.U.F., pp. 115-158.
HENLE M. (1978), «Gestalt psychology and Gestalt therapy», *Journal of the History of the Behavioral Sciences, 14*, 23-32.
HODARD P. (1981), *Le Je et les dessous du Je*, Paris, Aubier Montaigne.
JACOBS L. (1988), *Reflections on Gestalt-therapy : A Self-Psychology Perspective*. Atelier donné dans le cadre de la Conférence-dixième anniversaire du Gestalt Journal sur la théorie et la pratique de la Gestalt-thérapie, Montréal, juin 1988.
JACQUES A. (1984), *Historique de la Gestalt Thérapie*, Montréal, manuscrit non-publié.
KNEE P. (1985), «La Psychanalyse sans l'Inconscient?», *Laval Théologique et Philosophique, 41*, 225-238.
KOHUT H. (1971), *The Analysis of the Self*, New York, International Universities Press.
KOHUT H. (1977), *The Restoration of the Self*, New York, International Universities Press.
LAING R.D. (1960), *Le Moi Divisé*, Paris, Stock.
LAKOFF G. & JOHNSON M. (1980), *Metaphors We Live By*, Chicago, University of Chicago Press.

LAPLANCHE, J. PONTALIS, J.B. (1967), *Vocabulaire de la Psychanalyse*, Paris, Presses Universitaires de France.
LECOMTE C. & CASTONGUAY L.G. (1987) (Eds.), *Rapprochement et Intégration en Psychothérapie*, Montréal, Gaétan Morin.
LEVENSON E. (1972), *The Fallacy of Understanding*, New York, Basic Books.
LEVITSKTY A. & PERLS F. (1969), *The rules and games of Gestalt therapy*, in FAGAN J. & SHEPHERD I. and RUITENBECK H.M. (Ed.), «Group therapy today : styles, methods and techniques»; New York, Atherton.
MAHLER M. (1968), *On Human Symbiosis and the Vicissitudes of Individuation*, New York, International Universities Press.
MAHLER M., PINE F., & BERGMAN A. (1975), *The Psychological Birth of the Human Infant*, New York, Basic Books.
MALAN D.H. (1979), *Individual Psychotherapy and the Science of Psychodynamics*, Toronto, Butterworths.
MARMOR J. (1975), «The Nature of the Psychotherapeutic Process Revisited», *Canadian Psychiatric Association Journal*, 20, 557-565.
MEICHENBAUM D. (1977), *Cognitive Behavior Modification*, New York, Plenum Press.
MEINNINGER K.A. & HOLZMAN P.S. (1973), *Theory of Psychoanalytic Technique*, New York, Basic Books, 2e éd. révisée.
MEISSNER W.W. (1981), «Internalization in Psychoanalysis», *Psychological Issues, 50*, New York, International Universities Press.
MILLER A. (1979), «The Drama of the Gifted Child and the psychoanalyst narcissistic disturbance», *International Journal of Psychoanalysis*, 60, 47-58.
MILLER A. (1986), *L'enfant sous terreur. L'ignorance de l'adulte et son prix*, Paris, Aubier Montaigne.
MILLER M.V. (1978), «Paul Goodman, the poetics of theory», *The Gestalt Journal*, 1, 34-45.
MUCCHIELLI R. (1967), *Analyse Existentielle et Psychothérapie Phénoméno-Structurale*, Bruxelles, Dessart-Mardaga.
PANKOW G. (1977), *Structure familiale et psychose*, Paris, Aubier-Montaigne.
PANKOW G. (1983), *L'homme et sa psychose*, Paris, Aubier-Montaigne.
PAOLINO, T.J. (1981), *Psychoanalytic Psychotherapy : theory, technique, therapeutic relationship and treatability*, New York, Brunner-Mazel.
PERLS F.S. (1969), *Ego, Hunger and Aggression : A revision of Freud's theory and method*, London, George Allen & Unwin, 1947; San Francisco, CA : Orbit Graphic Arts, 1966; New York, Random House.
PERLS F.S. (1978), *Le Moi, la Faim et l'Agressivité*, Paris, Tchou (traduction de Ego, Hunger and Aggression, 1947).
PERLS F.S. (1971), *Gestalt Therapy Verbatim*, Lafayette, Ca. : Real People Press, 1969; New York, Bantam.
PERLS F.S. (1972), *Rêves et Existence en Gestalt-thérapie*, Paris, Epi, traduction de Gestalt therapy verbatim, 1969.
PERLS F.S. (1972), *In and Out the Garbage Pail*, Lafayette, CA. : Real People Press, 1969; New York, Bantam.
PERLS F.S. (1976), *Ma Gestalt-thérapie*, Paris, Tchou, traduction de In and Out the Garbage Pail, 1969.
PERLS F.S. (1973), *The Gestalt Approach & Eye Witness to Therapy*n Palo Alto, Ca. : Science and Behavior Books.
PERLS F.S., HEFFERLINE R. & GOODMAN P. (1977), *Gestalt Therapy : Excitement and Growth in the Human Personality*, New York, Julian Press, 1951; New York, Dell, 1965; New York, Bantam.
PERLS F.S., HEFFERLINE R., & GOODMAN P. (1977/1979), *Gestalt-thérapie*, tomes 1 et 2, Montréal, Stanké, traduction de Gestalt-Therapy : Excitement and Growth in the Human Personality.
PERLS L. (1978), «An oral history of Gestalt therapy, part 1 : A conversation with Laura Perls» (conducted by Edward Rosenfeld), *The Gestalt Journal*, 1, 9-31.
PETIT M. (1984), *La Gestalt. Thérapie de l'ici-maintenant*, Paris, Editions ESF.

PHILLIPS J. (1980), «Transference and Encounter : The Therapeutic Relationship in Psychoanalytic and Existential Psychotherapy», *Review of Existential Psychology and Psychiatry*, *17*, 135-152.
PIAGET J. (1955/1964), *Six Etudes de Psychologie*, Genève, Gauthier.
POLSTER E. (1967), *Trends in Gestalt Therapy*, Cleveland, The Gestalt Institute of Cleveland.
POLSTER E.A. & POLSTER M. (1974), *Gestalt therapy integrated*, New York, Brunner/Mazel, 1973; New York, Random House/Vintage.
POLSTER E. & POLSTER M. (1983), *La Gestalt*, Montréal, Le Jour, traduction française de Gestalt Therapy Integrated, 1974.
POLSTER E.A. & POLSTER M. (1979), «An Oral History of Gestalt Therapy, Part 3 : A Conversation With Erving and Miriam Polster» (conducted by Joe Wysong), *The Gestalt Journal*, *2*, 3-26.
POLSTER E. (1987), *Every person's life is worth a novel*, New York, Norton.
POLSTER M. (1975), «The Gestalt Approach. The Case of Allen. Part III : Schizoid Personality», in LOEW C.A., GRAYSON H. & LOEW G.H., *Three Psychotherapies : A Clinical Comparison*, New York, Brunner/Mazel.
POLSTER M. (1981), «The Language of Experience», *The Gestalt Journal*, *4*, 19-28.
RANGELL L. (1981), «Psychoanalysis and Dynamic Psychotherapy : Similarities and Differences Twenty-Five Years Later», *Psychoanalytic Quarterly*, *50*, 665-693.
RANK O. (1936/1978), *Will Therapy*, New York, Norton.
RANK O. (1936/1976), *Volonté et Psychothérapie*, Paris, Payot, traduction de Will Therapy.
ROBINE J.M. (1984), «La Gestalt-Thérapie, une Théorie et une Clinique Phénoménologiques», *Psychothérapies*, *1*, 37-41.
ROBINE J.M. (1988), «Comment penser la psychopathologie en Gestalt-thérapie». Atelier donné dans le cadre de la Conférence-dixième anniversaire du Gestalt Journal sur la théorie et la pratique de la Gestalt-thérapie, Montréal, juin 1988.
ROGERS R. & RIDKER M. (1981), «Dynamics of Pathological Aggression», *The Gestalt Journal*, *4*, 65-74.
ROSENFELD E. (1978), «An Oral History of Gestalt Therapy, Part 1 : A Conversation with Laura Perls», *The Gestalt Journal*, *1*, 8-31.
ROSENFELD E. (1978), «An Oral History of Gestalt Therapy, Part 2 : A Conversation with Isadore From», *The Gestalt Journal*, *1*, 7-27.
RUBENS R.L. (1984), «The Meaning of Structure in Fairbairn», *International Review of Psychoanalysis*, *11*, 429.
SARTRE J.P. (1943), *L'Etre et le Néant*, Paris, Gallimard.
SCHAFER R. (1968), *Aspects of Internalization*, New York, International Universities Press.
SCHAFER R. (1976), *A New Language for Psychoanalysis*, New Haven and London, Yale University Press.
SCHILDER P. (1935/1968), *L'Image du Corps*, Paris, Gallimard.
SEROK S. (1982), «Gestalt Therapy with Psychotic Patients», *The Gestalt Journal*, Fall : *5*, (2) : 45-55.
SHAPIRO T. (1979), *Clinical Psycholinguistics*, New York, Plenum Press.
SHEPARD M. (1980), *Le Père de la Gestalt. Dans l'intimité de Fritz Perls*, Montréal, Stanké (traduction française de Fritz : An intimate portrait, 1975).
SIFNEOS P. (1980), «The Case of the College Student», in H. DAVANLOO (Ed.), *Short-Term Dynamic Psychotherapy*, New York, Aronson.
SIMKIN J.S. (1976), *Gestalt Therapy Mini-Lectures*, Millbrae, CA. : Celestial Arts.
SIMKIN J.S. (1980), «Mary : A Session with a Passive Patient», in FAGAN J. & SHEPHERD I. (Eds.), *Gestalt Therapy Now*, Palo Alto, Californie, Science and Behavior Books.
SONTAG S. (1972/1985), «A propos de Paul Goodman» (pp. 9-17), in *Sous le Signe de Saturne. Essais*, Paris, Seuil.
STRACHEY J. (1934), «The Nature of the Therapeutic Action of Psycho-Analysis», *International Journal of Psychoanalysis*, *15*, 127-159.
STRACHEY J. (1970), «La Nature de l'Action Thérapeutique de la Psychanalyse», *Revue Française de Psychanalyse*, *2*, 255-284.
STRATFORD C.D. & BRALLIER L.W. (1979), «Gestalt Therapy with Profoundly Disturbed Persons», *The Gestalt Journal*, *2*, 90-103.

TILLICH P. (1952), *The Courage to Be*, New Haven & London, Yale University Press.
TOBIN S.A. (1982), «Self-Disorders, Gestalt Therapy and Self Psychology», *The Gestalt Journal*, 5, 3-44.
VIDERMAN S. (1982), *La Construction de l'Espace Analytique*, Paris, Gallimard, 2ᵉ édition.
VIORST J. (1986), *Necessary Losses*, New York, Fawcett.
VYGOTSKY L.S. (1934/1962), *Thought and Language*, Cambridge, Mass. : MIT Press.
WINNICOTT D.W. (1960), «Ego Distortion in Terms of True and False Self», in *The Maturational Process and the Facilitating Environment*, New York, International Universities Press, pp. 140-152.
WINNICOTT D.W. (1951/1969), «Objets Transitionnels et Phénomènes Transitionnels», in *De la Pédiatrie à la Psychanalyse*, Paris, Payot.
WHORF B.L. (1956), «Language, Thought and Reality», in CARROLL J.B. (Ed.), *Selected Writings of Benjamin Lee Whorf*, Cambridge, MIT-Press Wiley.
YALOM I.D. (1980), *Existential Psychotherapy*, New York, Basic Books.
YALOM I.D. (1985), *The Theory and Practice of Group Psychotherapy*, New York, Basic Books. (3ᵉ éd. rév).
YONTEF G.M. (1983), «The Self in Gestalt Therapy : Reply to Tobin», *The Gestalt Journal*, 6, (1).
ZINKER J. (1978), *Creative process in Gestalt therapy*, New York, Brunner/Mazel, 1977; Random House.

Table des Matières

Préface 9

PREMIERE PARTIE
INTRODUCTION : REFERENCES PHILOSOPHIQUES,
THEORIQUES ET BIOGRAPHIQUES.. 13

Chapitre 1
Freud, Reich, Rank, Perls, Goodman et les autres............................ 15

Préserver ses frontières au prix de l'isolement 17
L'approche phénoménologique-existentielle 20
   Les philosophes de l'existence 21
   Les analystes existentiels 23
   Les psychanalystes humanistes 23
   Les psychologues humanistes 24
   La Gestalt-thérapie 24
Intérêt et renouveau de la tendance humaniste de la psychanalyse ... 24
   Les structures stables ou le processus constant de création 25
   La règle : créer à deux le sens 26
   Comment extraire le sens? 27
   Un piège du relativisme 27
Frédérick Perls, Laura Perls et Paul Goodman 28
   L'héritage allemand 29
      Max Reinhardt et le théâtre 29
   Des psychanalystes révisionnistes 30
   La Gestalt-thérapie et la contribution de Paul Goodman 31
   La gloire tardive 33
L'arrière-fond intellectuel 34

La psychanalyse 35
La psychologie de la forme 37
L'exemple de Cléo 38
L'interactionnisme en personnalité 39

DEUXIEME PARTIE
LA THEORIE DU SELF DE PERLS-GOODMAN 41

Chapitre 2
Le contact est une rencontre 43

La personne et son environnement : le contact 43
La fluidité du contact 44
L'empan de ce qui est en figure 45
La psyché, le self et l'organisme 46
   Exemple 1 : Un retour à la fluidité figure-fond 46
   Exemple 2 : Le «poteau de vieillesse» 47
Deux principes fondamentaux pour la thérapie 48
   Exemple 3 : Albert, au début d'une séance de groupe .. 49
   Exemple 4 : Un exercice de prise de conscience dans un groupe ... 50
Trois registres fondamentaux de l'expérience en psychothérapie ... 51
   Exemple 5 : Les parents intrusifs : le respect des frontières par le thérapeute ... 51
   Exemple 6 : Le regard retourné 53
L'apport de Martin Buber : le contact est une rencontre ... 55
Résumé 58

Chapitre 3
Le self et les moments du contact 59

Self, contact et adaptation créatrice 59
Notions de self, de ça, de je et de personnalité 60
La fonction-ça 62
   Exemple 1 : Le Bandeau d'Albert 62
   Exemple 2 : La thérapeute qui pourrait disparaître par magie ... 63
   Les perturbations de la fonction-ça 65
La fonction-je 65
   Les perturbations de la fonction-je 66
   Exemple 3 : L'attachement de Michel à sa mère et vice-versa ... 66
La fonction-personnalité 68
   Les perturbations de la fonction-personnalité 69
   Exemple 4 : Je suis un poète 69
Le retour au self 70
   Exemple 5 : Marie : le contact avec la passivité 71

TROISIEME PARTIE
LA PSYCHOPATHOLOGIE 83

Quatre modèles de la psychopathologie 85

Chapitre 4
Vivre sans reconnaître : l'inconscient existentiel 89

Les thèses freudiennes 90
L'inconscient, les processus primaires et la création des touts spontanés... 92
La comparaison des nomenclatures 93
La thèse unitaire et ses conséquences pratiques 93
    L'idée d'un refoulement 96
    Conséquences pratiques 97
La pathologie de la conscience 97
    La conscience comme embarras de soi 97
    Illustration 98
    Peut-on en arriver à être trop conscient de soi? 99
    Une personne qui se reconnaît chicanière 100
Résumé 102

Chapitre 5
Les figures troublées de la névrose 105

La structure du contact névrotique 105
L'origine des perturbations à la frontière-contact 106
La névrose est une habitude 107
La théorie de l'origine de l'angoisse 107
L'adaptation créatrice et ses interruptions 108
La confluence 109
    Style fusionnel et style séparateur 112
Intériorisation et introjection 114
    Assimiler pour intérioriser 115
    Obstacles anciens et contemporains 117
    Le contenu des introjections 117
    L'introjection comme processus actuel 120
    L'introjection de la thérapie 120
La projection 121
La rétroflection 122
    Les autres manifestations de la rétroflection 123
Résumé 124

Chapitre 6
Le fond troublé : les fêlures dans le sentiment du Je 127

    Exemple 1 : Sid ou la figure qui se défait 127
La théorie du self de Perls-Goodman et les développements de la
    psychanalyse 129
Trois exemples de fragmentation du sentiment de soi 130
    Exemple 2 : le spectateur au cirque 130
    Exemple 3 : le bébé dans le tiroir 130
    Exemple 4 : retour sur le cas de Sid 131
Reprise du dialogue avec les théories analytiques 132
La question du self en psychanalyse et l'intérêt de la contribution
    de Fairbairn 133
Vers un rapprochement : Fairbairn et Perls-Goodman 133

238 DE LA PHENOMENOLOGIE A LA PSYCHANALYSE

L'énergie et la structure sont inséparables 134
L'individu est avant tout en quête d'objets 134
La nature du self selon Fairbairn : la théorie de la personnalité 135
L'intériorisation structurante : la théorie de la psycho-pathologie 136
De la dépendance infantile à l'amour adulte 136
La théorie des trois self 138
      Exemple 5 : le rêve de l'actrice célèbre 140
      Interprétation des «figures» 142
      Interprétation du «fond» 142
Le concept de structure chez Fairbairn 144
      Le problème de l'intériorisation : Complémentarité des théories ... 145
      Identifications pathologiques 146
      L'intériorisation non structurante et l'assimilation 147
      La fonction-personnalité et les relations d'objet 147
Résumé 148

QUATRIEME PARTIE
LES MOYENS D'INTERVENTION 151

Chapitre 7
Faire contact par les mots 153

Le langage et la fonction symbolique 154
      L'intelligence est antérieure au langage 154
      Le langage précède la pensée 154
Le langage et la fonction-personnalité 155
Les composantes du langage 156
Les perturbations de la parole 158
      Le travail à partir de la fonction-personnalité 158
      Les interruptions par le langage 159
      La qualité du langage 160
            Exemple 1. Une qualité «légèrement» désespérante 161
            Exemple 2. Etre abstrait et ne donner que les titres 162
Les niveaux de l'expérience 162
            Exemple 3 163
Parler des images de son corps 166
Résumé 168

Chapitre 8
Dire les rêves 169

Rappel de la contribution de Freud 169
      La méthode de Freud 170
Différences fondamentales 171
      Déchiffrer ou faire vivre 171
      Toute interprétation symbolique se concentre sur la structure
          du contenu 172
      «Faire» ou «avoir» un rêve 173
La conception gestaltiste du rêve 173
Chaque élément du rêve est une projection 174
Le rêve comme métaphore personnelle 174

La méthode «classique» pour faire de la gestalt-thérapie
à partir d'un rêve 175
Le rêve du champ de mines.. 177
Certains rêves sont faits pour être dits au thérapeute........................ 180
Les araignées dans le sable 180
Le rêve des deux quakers 182
Résumé 186

Chapitre 9
Transfert et rencontre : le passé au présent 189

La vision psychanalytique de la relation thérapeutique.................... 191
Le transfert est une fonction du moi : il est l'expression du self
dans la relation 191
Freud et le transfert.. 192
Une définition opérationnelle du transfert 193
La vision existentielle de la relation thérapeutique 194
Quelques conséquences en thérapie 195
Le contrepoint des perspectives dynamique et existentielle........... 196
Le registre de la relation immédiate est le plus puissant................ 197
Le détournement par la chaise vide 197
Une rencontre asymétrique plutôt que réciproque......................... 198
    Exemple 1 : Le besoin de transformer le thérapeute
    en objet contrôlant 200
Distinction entre la rencontre et la relation réelle.......................... 202
    Le cas de Mary K 203
Critique des visions humanistes de la relation thérapeutique......... 205
La position de F. Perls 205
L'attitude de Polster et Polster 206
La position de l'Institut de Gestalt de New York 207
Gill : le transfert et l'ici-et-maintenant... 209
Interventions transférentielles et extra-transférentielles 210
    Exemple 1. Le passager mis à la porte de l'autobus................... 211
    Exemple 2. Le père parle de son fils pour parler à son thérapeute. 211
Retour sur l'interaction des trois registres 213
Les moments de rencontre s'échappent de la matrice du transfert........ 214
Résumé 218

Chapitre 10
Questions et réponses relatives à la théorie du self 219

Bibliographie.. 229

Table des Matières 235